中国社会科学院创新工程学术出版资助项目

宗教学理论研究丛书　金泽／主编

乡村基督徒
与
儒家伦理

RURAL CHRISTIANS AND
CONFUCIAN ETHICS
— A CASE ON CHURCH OF LI VILLAGE

—— 豫西李村教会个案研究

李华伟 著

社会科学文献出版社
SOCIAL SCIENCES ACADEMIC PRESS (CHINA)

内容提要

　　本书按照己—五伦—五伦之外的顺序，考察了李村普通村民与基督徒在自我、五伦内及五伦之外关系建构上的不同展示与表达。

　　伦理的转型与自我的变迁有着密切的关系。随着宗族的弱化、家庭结构的核心化，个体自我中心主义膨胀，传统时期作为继嗣续谱内的自我日益异化为无公德的原子式个体。在道德权威与道德舆论压力缺席之下，无公德的原子式个体，必然不断突破伦理底线，造成道德失范的局面。

　　李村个案说明，村民孝道现状堪忧，儒家孝道伦理已在李村教堂区域内失去了基础，只是作为一种需要被激活的伦理之一处于潜伏状态。与非基督徒村民的普遍不孝行为相反，李村基督徒相对比较孝顺。在基督徒新自我以及分别为圣、与世人相区分的观念下，基督徒强调孝顺，但所践行的孝道伦理，却是以儒家伦理为基础的。充满悖论的事实是：乡村基督教恰恰充当了激活儒家孝道伦理的工具。基督教激活了儒家伦理，但同时也改变了儒家伦理。

　　就五伦之外的伦理而言，儒家比较薄弱，而基督教则较为丰富。李村基督教领袖通过塑造魔鬼、开展属灵运动、分类治理、树立榜样等治理术，树立了基督徒群体的身份边界。基督教传入后，基于信仰而产生的"灵胞"之间的信任，甚至扩展至从未谋面的基督徒，信徒之间建立了超越五伦之外的新型人际关系。基督徒独特的群体身份促使其培养了博爱、怜悯与宽容精神，逐步改变着当地的某些社会交往规范。在传统"积德行善"的公共参与伦理之外，李村教会树立了新的公共参与伦理。李村教会对内可以促进合作习惯与公共精神之培养，对外可以促进国家意识之培养，可成为一定程度上富有公共性的社会组织。

研究发现，基督徒新自我的确立是基督徒能够践履孝行、改变交往规范及从事公共参与的前提，而"分别为圣""唯恐羞辱了耶稣的名""做盐做光"则是基督徒践行伦理的动力。基督教并未像韦伯所言的那样全面塑造基督徒的生活，"区别于世人""分别为圣"的逻辑只适用于李村基督徒孝道、"行善"式的公共参与行为，而并未延伸至计划生育、送礼等行为。

在"区别于世人""唯恐羞辱了耶稣的名"等基督教观念的影响下，李村基督徒与世人相区分的愿望及其指导下的行为，果真将基督徒塑造得与非信徒不一样，这种不同反而成为其自我的定位和群体身份标志。这样，在外人看来，基督徒在孝行、社会交往和公共参与方面确实与非信徒不一样，这是一个"自我实现的预言"。

关键词：基督徒自我　孝道　公共参与　"区别于世人""自我实现的预言"

Rural Christians and Confucian Ethics

——A Case on Church of Li Village

Li Huawei

The book examines the different manifestations and expressions of establishing relationships of the self, the five cardinal relationships and those beyond the five by Christians and non-Christians in the Li Village.

Transformation of ethics is closely connected to changes of the self. As the patriarchal society declines and families become more centralized, individualism and egocentricity grows. The self, traditionally perceived as part of the clan genealogy and family continuity, becomes alienated as an atom-like individual without public virtues. In an environment where moral authorities and pressure from a moral public are absent, such individuals are bound to break the lowest permissible ethical level, resulting in a morally out-of-control situation.

The case of Li Village reveals an alarming picture concerning filial piety. Confucian filial piety has lost its foundation and exists in a latent state, waiting to be activated. Compared to disobedient behaviors of non-Christians, Christians in Li Village are more filial. Guided by Christian ideas of a new self, sanctifying and distinguishing oneself from worldly people, Christians emphasize filial piety, which, however, is founded on a Confucian base. The paradox is that rural Christianity in fact acts as the tool to activate Confucian ethics. It activates and changes Confucian ethics at the same time.

Christianity is more resourceful that Confucianism when we consider ethics beyond the five cardinal relationships. Christian leader in the Li Village set the boundary for Christians bya variety of management techniques such as descriptions of the devil, spiritual movements, categorizing Christians and setting examples. After Christianity was introduced, brethren trust based on faith can even be extended to Christians who have never met each other before, thus establishing a new type of interpersonal relationship which transcends the five cardinal. Christians developed a spirit of compassion and tolerance which gradually changed some social interaction norms in the local area. Christians in Li Village have set up new ethics of civil engagement besides the traditional public participation ethics. Internally, the church can develop habits of cooperation and public service; externally, it helps to cultivate a sense of national identity. To a certain extent, the village church becomes a public social organization.

The author has found that the establishment of Christians' new self is the foundation of their practicing filial piety, changing social interaction norms and civil engagement. Concepts of "sanctifying oneself", "fear of dishonoring Jesus" and "to be salt and light" drive them to perform ethical deeds. However, Christianity doesn't shape Christians' lives in an all-around manner as Max Weber described. The logic of "difference from the world" applies only to behaviors of filial piety and civil engagement by good deeds. It has not covered behaviors such as family planning, giving gifts, and so on.

Influenced by Christian ideals, Christians in the Li Village try to set themselves apart from the world, and their behaviors guided by such a desire indeed distinguish them from non-Christians. The difference in turn becomes a marker for self—and group identity. Thus, Christians are perceived to be different from non-Christians concerning filial piety, social interaction and civil engagement. It is a "self-fulfilling prophecy".

Key Words: self, five cardinal relationships, civil engagement, difference from the world, self-fulfilling prophecy

目　　录

绪　　论

第二部分　五伦之内：李村基督徒激活并改变儒家孝道伦理

第三部分 五伦之外：交往规范建构中的
李村基督徒

结语与讨论

序 一

　　李华伟博士送来他的博士论文《乡村基督徒与儒家伦理——豫西李村教会个案研究》给我看，要我提意见。我粗读之后，感觉这是一篇给人印象深刻的优秀论文，有许多值得人们关注和深思的内容，我被它打动了。他不久又告诉我，论文要出版，正式邀我写序，这使我颇为踌躇。我不是研究基督教的专家，又不具有农村基督教的实际知识，不适合评论一部专业性很强的书稿。可是华伟的盛情难却，并说论文中涉及儒家伦理问题，建议我从这个角度谈点看法。我经过思考，答应写序，但不是评论式的正序，而是借题发挥的辅序，敲敲边鼓，给有为的青年学者进军社会呐喊助威，也许不是"越位"之举。

　　华伟从市场经济的大视野考察小乡村的基督教，从社会现代转型的高度研究最基层民间基督教的演变，把理论与实际、一般与个别结合起来，通过李村教会的典型事例，深刻揭示了基督教在落后农村发展的社会根源，如由社会转型和城乡二元格局引起的打工经济、精英外流、生存艰难、医疗缺失、社保无着、家庭破碎、干部蜕变、传统断裂、环境污染，这是社会结构性的变动和失衡。现实的苦难和无助，使群众到近距离的民间基督教信仰中寻求神的精神寄托，到教会里寻找团体的支持帮助。这使我想起马克思的名言："宗教里的苦难既是现实的苦难的表现，又是对这种现实的苦难的抗议。"华伟的论文超越了宗教问题的局限，把宗教问题背后的种种社会问题展示出来，向我们提供了认识当今被边缘化的农村社会面临困境的许多重要信息，其理论与实际意义就扩大了。这正是宗教社会学要做的事。李村代表着被主流社会遗忘的地区，人们应当把人文关切投向那里。

华伟深入李村教众，做参与式调查，发现该村教会在生活和实践中创新了基督教，他认为李村的基督教正在激活儒家伦理，有益于衰落中的孝道的重生和建设，而那些没有信仰的民众却在生存挣扎中抛弃传统孝道。信仰了基督教的民众借助神来更新自我，形成"灵胞"群体和道德舆论监督，接通了根植于中国百姓血液中的家庭伦理传统。这是一个重要的发现。历史上印度佛教进入中国，发生过"夷夏之辩"，后来在孝道上与中华文化会通，佛教的中国化于是跨过了一道紧要的门槛而获得成功。基督教的中国化可能也要通过这个必经的关口。不仅如此，历史上儒家伦理的五常（仁义礼智信）八德（孝悌忠信礼义廉耻）往往经由佛、道、伊各教的神道设教而得到加强。李村的经验可以启示我们，儒家伦理在当代失去宗法制度的支撑以后，它的复兴似乎更需要各种宗教的帮助，其中包括基督教的帮助。

然而基督教的中国化可能要走十分曲折漫长的路，面临着许多比佛教要严峻的难题。例如，李村的基督教一方面讲"博爱""宽容"；另一方面又坚持保守的基要主义，用基督信仰区分"他群"与"我群"，相信"不属灵就是属魔鬼"，不信主的是"不洁的""外邦人"，"就要下地狱"。这种亚伯拉罕系统一神教的基要主义，有强烈的独尊排他性，如不调整，就容易与非基督徒人群发生敌视与对抗。因此中国基督教面临着吸收中华仁和文化、创建中国特色神学理论的艰巨任务，而只有很好地完成这一任务，中国基督徒才能成为其他宗教和不信教群体的好邻居，为建设和谐社会作贡献。例如李村基督教既然认同儒家孝道，便可以进而以孔子说的"泛爱众而亲仁"为理想目标，按照孟子"老吾老以及人之老，幼吾幼以及人之幼"的推己及人的进路，把仁爱之心由近及远向外推动，从爱亲人逐渐做到爱乡里，爱不同宗教、不同民族的人，爱所有的人，使仁爱跨越教际、族际的局限，这样去做，非但不会加剧"信教与不信"两种群体之间的矛盾，还会拉近两者之间的距离，基督教内的良好道德风气便会影响周边社会。

论文还提供了基层宗教事务管理的经验教训，指出打压基督宗教自发流传的做法，只会强化信众的苦难意识、对抗意识和"家庭"教会群体的凝聚力，并使问题变得更隐蔽、秘密，更难处理，只有给予它正常的生存空间并依法管理和积极引导，才是正路。

华伟博士的论文充满了对后进农村劳苦大众的深切同情，把他们当作自己的亲人，把他们的困难当作自己的困难，走近他们，理解他们，放大他们的诉求和呼声，让更多的人来帮助他们走出困境，过上幸福的生活。华伟博士并不以"指导者"的身份登场，他不仅同情民众，还信赖和尊重民众，充分相信民众在生活的实践中能够不断地去解决问题，去进行中西文化的融合与创造性转化，学者的责任是面对并关注正在发生的事实，作出理论的概括和总结。我想，华伟做到了这一点，表现出新一代青年学者的高度社会责任心、正视社会问题的勇气和洞察问题深层本质的睿智，这是我特别感到欣慰的。

当然，李村的典型有多大普遍性尚须研究，目前的考察也只能是阶段性的。中国社会正处在改革与发展的关键机遇期，社会变动深刻而剧烈，文化的多元冲突与整合正在进行之中，以儒学为底色的中华文化正处在复兴的起步阶段。李村的未来不仅取决于当地信教群众的努力，也取决于整个李村的经济社会的发展和文化教育的改善，甚至取决于全国新农村建设事业的拓展。一切都是进行式。华伟博士如能以李村为学术调研定点，作长期连续性考察，将会不断有新的收获。

牟钟鉴
2012 年 4 月

序 二

华伟君的博士论文《乡村基督徒与儒家伦理——豫西李村教会个案研究》就要付梓，以飨士林了。出版前，华伟索序于余，作为他的论文指导教师，自然责无旁贷，应该絮叨几句。

华伟是从北京师范大学考入北京大学哲学系、宗教学系的，他选择的是宗教社会学方向。记得在协商培养方案时，余曾贸然建议他以宗教社会学的理论和方法研究近代中国基督教史上某种重要的教会刊物，他当时的反应是点头诺诺。后来在选修我开设的中国基督教原著选读这门课程时，他本人和我都有同感：他的兴趣、爱好与特长还是社会学的田野调查。于是放之于自得之场，使适其性。最后，他选择了故乡豫西李村作为其调查田野。余忝列北大博导，孤陋愚钝，学不足以成名，德不足以服诸生，唯勉力建议华伟加强理论素养，注意涵养问题意识，华伟亦诺诺示敬。后来，经他自己努力，获得教育部留学基金委员会的资助，赴美国普度大学学习一年，相信这一年令其受益匪浅。在那里，中国宗教与社会研究中心的主任杨凤岗教授乃当今美国宗教社会学界研究中国宗教与社会之华裔翘楚，有此名师指点，华伟自然在学业上精进增益，对美国宗教社会学界的前沿论域、理论成就与研究方法或有入其堂奥之斩获。凡此，皆在其论文中有所表现，其论文在评审与答辩过程中，获得了相关专家的一致好评，被评定为优秀博士论文。唯因其师兄肖清和的博士论文已被评定为2011年全国优秀博士论文，余知所进退，坚持不将其论文上报评优，这或许令华伟君颇觉委屈吧。好在他毕业后进入了"翰林院"——中国社会科学院（世界宗教研究所）从事学术研究工作，相信他会有更多机会展示其学术水平与成就，此乃区区之大愿也。社会学大师韦伯说过，学术上被超越，不仅是大家的共同命运，也是大家的共同目标。切望华伟能在全球化的学术境遇与视野中，为实现时贤们的这一共同目标有所作为。

关于华伟博士论文的特点与长处，德高望重的前辈学者牟钟鉴先生已在其序文中作了全面深入的介绍和阐述，在此不必赘述。牟先生曾于1991年评阅过我本人的博士学位论文，其奖掖后学的拳拳之心令人感佩，读者自可从牟先生的序文中得见其文如其人之大家风范。

基督宗教自唐朝入华以来，其传播与发展之态势及其命运一方面固然取决于其本身教义、思想、组织与行为之是否具有吸引力；另一方面，如何处理与华土固有文化之间的关系，如何应对中国传承久远的政教关系传统，亦可谓兹事体大。华伟的博士论文集中研究的是乡村基督教与儒家伦理之间的互动及其机制，他的考察表明，基督教可以成为当今中国不太健全的市场经济处境中虽然历经浩劫却未完全泯灭的儒家孝道伦理的激活工具。此论可谓持之有据，且颇具原创性。明末第一代天主教徒李之藻在接受、传扬他颇为服膺的"天学"的过程中，曾希冀"借异己以激发本来之真性，始虽若戾，终则相生"，此种借开放互动以求相助相生的光辉思想在明末可谓难能可贵。而华伟以展示、解释社会事实之社会科学的精神所彰显的上述现象，揭示了基督教在中国乡村的存在与发展是可以履行一定的正功能的。不同文化之间交光互影的交流、互动不正是如此推动着地球村上的人们彼此相互依赖、和平共生的吗？

中国的宗教学研究其来有自，成果丰硕，目前则正在经历着从人文思辨向实证科学的转型。华伟的博士论文或可视为此一转型过程中的初期成果，唯愿这样的成果越来越多，质量越来越高，并能走向世界，岿然屹立于国际学术界！

是为序。

孙尚扬

2012年8月于京西

绪　　论

第一章
导 论

一 关注的问题与选题意义

1. 所要解决的问题

"自我性和道德……是难解难分地纠缠在一起的主题"[1]，因此，在探究道德时必须紧扣自我这一至关重要的问题。孝是中国儒家伦理的核心[2]，传统中国政治制度、教育制度、经济制度、法律、舆论以及宗教信仰的存在，都支持孝道的推行。而如今，在市场经济引进的价值观面前，孝道以及整个传统伦理不堪一击。与儒家孝道的式微相伴随的是儒家式自我的衰落，而同一历史时期，基督教[3]在中国得到发展。随着基督教在农村的发展，基督教是否培育出了基督徒新的自我呢？这一新的自我是否能够带来基督徒自身伦理道德的转变？"孝"是儒家伦理的核心，也是基督教十大诫命之一，基督教在中国的发展，能否推动孝亲这一儒家传统伦理的复兴，乃至为儒家伦理的重建提供意义和行动基础呢？其可行性与限度何在？

2. 选题意义

如今的中国社会处于传统解体、现代机制尚未健全的社会转型期，处于社会风险的风口浪尖。面临风险社会，在乡土儒家伦理已基本解体的情

---

[1] 〔加〕查尔斯·泰勒：《自我的根源——现代认同的形成》，韩震等译，译林出版社，2001，第3页。

[2] 《论语·学而》："孝弟也者，其为仁之本与。"

[3] 若无特别说明，文中特指基督新教。

况下，如何建构道德秩序，是农民、政府和学者必须应对的重大课题。

自科举废，儒家伦理失去制度支撑。面临社会转型与市场经济引入的价值观，儒家伦理处于式微状态，如何重建儒家伦理的保障与运行机制，如何实现中国传统文化的创造性转化，不仅是重大的理论问题，也是重大的现实问题，这关乎民族文化的未来形态。农村人口占全国人口的大多数，乡土性是中国农村转型的基点和难以摆脱的现实，中国农民对外来文化的吸纳与创造性转化能力，关乎中国民族文化的未来走向。因此，对市场经济境遇中乡村基督徒与儒家伦理互动关系的研究，具有重要的理论意义和现实意义。

二　国内研究现状述评

1. 对乡村儒家伦理的研究

毋庸置疑，儒家伦理是中国传统社会的伦理底色。尽管普通村民并无儒释道的概念，但由于宗族以及士绅这些伦理担纲者的存在，普通村民所践行的伦理是儒家的或者以儒家为主的伦理。

民国时期，有不少学者致力于探讨道德与中国社会结构的关系，最值得重视的是费孝通的《乡土中国》。费孝通认为："道德观念是在社会里生活的人自觉应当遵守社会行为规范的信念。它包括着行为规范、行为者的信念和社会的制裁。它的内容是人和人关系的行为规范，是依着该社会的格局而决定的。从社会观点说，道德是社会对个人行为的制裁力，使他们合于规定下的形式行事，用以维持该社会的生存和绵续"①，"社会结构格局的差别引起了不同的道德观念"②。

费孝通认为，中国传统社会的结构是差序格局。何为差序格局？费孝通用打比方的方式描述道："我们的社会结构本身和西洋的格局是不相同的，我们的格局不是一捆捆扎清楚的柴，而是好像把一块石头丢在水面上所发生的一圈圈推出去的波纹。每个人都是他社会影响所推出去的圈子的中心。被圈子的波纹所推及的就发生联系。每个人在某一时间某一地点所动用的圈子

---

① 费孝通：《维系着私人的道德》，《乡土中国　生育制度》，北京大学出版社，1998，第31页。
② 费孝通：《乡土中国　生育制度》，第31页。

是不一定相同的。"① 他进而提出，"在这种富于伸缩性的网络里，随时随地是有一个'己'作中心的。这并不是个人主义，而是自我主义"②。在费孝通看来，"从己向外推以构成的社会范围是一根根私人联系，每根绳子被一种道德要素维持着。社会范围是从'己'推出去的，而推的过程里有着各种路线，最基本的是亲属：亲子和同胞，相配的道德要素是孝和悌"③。

以自我为中心的社会关系网络中，如何实现道德规范呢？费孝通认为，"最主要的自然是'克己复礼'，'壹是皆以修身为本'——这是差序格局中道德体系的出发点"④。

自步入近代，受西方大工业生产及西方观念影响的中国社会之差序格局中道德体系的出发点是否能够继续得到维护呢？梁漱溟认为："近代西方思想以'我'作为逻辑起点，处处要求个人权利并向外抗争，这在相当程度上动摇了中国传统社会以对方为重、强调义务的谦让思想。表现在家庭与家族关系上，家族成员之间要求自身权利，不再顾及父子、兄弟、朋友原本的情谊关联。"⑤

既然传统伦理的基石——"克己""修身为本"已经动摇，那么在缺少抑制力量的情况下无公德的自我只能越来越膨胀。传统差序格局已被破坏，这说明如今乡村的社会格局变化了，但是否逐步向西方的"团体格局"⑥ 转换呢？我们先来看费孝通关于"团体格局"的论述。

---

① 费孝通：《乡土中国　生育制度》，第 26 页。
② 费孝通：《乡土中国　生育制度》，第 28 页。
③ 费孝通：《乡土中国　生育制度》，第 33 页。
④ 费孝通：《乡土中国　生育制度》，第 33 页。
⑤ 王露璐、吕甜甜：《梁漱溟乡村建设理论的伦理蕴涵与实践路向》，《江苏大学学报（社会科学版）》2008 年第 5 期。
⑥ 费孝通认为："部落形态在游牧经济中很显著的是'团体格局'的。生活相依赖的一群人不能单独地、零散地在山林里求生。在他们，'团体'是生活的前提。可是在一个安居的乡土社会，每个人可以在土地上自食其力的生活时，只在偶然的和临时的非常状态下才感觉到伙伴的需要。"（费孝通：《维系着私人的道德》，《乡土中国　生育制度》，第 31 页。）对于以上分析，笔者颇为不同意。笔者以为，西方早已不是类似部落式的需要依赖他人而生活的社会。当然，如果此处的依赖是指社会专业化分工之后的互相依赖，那么，则是可以成立的。如今中国的市场经济和社会分工造成的结果就是，每个人可以通过市场而非依赖某个人或团体而生活。倘若在此意义上说中国人处于"团体格局"似乎也很牵强。这一问题值得深入探究。

费孝通认为："我们如果要了解西洋的'团体格局'社会中的道德体系，决不能离开他们的宗教观念的。宗教的虔诚和信赖不但是他们道德观念的来源，而且是支持行为规范的力量，是团体的象征。在象征着团体的神的观念下，有着两个重要的派生观念：一是每个个人在神前的平等；一是神对每个个人的公道。"①

与西方"团体格局"的道德体系不同，"不但在我们传统道德系统中没有一个象基督教里那种'爱'的观念——不分差序的兼爱；而且我们也很不容易找到个人对于团体的道德要素"②。

西方以基督教为中心培育出了团体格局的社会，中国的基督教是否能够培育信徒团体格局的社会结构？在中国基督徒中是否能找到信徒个人对教会或社区的道德要素呢？这是需要深入探究的问题。

2. 对乡土儒家伦理变迁之研究

2006 年，《北京青年报》曾刊发《乡村孝道调查让我忧心如焚》的文章③，但并没有引起大的反响。近年来，直接或间接探讨类似问题的文章只有零星的几篇。吴重庆的《乡土儒学资源的再生》④ 提及乡土儒学流失的现状，希望知识分子呼应晏阳初先生"走出象牙塔，跨进泥巴墙"的呼号，培育乡土儒学以使之再生。董磊明《村将不村——湖北尚武村调查》⑤一文，也叙述了包括乡土伦理危机在内的令人担忧的现状。从乡村治理的传统出发，申端锋提出应关注乡村从治理性危机到伦理性危机的转变。⑥陈柏峰则探讨了南方某地老人自杀的现象。⑦ 通过在东北的调查，阎云翔探讨了乡村孝道没落的深层原因。⑧ 以上研究，或者较为笼统或者仅点到

---

① 费孝通：《乡土中国　生育制度》，第 32 页。
② 费孝通：《乡土中国　生育制度》，第 35 页。
③ 李彦春、翟玉和：《乡村孝道调查让我忧心如焚》，《北京青年报》2006 年 3 月 1 日 D4 版。
④ 吴重庆：《乡土儒学资源的再生》，《天涯》2005 年第 4 期。
⑤ 董磊明：《村将不村——湖北尚武村调查》，黄宗智主编《中国乡村研究》第五辑，福建教育出版社，2007，第 174 ~ 202 页。
⑥ 申端锋：《中国农村出现伦理性危机》，《中国评论》（香港）2007 年第 3 期。
⑦ 陈柏峰：《代际关系变动与老年人自杀——对湖北京山农村的实证研究》，《社会学研究》2009 年第 4 期。
⑧ 阎云翔：《私人生活的变革：一个中国村庄里的爱情、家庭与亲密关系（1949-1999）》，龚小夏译，上海书店出版社，2009。

为止，并未深入详细论述传统伦理的现状及变化轨迹，且所调研的地点多为南方，对华北农村的乡土伦理的现状鲜有涉及，故本文以华北乡村为田野调查点，力图在展示华北乡村伦理现状的基础上，展开讨论其变迁的逻辑，并探讨乡村基督教与乡土儒家伦理的互动脉络。

3. 对基督宗教与乡村伦理关系之研究

通过对北京市 544 位基督徒的问卷调查，高师宁发现，高达 92.8% 的基督徒认为基督徒能为中国的道德重建发挥影响。① 可见，基督徒对基督教在重建中国道德秩序方面发挥重要功能的期许甚高。

李向平《伦理·身份·认同》② 一文，探究了基督徒伦理是否局限于基督徒群体内部而无法延伸至社会这一重要问题；杨凤岗《皈信·同化·叠合身份认同》③ 一书发现，海外华人基督徒有效地把儒家伦理整合进基督教信仰，两者之间并不是冲突的关系。基于对海外华人基督徒的研究，杨凤岗甚至认为儒家与基督教之深入结合，"可能是未来中国宗教和宗教学研究贡献给全人类的财富"④。

关于基督宗教在中国社会传播是否带来了新的伦理，则存在不少争论，其中代表性的观点分别由赵文词（Richard Madsen）和吴飞提出。赵文词认为天主教为中国提供了新的伦理元素；⑤ 吴飞则对此提出异议，他认为，天主教信徒生活中的伦理还是中国传统伦理，基督教并没有带来新的伦理因素。⑥ 对以上两种看法，笔者持有不同意见。我们可以换一个角度来看待以上两位学者的争论。

笔者以为，儒家伦理尤其是孝道，已在现实的中国乡土社会中，至少

① 高师宁：《当代北京的基督教与基督徒——宗教社会学个案研究》，香港，道风书社，2005，第 313 页。
② 李向平：《伦理·身份·认同——中国当代基督教徒的伦理生活》，《天风》2007 年第 7期、第 9 期。
③ 〔美〕杨凤岗：《皈信·同化·叠合身份认同——北美华人基督徒研究》，默言译，民族出版社，2008。
④ 吴效群：《交流消弭误解　对话增进了解——访美国普度大学中国宗教与社会研究中心主任杨凤岗博士》，《中国民族报》2008 年 9 月 17 日。
⑤ Richard Madsen, *China's Catholic*: *Tragedy and Hope in Emerging Civil Society*, University of California Press, 1998.
⑥ 吴飞：《麦芒上的圣言》，香港，道风书社，2001。

在笔者所调查的几个地方失去了基础。儒家伦理只是作为一种需要被激活的伦理之一处于潜伏状态。实际的情况是，乡村基督教恰恰充当了激活儒家伦理的工具。由此，我们不难理解吴飞所言天主教并未能带来新的伦理——他发现天主教徒生活中的伦理还是儒家或者说传统的。但一个值得我们注意同时又充满悖论的事实是：恰恰是乡村基督教激活了儒家伦理。假如没有基督教的传播与刺激，部分地区的传统伦理只是处于潜伏状态。但问题在于，被基督教激活的儒家伦理，是否能保留儒家伦理的样态与本质？①

三 研究思路与方法

1. 研究思路

本书旨在从基督徒自我观入手，研讨基督徒自我观与世俗伦理再造的可能性，从新的视角探究基督教是否为儒家伦理带来新的质素这一问题，进而探究儒家伦理在当今乡土社会中的命运与发展趋势。

在分析市场经济影响下李村民众生活中儒家伦理的现状之后，本书将对乡村基督徒自我观的建构与实践进行全面分析；在此基础上，从基督徒自我观入手，对儒家伦理是否借助基督教重生这一充满悖论的现实问题提出理论反思。

本书将探讨基督徒孝顺之道的来源与动力，探究基督徒自我观与乡村道德秩序重建的可能关系，重新审视基督徒生活中基督教伦理与儒家伦理的互动关系，并反思中国儒家伦理借基督教重生这一充满悖论的现实，为重建乡村道德秩序提供经验依据并进行理论反思。

2. 研究方法

本书将采用经验研究与理论探讨相结合的方法，在理论观照下进行田野调查，在深入调查的基础上，对现有的理论进行反思并尝试提出新的理论架构。

本书主要通过参与观察、访谈的方法来获取口述史资料。同时，本书拟加强历时的视角。为摆脱田野调查无历史和个案缺乏代表性之讥，本书

---

① 我们也可以回到基督教传入中国之初同中国文化的冲突与对话来看待这一问题。可参见孙尚扬《基督教与明末儒学》，东方出版社，1994。

尽可能结合地方志文献与当地教会、宗教部门以及邻近地区的资料来进行多维度分析。尽管基督教在李村的发展主要是 20 世纪 80 年代以后的事情，加上 1958 年后基督教新教实现合一礼拜，宗派背景比较难寻，但对于李村及其周边地区基督教的宗派背景仍有必要尽可能加以探寻，以便更好地理解和把握其发展脉络。

本书将借鉴常人方法学及布迪厄注重日常生活与实践的方法，从基督徒日常实践过程以及生活事件进行分析。尽可能从长时段的角度，展现基督徒生活世界的细微变迁及其处世策略。

本书将兼顾主位和客位的视角，力求既能入又能出。力求既能深入理解基督徒并对之进行深描，又能从学术的角度进行解释与理论反思。

3. 调查者身份与田野作业情况

笔者的亲戚是基督徒，而且是教会唱诗班的成员，与教会领导人又是本家，这些都有利于笔者的调查。正是靠着亲戚的帮助，笔者的调查才得以顺利展开。在亲戚家所在教会调查时，笔者首先是"亲戚的侄子"，其次是在上大学的学生，再次才是想了解基督教的人。这一身份，对笔者的调查有利有弊。如何处理"局内""局外"① 的身份也是一大难题，处理这些关系既体现在调查中，也体现在本书的写作中，笔者将尽可能处理好二者之间的张力。

在李村的调查，始于 2003 年 1 月，2004 年、2005 年 7～8 月再次进行补充调查，并在宗教局获得了一些数据，对当地宗教信仰的状况有了整体的认识和把握。2006 年、2007 年两年内，笔者都抽空到李村进行回访。笔者于 2008 年 1 月、4 月、8 月，2009 年 2～3 月、8 月集中在李村进行田野调查。

本书中使用的灵诗来自笔者在田野中的调查，抄录自信徒笔记本。这些灵诗的来源已无从追踪，其创作者和使用范围主要在调查地周边县市。个别灵诗改编自圣经及赞美诗，个别灵诗来自《迦南诗选》，但李村教会普通信徒并不知道《迦南诗选》及其由来，特此说明。在河南乡村教会，灵诗是被普遍使用的，这是结合了地方文化特色的创造。

---

① 关于局内与局外关系的研究，参见〔美〕R. K. 莫顿《局内人与局外人的视角》，《国外社会科学》2001 年第 5 期。

四　本书架构

本书除绪论及结语外分为三大部分：第一部分，包括第五、六章，论述了作为道德基础的自我之变迁与重塑；第二部分是乡村儒家伦理与基督徒对五伦之内的处理实践，包括第七、八、九、十、十一章，叙述了儒家孝道伦理的现状，分析了不孝行为出现的深层原因，探究了基督徒激活、改变儒家孝道的动力与机制，展示了基督徒伦理的限度；第三部分是乡土儒家伦理与基督徒对五伦之外的处理，包括第十二、十三、十四、十五章，指出在基督徒领袖的治理下，基督徒通过社会范畴化、社会比较过程，强化了群际区分及群内认同，树立了群体身份边界，同时，基督徒独特的群体身份促使其逐步改变当地的某些社会交往规范，为信任、怜悯、宽容精神赋予了神圣维度，也在传统"积德行善"的公共参与伦理之外树立了新的公共参与伦理。乡村教会内在方面可以促进合作习惯与公共精神之培养，外在方面可以促进国家意识之培养，可成为一定程度上富有公共性的社会组织。

第一章　导论介绍了本书关注的问题与选题意义，并通过对有关学术史的梳理明确了研究的目标与进路，阐明了研究思路与研究方法，介绍了田野作业情况，并简要概括了本书架构及主要内容。

第二章　介绍了镶嵌于地方社会的李村教会之历史与现状。其一，通过李村教会周边社会经济概况、生活心态及所在县基督教历史与现状来凸显其生存语境；其二，阐明李村教会作为"属灵教会"镶嵌于地方权力文化网络中的独特性，尤其突出了教会中女性的特殊地位。

第三章　历史考察表明，宗族组织的控制和宗族观念的影响，是阻碍基督教在中国传播的重要原因。对李村的研究发现，随着社会的分化和专门化进程，宗族的部分功能被市场所代替，宗族组织与宗族观念亦随之弱化。从历史考察与现实的个案来说，宗族的弱化有利于基督教的发展，反过来，基督教的发展也进一步弱化着宗族的力量。这一双向互动的过程慢慢地改变着中国传统文化与社会结构。尽管李村基督徒以信仰作为纽带形成的社会救助网络和社交网络，已显示其功用和意义，但笔者并不认为基督教是宗族的功能替代项。

第四章　探析了李村教会周边民众改信基督教的社会根源，凸显了苦难在乡村民众改宗基督教中的重要作用。社会转型期，在充满不确定性和社会风险的状况下，原子式个人必须独自承担社会风险与苦难。生活中的苦难，是李村民众的人生危机和生命转折，也是他们反思自我、发现宗教之功能与意义的主要契机。由于佛道衰微及基督徒传教的主动性强，处于社会底层的乡村民众接触基督教进而改信基督教的可能性较大。但面对社会苦难，乡村基督教所能提供的只是赋予苦难以意义，并互相帮助以减轻个体的社会苦难。面对造成社会苦难的原因，基督教所能解决的是极其微小的部分。换言之，政府有更大的空间与社会资源来帮助乡村民众应对社会苦难。

第五章　以李村民众之自我与道德变迁为例，分析了乡土儒家伦理与自我的变迁，指出伦理的转型与自我的变迁有着密切的关系。随着市场化、社会分化与宗族的弱化，家庭结构走向核心化，个体自我中心主义膨胀，传统时期作为继嗣续谱内的自我日益异化为无公德的原子式个体，成为逐利的个体，人际关系日益工具化。在道德权威与道德舆论压力缺席之下的原子式个人日益成为无公德的个人，必然不断突破伦理底线，造成道德失范的局面。

第六章　通过考察教会传道人的教导与信徒的实践，呈现基督徒自我观的形成及其"治理术"，探究基督徒规训的自我何以可能。研究表明，人神关系的建立是基督徒的观念图式得以确立、其新自我能得以维系并不断例行化的基础，而"自己光照自己身上看，靠着耶稣来过活"则是基督徒自我观的维系与塑造机制，圣经还原主义、"罪"与悔改则是基督徒自我观不断得以重塑的重要途径。

第七章　以儒家伦理为例，探究道德如何得到推行，并分析乡土儒家伦理式微之原因。儒学教育成为教育制度的构成部分，传统国家法律对儒家伦理的保障，作为基层组织制度的宗族、宗教信仰、民间曲艺，这些因素都曾对儒家伦理的潜移默化起到了巨大的作用。如今这些因素消失殆尽，乡土儒家伦理式微。

第八章　以李村不孝个案为例展现了乡土儒家五伦之内伦理关系的现状。通过对李村不孝事例的民族志叙述与理论分析，指出不孝并非仅仅因为养老而出现，不孝行为不能单单从中青年村民的道德行为来理解。经济、社会、文化的转型与变迁乃是更为根本的原因。孝顺与否，完全取决于子女与父母的感情及子女的意愿和能力。这也是孝道伦理一再被突破底线的原因。

第九章　展示了群际比较与神圣维度下的基督徒孝行，认为新自我的确立是基督徒能够践履孝行的前提，而"唯恐羞辱了耶稣的名"则是基督徒孝顺之道的来源与动力。在新自我以及分别为圣、与世人相区分的观念下，儒家孝道伦理得以再造。但值得注意的是，我们不能一味强调基督教的道德功用，而忽视其对儒家伦理置换的另一面。

第十章　以历时的视角展示了基督徒葬礼上传统仪式与基督教仪式的冲突与交织。研究发现，即使基督徒人数增多，即使基督徒对当地社会结构产生的影响更大，也并未使基督徒的亲属们都认同基督教的理念与仪式。葬礼上的冲突并不会随着基督教影响的加大而自行消失。

第十一章　探究了道德话语与道德实践的界限。研究发现，在基督徒身份不被特意提及时，他们并未考虑躲避计划生育、送礼等行为与信仰有何关系。当前李村基督徒的道德话语与实践止步于计划生育、送礼等行为之前，仅在孝敬父母上有明显的效果。

第十二章　分析了领袖的治理术与基督徒群体身份的建构。卡里斯玛传道人是基督徒群体特征的强有力塑造者，通过塑造魔鬼、开展属灵运动、分类治理与树立榜样等治理术，他们促使信徒通过社会范畴化、社会比较过程，强化了群际区分及群内认同，树立了群体身份边界。不断的"筛选"与治理造成基督徒"恐惧的心灵"，使他们不断在超世的生活与世俗之间斗争，塑造了基督徒独特的群体身份，但基督徒群体并非一个完全去个体化的群体，群体同一性中仍有差异。基于属灵资本的差别，李村基督徒内部可以分为三个群体：传道人、使命团、普通信徒，其自我也有着阶序化的差别。

第十三章 叙述了社会交往规范变迁中乡村基督教的角色与功用。以李村教会区域而言，差序格局式微，社会交往规范逐步从差序走向跨越差序的功利格局，宗族内的交往功利化，社区评价体系扭曲，信任关系消解。传统社会对五伦外关系的处理规范比较缺乏，要么将之转化为五伦关系之内来处理，要么将之作为陌生人来对待。村落中五伦之外的基督徒与非信徒则以道德划分人群，抢夺道德话语的主动权，凸显了两个群体互相把对方作为同质群体的倾向。基督教传入后，尽管信徒之间基于信仰而产生的灵胞或"神亲"并不是对世俗社会中血缘、姻缘关系的否定或替代，但信徒之间确实建立了新型的人际关系，基督徒之间在建构灵胞这一新的共同体之外，还为基督徒之间的抽象信任关系之达成提供了可能性。

第十四章 随着基督教的传入与发展，从主要由宗族和民间信仰建构的公共空间，发展为两者共同形塑公共空间，而且基督教形塑公共空间的力量与日俱增。在基督教的刺激下，李村民众无形中分为两个群体——"咱们这一教"与基督教。这两个群体根据各自的意义系统，形成了各自的身份认同。基督徒基于信仰，形成自足系统，包括可以互释的意义系统与基于信仰形成的交往、生活圈，这些日常化的、例行化的思想和行为强化着基督徒的认同。基督徒自足系统的内化与再生产是其身份认同和划定行动边界的依据。生活中，受基督教意义系统模塑的基督徒，践行耶稣爱的原则，对社区公共生活空间的重建起到了重要作用。基督徒的交往圈，带来了社会结构的变化。教会传道人成为地方精英之一，影响着文化礼俗的发展与当地社区公共空间的走向。

第十五章 分析了公共参与精神之变迁与重塑。基于李村公共空间与公共参与之变迁的历时分析，探究了公共参与伦理背后的宗教因素，比较了传统宗教和基督教的社会参与伦理，展示了当地教会在宗教管理部门与基层政府之间的夹缝中开展社会公益活动的过程，探析了基督徒社会公益活动及其生存的制度空间，进而分析了基督教与公共参与精神及公民社会的关联。

结语与讨论 按照己/自我—五伦—五伦之外的次序，依次总结了全文，指出李村基督徒与世人相区分的愿望以及在其指导下的行为，果真将基督徒塑造得与非信徒不一样，这种不同反而成为其自我认知和群体身份的标示。

第二章
李村与镶嵌于地方社会中的李村教会

第一节　李村周边社会经济概况及其生活心态

本文的研究围绕李村教会的信徒展开，这些信徒来自周边十多个村庄。由于地处两个县市的交界，所以这些村子有些属于不同的行政区，但与李村①相邻，生活方式一致。虽然属于不同的县区，但实际生活中，民众并没有那么多区分，民众的生活并没有因为行政区划的原因受到太大影响，由于几个村子挨得很近，而且同质的东西很多，几个村子之间的差异可以忽略不计，所以本文以主要调查地所在的地方为主加以介绍，其他村子稍微提及，特此说明。

教会所在地的李村位于河南省西部，是一个传统的农业村庄，是"三下乡"活动从来不曾到的地方。像中国大部分北方村子一样，李村经历了近代的深重苦难，也经受了新中国成立后的历次运动。李村只是一个普通的村子，历史上没有显赫的人物，也没有著名的事件发生，太普通太不起眼。明清的地方志上看不到关于这一村子和这一村子里人物的任何记载，现在也没有发生过什么重大事件，村子的名字或者村里人的名字也没有在地市级及其以上的报纸上出现过。

2004年春节前夕笔者回到调查地，发现乡政府所在地的十字路口，去年拆旧房扩建的地方已经整修好了，路两边新开了中国移动营业厅，公路两边开了几家商店，不同的是有几家的名字叫某某超市或某某量贩，县城一家2004年刚

---

① 为保护田野调查地的利益，根据学术惯例，本文所用的村落名称及人名已做了处理，特此说明。

组建的医药连锁有限公司已经在此地营业，而且我所调查的村落已有分销处。

2005 年 4 月、5 月的村干部选举，因为有村干部挨家拜访、拉选票，而显得与以往的选举不一样。

1988 年李村所在的乡共管辖 40 个行政村、36 个自然村，15915 户 70000 人[①]，户均 4.40 人[②]。1990 年第四次人口普查时，全县总人口 848575 人，总户数 190321 户，其中家庭户 189411 户、集体户 910 户，平均家庭人口 4.46 人。[③] 2005 年，李村有 345 户 1530 人，户均 4.43 人，多为两代之家，核心家庭居多数。

20 世纪 80、90 年代以来，村里开始有人在农忙过后到洛阳、郑州打工，用干活挣的钱回来盖房子。2000 年以来，随着打工经济的兴起和农村土地的进一步贬值，一些未婚男女青年开始到广州、北京、上海打工，也逐渐地充实了打工妹、打工仔的队伍。如今，村中只有老幼病、中年女性等"剩余劳动力"，村落成为"空村"。

与附近其他村落一样，作为边界不断开放的农业村落，李村逐步被裹挟进中国的市场经济甚至全球化进程中。由于位于内陆省份，人均土地占有量低于八分地，又缺乏乡镇企业，贫穷是这个地方的突出特征。[④] 就河南全省而言，"2004 年，全省农民人均纯收入比全国平均水平低 383 元。以行政村为单位看，全省农民人均纯收入 1000 元以下的村有 2217 个，占全省行政村总数的 4.6%；人均纯收入 1000 至 2000 元的村有 16854 个，占 34.8%；人均纯收入 2000 至 3000 元的村有 22587 个，占 46.6%；人均纯收入 3000 至 4000 元的村有 5767 个，占 11.8%；人均纯收入 4000 元以上的村有 1105 个，占 2.2%。总体来看，河南省农民收入增长缓慢，收入水平低，低收入户多，贫困面大，存在着严重的不平衡性"[⑤]。据估算，李村教会附近村落，每年的农业收入每亩夏秋两季加起来的毛收入可达 1600 ~

[①] 汝州市地方史志编纂委员会编《汝州市志》，中州古籍出版社，1994，第 851 页。

[②] 户均人数是根据以上数据计算出来的。

[③] 《汝州市志》，第 133 页。

[④] 关于中部农村的贫穷生活，可参见曹锦清《黄河边的中国》（上海文艺出版社，2000），以及陈桂棣、春桃《中国农民调查》（人民文学出版社，2003）。

[⑤] 《河南统计年鉴 2010》，中国统计出版社，2010；亦参见百度百科"中部崛起"词条，ht-tp：//baike. baidu. com/view/31787. htm? fr＝ala0_ 1。

2000 元，除去种子、农药、花费及灌溉投入，基本所剩无几。为了生计，农民被迫离土又离乡，造成夫妻分离、父子分离的状况，而缺少年轻人的村庄日显凋敝。由于家庭中某些社会角色的缺失（如中青年男性作为丈夫、父亲的角色），家庭处于一种不完整状态，家庭伦理也在发生变异。而由于生活的同质性以及各村亲属关系的缘故，周边村落发生的事具有示范效应，很快会传至其他村落，对其他村落产生潜在的影响。

包括基督徒在内的所有人都生活在这样的现实中，"农民苦，活着没有盼望"成为村民对自己生活状态的表述。尽管穷，但基本生活却能得到保障。尽管看到单靠农业无法满足生活所需，但由于此地的封闭性及保守的心态，村民普遍闯劲不足，在外打工者多，创业和从事商业的极少，他们大多在外打工挣了钱回来盖房，几乎没有将钱用于投资的。挣钱回乡竞相抬高房屋地基，成为村民"炫富"的常见行为。

村民常说"舍不了穷家"，以此作为自己留守家中的理由。除了在家从事运输业以及加入建筑队的数十户以外，能出去的中青年男性都外出打工了，家里只留下中老年妇女和小孩子。在孩子上学的时间里，家中往往只剩下一个人，故一个人在家成为生活的常态。得知一位亲戚在家里觉得沉闷，一位基督徒劝他去教会，并以自己为例说："以前，老一个人在家，感觉心里不得劲，所以教会一有活动都去，一去教会心里就安静了，你也试试去教会宽宽心。"此话揭示了村民生活的常态①以及基督教发展的原因所在。

---

① 不仅在村民离土又离乡的中原地带如此，在曾有离土不离乡传统的江浙一带农村也是如此。在江苏阜宁县硕集镇小冯村的调查发现，70%的人在外打工。"乡村越来越寂静，像一所巨大的无人管理的自助式养老院。周日早晨，从小冯村基督教堂大喇叭里传出的圣歌，震响在苏北田野清寂的空气里。每到做礼拜的时候，这里是农村最富生气的地方。小冯村 60%的老年人信仰基督教，小戴的房东——硕集谷物合作社派驻小冯分社总代表老卞及其老伴就都是基督徒。乡村民众的社会身份越来越多样化了。老卞说，教会的号召力强得很。做礼拜时，七八十岁的老奶奶走不动，拄着拐杖也要 7 点准时到。失去生气的乡村，唯有教堂成了提供精神欢乐的场所，似乎只有教堂能将那么多佝偻着背、不停地咳嗽和吐痰的老年农民集合到一起。"（石破：《副镇长"被下岗"：我不是李昌平——苏北小镇农民合作运动的奇迹与低潮》，《南风窗》2010 年第 3 期，http：//www.21ccom.net/newsinfo.asp？id＝6225＆cid＝10342300。）

第二节 李村所在县宗教历史与现状概览

1. 佛道教概况

像北方大部分地区一样，李村所在县历史上曾经有佛教和道教流传，[①]而且留下了寺庙道观。就拿道教来说，金朝时道士马丹阳，为全真道北七真人之一，他曾经在李村所在县城关镇居住并传道，据说丹阳观就是他的修道处，现在丹阳观已经不复存在，只留在老年人的记忆中。虽然在历史上道教可能对李村所在县影响很大，[②]但是"建国前道士寥寥无几，在群众中影响不深"[③]。作为制度型宗教，道教在新中国成立前后对乡村影响不大，并非李村所在县一地特有的现象，一些学者在河北乡村的调查中也发现道教的影响小于佛教。[④]

历史上佛教的传入、佛典的翻译，与洛阳有莫大的关系。由于离九朝古都洛阳近，李村所在县佛教的历史也很悠久，李村所在县市北 10 公里处是著名的佛教寺庙。寺的建立早在南北朝时期，鼎盛时期在明朝万历年间，当时拥有寺僧千余人。民国时期还有方丈及众寺僧，而且拥有不少的土地、武器，抗战时寺僧拥有枪炮借以自卫，是李村所在县抗战和解放时一股重要的势力。

新中国成立后，尤其是 1958 年之后，佛道教活动逐步停止。"文革"期间，寺院曾遭红卫兵破坏。1988 年，该寺被列为国家级重点文物保护单位。现在每年农历六月十九有庙会，作为旅游景点、文物保护单位，风穴寺平常也有不少游客，寺中还有十多位出家人。

据当地民族宗教局相关负责人 2005 年 8 月介绍，在全县 94 万人口中，

---

① 汝州有回民，也有伊斯兰教，在我所调查的几个村子中，只有一个村子有回民，但人数少而且没有清真寺，所以伊斯兰教对我所在的调查地的影响甚微。另外，由于在中国的伊斯兰教只在自己相对封闭的群体中有较大的影响，对我所在的调查地的影响可以不计。

② 李村所在县的北边就是登封，闻名国内外的少林寺就在那里，那里还有中岳嵩山，中岳庙也在那里，我所调查的村子里，老太太们前几年还到中岳庙烧香。所以提到道教对李村的影响，不能不提登封的中岳庙。

③ 《汝州市志》，第 143 页。

④ 岳永逸：《庙会的生产》，北京师范大学博士学位论文，2004，第 40 页。

有佛教徒 1 万人，开放寺院 7 处，其中出家人 20 多位；道教徒 2 万人，正式出家的有两三人。①

2. 全县基督教历史概况

新中国成立前，天主教和基督教在李村所在县的影响，从现有的资料来看，只能说是不大。天主教和基督教在中国的传播，主要是经由沿海城市然后来到内地。根据地方志的记载，基督宗教在李村所在县的传播始于20 世纪初期。据记载，1910 年，美国人崔雅德曾在当地创办基督教"豫中信义会分会"，这是有关李村所在县传教活动最早的历史记载。② 20 世纪 20 年代之前，当地的教堂和教士集中在城关附近地区，尚未深入乡村。新中国成立前夕，当地"共培植长老 9 人，执事 21 人，发展教徒 230人"，"外国人离去，其他教牧人员自动解散，教堂关闭，聚会自动停止"。③ 李村所在县的县志提到由外国基督教传教士办的两处医院，一处于1910 年设于南门里，1912 年即迁到许昌，另一处 1937 年设于东关福音堂内，1944 年 5 月因日本侵略而停办。④

除了地方志的介绍，很难见到关于当地基督教的资料。难得的是，一条史料提及 1944 年 3 月河南的路德传教士收到加急电报，很快分布在禹县、许昌、郏县的传教士中的一些人先在李村所在县碰头，然后到洛阳，再到西安避难。⑤

新中国成立后，我国基督教自办教会。十一届三中全会后，落实宗教政策，"在全县 14 个乡镇中开放'三定'（定点、定片、定人）礼拜点 13处，培养教牧人员 9 名，现有⑥信教群众 9210 人。1986 年 12 月 23 日，建立了某某县基督教三自（自传、自治、自养）爱国委员会和基督教协会筹

---

① 佛教徒 1 万人，道教徒 2 万人，虽然两者之和也没有基督教的信徒多，但是佛、道两教是值得重视的，它们的影响是在深层，甚至可以说已经深入民众骨髓。民众在看待、接受基督教的时候，不由自主地带着这些观念，比如佛教地狱观念对民众的影响估计得再高也不为过。和尚和职业道士人少，但我们不能以其人数估计其影响。

② 《汝州市志》，第 600 页。

③ 《汝州市志》，第 600 页。

④ 《汝州市志》，第 600 页。

⑤ 齐小新：《口述历史分析：中国近代史上的美国传教士》，北京大学出版社，2003，第 174页。

⑥ 《汝州市志》时间下限为 1988 年，个别地方为 1990 年。

备组，宗教活动基本正常"①。

3. 李村教会历史与现状

改革开放以来，李村所在的县基督教处于发展迅速的状态。如果按照地方志的记载，基督教由新中国成立前的230余人，发展到80年代末的9210人，达40倍之多，确实不可思议。② 至于现今的宗教信仰状况，并没有准确情况公布。笔者到县宗教局访谈，发现他们所能提供的也只是大致情况，只能依据这些笼统的情况，做一简单介绍。

2005年8月底，笔者来到民族宗教事务局，见到了宗教科的负责人。据相关领导介绍，"前两年统计时，全县共有基督徒6万多人，2005年有4万多人"。笔者询问几年来基督徒人数为何减少这么多，科长说主要是因为现在打工的多。据介绍，2005年统计的是常去教堂的人数，所以统计出的人数比以前少。现在全县20多个乡镇、办事处都有基督教，共有16个堂、23个聚会点，实行以堂带点的策略，现在一个乡镇有一个点。全县共有1位牧师、6位长老。至于天主教，由于没有神职人员，没有纳入堂点管理。

结合地方志及在李村附近的调研，笔者发现民国时期，像北方大部分地区一样，当地制度型的佛道两教衰微。改革开放之后，佛道寺庙以新的形态开放。作为寺院、文物保护单位和旅游景点的佛教寺院，与民众的信仰并不紧密。改革开放之后，基督教发展迅速，基督教的传播与这些制度型宗教的式微有一定的关系。

蒙民族宗教事务局宗教科相关负责人热情相助，笔者复印了一个乡的信徒资料，使笔者得以做统计分析（这是刚收集上来的资料，还没有进行处理）。

在李村所在乡的1145名信徒中，按照年龄段统计的结果如下：

---

① 《汝州市志》，第142页。

② 这里面存在统计的问题，新中国成立前的统计（230余人）可能漏掉了好多人，80年代末的9210人，似乎也并不准确。要搞清楚这些准确数字实在不易。尽管这些数字不太准确，也还是能大致说明问题的。

年龄段	人数（人）	比例（%）
0 ~ 20 岁	69	6.03
20 ~ 30 岁	240	20.96
30 ~ 50 岁	607	53.01
50 ~ 70 岁	196	17.12
70 ~ 100 岁	33	2.88
合　计	1145	100

综合来说，30 ~ 50 岁的有 607 人，占总数的 53.01%，超过半数，20 ~ 50 岁的有 847 人，占总数的 73.97%，50 岁以上的只占总人数的 20%。

至于基督徒的文化程度，在 1131 个有效数字中，文盲 415 人，占有效人数的 36.69%；小学 378 人，占有效人数的 33.42%；初中①297 人，占有效人数的 26.26%；高中 41 人，占有效人数的 3.63%。如果把初中和高中合起来，中学文化程度的人占 29.89%。

具体到李村，1923 年基督教传到李村附近的镇上。新中国成立前，李村只有三家有人信教，在附近村子礼拜；新中国成立后基督教聚会逐渐停止，这三家人在家里进行宗教活动，并传了几个人。80 年代以来，基督教在附近几个村子得到广泛传播。如今，李村所在乡有三所教堂，信徒们根据这三所教会的建立时间和属灵程度，将这三个教会依次称为"神的第一教会""神的第二教会""神的第三教会"。李村教会被称为"神的第二教会"。李村教堂于 1990 年左右修建，2001 年花费十多万元进行大规模整修。如今，李村教堂涵盖了周围十多个村庄。尽管李村是教堂所在地，但李村并不是教堂范围内信徒比例最高的村庄，李村基督徒占村民的比例约为 1/5。

李村教会北屋墙上张贴的用毛笔书写的教会历史介绍了教会的发展历程，照录如下：

　　1923 年福音的种子撒在我们某某村，有某某镇张同心先生、同道

① 含中师一人，农中一人。

华永庆和陈中天、白有兰等人管理福音堂，堂内凳子100根，大缸四口，还有其他物品等。他们在车坊传福音的时间大约一年之久，当时传福音是在街市上人多繁华之处。

解放后，那些老牧长们受社会的影响被打成坏分子，他们的一生为主殉道、留下佳美的脚踪。

1940年，在神的带领下，初期聚会点是在某某乡田某某家，占用草房两间，当时信徒有20多人，后又转到李某某家——神的恩典，由信徒奉献现金400元，又当了三间瓦房，聚会生活了一段时间。1940年到1966年这中间停止一段时间，在1979年5月《人民日报》提倡宗教政策后，1980年到1985年在李青家生活聚会，徒2：2节："忽然有一阵响声从天上下来，好像一阵大风吹过，充满了他们所坐的屋子。"人员天天增加，福音好像一天比一天兴旺，这样形成达五年之久，随着人数的增加、地方的狭小，为此教会向上级提出要地方（教会原来有空地），经上级批准，搬到公路南（现在教会），面积六分。

拉1：1-2节："波斯王元年、耶和华为要应验耶利米口所说的话，就激励波斯王吉列的心使他通告全国说：'耶和华天上的上帝，已将天下万国赐给我，又嘱咐我在犹太的耶路撒冷为他造殿'。"

从1986年引导我们开始造殿，当时因现金缺少，教会分文没有，在这种情况下，全教信徒向神祷告祈求，信徒献心身，齐心协力，物资钱财全奉献。

第一次建造基督教会

信徒在河滩准备石头，从王村到李村的上下河里布满了人群，有100人左右，三天运完石头，天天送茶送饭，热心侍奉供应，信徒全力以赴——神的恩典，1986年2月开始立根基，主给预备了许多能工巧匠，三天根基完成，7月份开始垒墙，11月份正式建成六间大平房。

诗127："若不是耶和华建造房屋，建造的人也枉费劳力，若不是耶和华看守城池，看守的人就枉然警醒。"

一、教会堂礼拜荣耀真神，以后因路途遥远，信徒生活（不）方便，要求政府批准两个教会（王庙村、李村）。

二、1990年被评为全县五好教会，并开了现场会，宗教领导和各教会教工同道参加，这真是救恩的显现。

三、省市县乡各级领导到我们教会参观检查工作，罗13章中说："凡当官的，掌权的都是上帝所命的。"1991年开始过灵性生活，每月一次，由三个会在一起律会。

特色性灵性运动

创35：1节　伯特利是雅各多年离家出走，神向他显现的地方。

祷告事项

可14：38节　总要警醒祷告，免得入了迷惑，你们心灵固然愿意，肉体都软弱。

严肃会

珥2：12-18你们要在锡安吹角，分定禁食的日子，宣告严肃会。

特色重大使命

徒1：8圣灵降临在你们身上，你们就必得着能力。

第二次建造基督教会

2001年准备建造圣殿，仍需10万元以上，教会上年现金不到两万元，按人意说：没办法，此时召集信徒分组讨论，有说先盖教堂，有说先盖门面，人在无办法的情况下，神的恩典，决定禁食祷告，求神带着吧……神不亏待我们，2002年建殿结束，共建造一座6间大教堂，门面房5间，价值10万元，接着又买乐器1万多元，神的恩典超过了我们的所求，超过我们所需，哈利路亚——耶稣做主啦。

2002年过圣诞节时，20多年来从没有过像这圣诞节过的人心欢快，神得荣耀，大家同心歌唱，哈利路亚，耶稣又一次做主啦。诗8：4-5节"人算什么，你竟顾念他，世人算什么，你竟顾念他。你叫他比天使微小一点，并赐他荣耀尊贵为桂冕。"神借着县连会和公教会，实行两次大赞美。

神的恩典真是奇妙

阿门

以马内利

经过访谈核实，笔者发现，尽管1923年基督教已经传播到李村所在的乡镇，传教士在街上繁华之处公开传讲福音，40年代该乡曾有20多名信徒，但未有神学造诣深厚者，随着新中国成立后基督教活动的逐步停滞，新中国成立前的神学倾向并未遗留下来。"文革"中，村子里只有三位老太太信基督教，在村子中并不显眼，也未受到批判。据教堂看门人介绍，"文革"期间，她儿子生病烧香求医无效，后来由人介绍，去求临近村中信主的一位老太太，老太太要求她将家里的神像统统扔掉再来，因"破四旧"的宣传，当时的她并未抗拒随即回家将神像全部扔掉，与信主老太太一起祷告之后，其儿子逐渐得以痊愈，她也随之信了教。

基督教在李村所在乡的快速发展，是在1980~2001年。随着信徒人数的增多，家庭聚会已无法满足信徒的需要，于是，信徒要求给地建堂，1986年开始建堂，是为"第一教会"的正式建立。"第一教会"位于李村所在乡的核心路段，教会大门对着乡镇中心的马路，离镇政府和镇派出所很近。1990年左右，由于路途遥远，离第一教会比较远的信徒逐渐建起了李村教会，即"第二教会"。后来，在王村小学附近建起了王村教会，是为"第三教会"。

三个教会的建立，均在"第一教会"负责人即被信徒尊称为"神的仆人"①的指挥下进行。笔者访问"神的仆人"时，他说："建这三个教会的时候，我都去了，从打根基一直到盖成，我都在场。"据信徒介绍，"神的仆人"七八岁就开始信教，时在新中国成立前，"文革"期间也未停止信仰，恢复宗教信仰政策之后，他作为老信徒参与筹备建堂，并逐步成为李村所在乡"第一教会"的负责人。②"神的仆人"属于县基督教联合会的委员，在当地对信徒具有极大的影响力。

本书所调查的李村教会，建堂晚于第一教会。在没有建堂时，信徒平常在村里聚会，礼拜天一大早到第一教会聚会。由于路途遥远，1990年左右，信徒在一座废弃的小庙旧址上建堂。建堂时，"神的仆人"也在场，并且是主导力量。据负责人介绍，建堂时，信徒热火朝天，有力出力，有

① 当笔者第一次听到信徒称第一教会负责人为"神的仆人"时，以为这也许是李村附近的特有称呼，似乎不太合乎基督教的正统。但经过向北京及北美的教内人士请教得知，"神的仆人"这一称呼在基督教内较为常见，并无特别之处。
② 对传道人尤其是"神的仆人"身上所具有的卡里斯玛特征及灵性资本的积累，参见本书第十二章。

钱出钱，有车出车，奇迹般地完成了建堂事业。此处原为小庙，新中国成立后，成为村里唱戏和开批斗会的地方，后来闲置，被教会出钱买来盖为教堂。如今教堂里做饭的地方，还是原来小庙里旧的房屋，只是里面的塑像及大门早已没有了。

上文抄录的教会历史张贴在李村教堂北屋的墙上，但北屋门经常关闭，所以笔者起初并未发现。笔者几次询问教堂信徒和负责人，但只能得到零零碎碎的历史记忆材料。直到有一天，李村教堂北屋大门洞开，笔者自己发现了墙上用毛笔书写的历史。这并不是李村教堂负责人对笔者有防范心理而有意不提供给笔者，带笔者来的远房亲戚经常进出北屋也从未注意到墙上所贴的教会历史。对信徒来说，教堂历史并不是他们关注的重点，而对笔者来说教堂历史却极其重要。

经过核实，笔者发现，李村教堂北屋的墙上张贴的教堂历史，并不仅仅是李村教会一个教会的历史，而是整个乡基督教的历史。1986 年建堂，讲的并不是李村教会的建堂，而是第一教会的建堂。由此可见，第一教会及"神的仆人"对第二教会（李村教会）的影响。

李村教会是从第一教会分出来建堂的，这是一个自然而然建立分堂的过程。李村教会现任负责人为一位女性，在 2003 年春节期间笔者第一次调查时，该负责人 48 岁。她从 1982 年起因病信教①，病好之后不信，五年后又生病到郑州住院，此后才"完完全全交给了耶稣"，坚信至今并逐步成为李村教会的负责人。她小学三年级毕业，"开始学《圣经》时，她一手拿着字典，不认识就查字典，硬是把《圣经》读完了"②。从第一次访问她到现在，9 年过去了，她依然负责教会大小事务，在信徒中享有很高的威望。③ 因忙于教会事务无暇顾及家里，该负责人曾想退出教会事务的管理，但不久之后生了病，她认为这是上帝不允许其退出教会管理，故继续献身教会。为应对教会和社会的发展变化，她有意培养了不少信徒参与教会管理及讲道事务。

李村教会（第二教会）是一个独立的宗教场所，人员、资金均独立，

①　关于李村教会负责人因病信教的详细经历，参见本书第四章。
②　2003 年对李村教会信徒李菊的访谈。
③　关于李村教会负责人对李村教会的影响，参见本书第十二章。

与第一教会没有纵向的联系，但经常邀请第一教会的人员前来讲道。自1991年起，李村所在乡三个教会在每个月的三号集中起来一起开律会，律会的参加者均为各个教会的骨干。届时三四百人穿着各自所属团队的统一服装参加律会，规模大，很有仪式感。① 持续20多年每月一次的律会，由"神的仆人"做总负责，统一安排，轮流在三个教会中举行，借机锻炼各个教会的组织能力，并统一协商教会事务。笔者在参加的几次律会中，明显感觉到"神的仆人"在各项事务中的权威，以及他对李村教会的无形影响。

李村所在乡的三个教会，均为三自教会，各个教会内均张贴政府颁发的奖状及宗教场所管理条例。由于牧师长老的缺乏，这三个教会均由平信徒讲道、由平信徒组成堂委会负责管理。圣餐礼也由平信徒主持举行。

李村教会每年举行一次连续三天的"大复兴"活动，借以复兴灵性。除此之外，还学习第一教会，开展"属灵运动"，要求信徒悔改。

在教会内部，为了更好地照顾到每一个人，除按照信徒所属村庄进行分组在村里查经以外，教会还成立了老年队、弟兄队，任命了队长，由他们负责自己的团队。如统计资料所表明的那样，教会的主力为中年女性，唱诗班、乐队均由中年女性组成，每组40人左右。2007年4月20日，李村教会成立了使命团，由12人组成。2007年8月，乐队改称第一队，唱诗班改称第二队。2008年圣诞节，开始筹建第三队，一下子有20多人报名。这三个队加上弟兄队，成为律会的成员。这并不是第二教会独有的措施，而是三个教会一致的行为，是仿照第一教会而采取的措施。第一教会尤其是其负责人"神的仆人"对李村教会的影响无论如何高估也不为过。第一教会经历的"旷野生活"② 对李村教会也产生了影响。

需要说明的是，李村所在乡的三个教会在全县50多个教会中是最为特

---

① 第十二章会加以介绍，为避免重复此处从略。
② 对旷野生活的详细介绍参见附录。

殊的。因为"神的仆人"具有卡里斯玛特征,具有较强的灵恩派①倾向,受其影响,整个教会都呈现出灵恩派的倾向。这也是李村基督徒能够树立新自我的原因之一。

当地社会中,由打工经济兴起而带来的男性在乡村社会日常生活中的缺席,为女性在教会中起主导作用提供了可能性,另外,女性的宗教虔诚也为女性主导当地的传道工作提供了可能。值得注意的是,教会的圣乐团和唱诗班的成员都是中年女性②,她们是教会的骨干,也是下文讨论的孝道伦理的承载者和践行者。

---

① 灵恩派的主要特征为医病赶鬼、说方言等。河南南阳的传道人具有明显的灵恩派倾向。尽管没有明显的证据说明南阳传道人对李村教会的影响,但由于李村距离南阳较近,南阳的传道人在李村周边的教会活动过,是故,可以说南阳的灵恩派倾向对此地有一定间接的影响。关于南阳地区传道人的研究,参见 David Aikman, *Jesus in Beijing: How Christianity Is Transforming China and Changing the Global Balance of Power*, Washington, DC: Regnery Publishing, 2003。

② 女性在亚洲基督教中的地位较为重要,参见 Jekins Philip《新兴的亚洲基督教:性别角色及家庭结构变化》,高师宁、杨凤岗主编《从书斋到田野》(上),中国社会科学出版社,2010。

第三章
豫西宗族的弱化与基督教在
李村教堂区域的发展[*]

引　言

张先清的《官府、宗族与天主教》发现，明末至清朝中期，天主教在福建福安地区的发展具有宗族依附性特征。① 张先清发现宗族在天主教发展中的重要作用，并提出了宗族与天主教关系这一重要论题。但宗族与基督教之间的关系，是否只有宗族促进基督教发展这一种模式呢？笔者以为，宗族与基督教之间的关系，更为常见的却是——宗族是第一代信徒入教的最大障碍。宗族组织的存在、宗族权威、祭祖观念及仪式是基督新教入华面临的重要拦阻之一，也是第一代自致性信徒②入教的障碍之一。

基督教作为救赎宗教，"首先面对的冲突力量就是原生的氏族共同体"③。

---

* 此章曾以《华北宗族的弱化与基督教在乡土社会的发展——以豫西李村为中心的探讨》
为题发表于《中国农业大学学报（社会科学版）》2010 年第 3 期，第 18~32 页。

① 遗憾的是，对宗教的内涵与外在特征，张先清并未做出仔细的界定，也并未涉及对宗族
与家族的区分。不可否认，宗族的存在及维系，很大程度上需要不断重复祭祖仪式实践。
可能是由于主要涉及宗族的历史形态，而家谱等文献资料对祭祖及宗族内人生仪礼记载
比较缺乏的缘故，张先清文中对宗族仪式活动涉及较少，这不能不说是一缺憾。参见张
先清《官府、宗族与天主教》，厦门大学博士学位论文，2003。

② 自致性信徒，指的是自己皈信基督教，而非基于家庭信仰传统而信仰基督教的信徒。

③ 〔德〕韦伯：《中间考察——宗教拒世的阶段与方向》，《韦伯作品集Ⅴ　中国的宗教　宗
教与世界》，广西师范大学出版社，2004，第 512~513 页。

基于自然血缘关系的家庭与宗族①，必然会被宗教共同体贬低。宗族②在中国处于特别重要的地位，是中国社会结构的要素。基督教在中国传播，必然面临宗族的因素。

　　新中国成立前，基督教在中国传播缓慢，重要原因就是宗族力量的强大。③ 需提请注意的是，这与张先清的研究并不矛盾。张先清发现，面对天主教，宗族的态度有两种，一种是限制族内成员信教，一种是容忍宗族成员信教。前一种多发生在周边宗族有人信教或自己宗族内有少数人信教的情况下④，后一种多发生在宗族内多人信教的情况下。即使宗族内信教人数比较多，其信教之初也与当地特定的局势有关。明末清初福安局势动荡，强弱宗族皆受冲击，"在这样的社会背景下，传教士的传教活动，由于缺乏强有力的族权抵抗，就比较容易渗透进一些乡村宗族中"，"族人在接受天主教信仰方面上，自然少了许多宗族势力的拦阻"⑤，待宗族重新整饰组织，重树权威之时，族中已有不少人信教，迫于各种因素，宗族只能予以容忍。张先清的研究也表明，福安早期士绅多是在耶稣会宽容祭祖行为的前提下入教的⑥，可以设想如果不允许祭祖，天主教恐难以在最初打开传播的缺口。

---

① 学界对宗族的界定，对宗族与家族、宗族与家庭之间的区分，可以说是众说纷纭。关于宗族的界定，可参考杨善华《近期中国农村宗族研究的若干理论问题》（《中国社会科学》2000 年第 5 期）一文的梳理。值得注意的是，杨善华在梳理后提出的对宗族的界定过于宽泛。张宏明通过梳理西方人类学文献，认为应区分宗族与家庭，他认为宗族是继嗣关系，家庭是亲子关系，由此他进而批评了认为家庭是宗族基本单位的看法，其文见《宗族的再思考——一种人类学的比较视野》（《社会学研究》2004 年第 6 期）。尽管有以上的批评，但是实际上由于农村中女儿并无事实上的继承权，所以本文仍采取把家庭作为宗族基础单位的做法，至于宗族与家族的区别，本文认为宗族是基于父系血缘的纵轴式群体，而家族则范围更广，包含了姻亲关系。

② 不同的历史时期，宗族的具体样态有极大的不同，直到宋朝时才慢慢形成庶民化的宗族。

③ 当然，如果基督教能借助宗族力量，则基督教可以得到发展（参见张先清《官府、宗族与天主教》）。但宗族并不是基督教的天然联盟，恰恰相反，正如韦伯所说宗族这一共同体是基督教的天然敌人。由于历史的原因，如今的中国社会存在不少天主教村落，天主教的传播与发展主要依靠天主教村落宗族内部人口的繁衍，某种意义上说，这是当下中国天主教发展缓慢的重要原因之一。

④ 张先清：《官府、宗族与天主教》，第 193～196、236 页。尤其第 193 页提到，几个宗族"都曾合族入祠盟誓，禁入天主教"。

⑤ 张先清：《官府、宗族与天主教》，第 187～188 页。

⑥ 张先清：《官府、宗族与天主教》，第 186 页。

第一节 宗族：清末民初第一代信徒
入基督教①的障碍

阻碍基督教在中国传播的因素很多，有中国社会文化方面的原因，也有基督教自身的原因。传教士倪思维记载了 19 世纪末山东一位村民写出的五条阻碍他受洗的理由："一是我老母不准我信道。二是我辞不了我国祭祀的事。三是怕我入教后我的同伴耻笑我，说我无法度日，才作了主的门徒。四是我进了教必断绝我的一切亲友。五是我入了教，按道心行事，就无法养家度日。"② 阻碍基督教在中国传播的因素，归纳起来大致有四个：强有力的宗族组织的控制与宗族观念的影响；教会不允许信徒祭祖；官员和文人、士大夫的非难；传道人员数量不足③。其中前两个都与宗族有关，因此可以说宗族传统的根深蒂固是导致基督教在中国扩展缓慢的重要原因。

1. 宗族组织的控制与基督教发展的桎梏

清末至民国时期，中国的宗族组织仍有极强的势力，仍较为兴盛。虽然没有南方的兴盛，但北方的宗族，"在村庄生活中仍然起着重要作用"，"在祭祖、借贷和土地买卖上表现得最为明显"④。由于祭祖的观念和行为是维持宗族存在的纽带，基督教不许信徒祭祖，显然为宗族领袖所不容。在祭祖和日常生活以及反教中，宗族都显示了自己的实力。

---

① 此处涉及历史考察时，所用基督教一词，包含了天主教与基督新教，恕不一一不详注与区分。

② 转引自陶飞亚、刘天路《基督教会与近代山东社会》，山东大学出版社，1995，第 121 页。

③ 传道力量不足，尤其是本土传道员不足，是导致基督教在中国发展缓慢的因素之一，这一点恕不详论。《中华归主》已经注意到这一问题，另外可参看赵英霞《基督教会与近代山西社会》，中国人民大学博士学位论文，2003，第 51 页。赵英霞认为山西教会事业的落后，与美国传教士人数太少有关系。

④ 杜赞奇：《文化、权力与国家——1900～1942 年的华北农村》，王福明译，江苏人民出版社，2004，第 70 页。

宗族本身所具有的多方面功能①，为族内人提供了生产、生活各方面的保障，也约束着族人的行为。即使到了民国时期，宗族仍对宗族成员的行为进行约束甚至惩罚。② 宗族之中族长拥有极大的权威，传统儒学的浸濡使得他们以儒家的观念来看待世界，不能容忍基督徒不祭祖。

反教之时，往往以宗族为单位进行联防③，甚至可以"缚至宗堂处死"④，可见宗族的权力之大。1867 年，河南南阳士绅递交《南阳绅民公呈》，称当地基督徒"不敬神祇，不祀祖考"，并欲购周姓房屋立堂，"周姓族人具控"，方才制止此举。⑤ 是时也，宗族在田地、房屋买卖上仍具有优先权，所以周姓族人才会加以干涉。因此，我们可以说，宗族组织的存在是基督教传播和发展的一大阻碍因素。即使到了民国，仍有少数宗族明文禁止宗族成员信仰基督教。⑥

2. 基督教传播与祭祖的冲突

祭祖是中国人的重要特点，千百年来形成了一整套的仪礼规章，并一直为中国人所复制着、重复着，这在农村保存得更完整。基督教从传入中国的那一刻起，祭不祭祖的问题就成为争论的焦点。

基督教与宗族的冲突之一，就是入教之时必须撤掉祖先的神主牌。⑦中国文人士大夫对此种行为进行了种种猜想，认为信徒"斧神主"（即砍

---

① 宗族的功能，可参见钟敬文主编《民俗学概论》，上海文艺出版社，1998，第 108～116 页；刘晓春：《仪式与象征的秩序》，商务印书馆，2000，第 116～117 页；阎云翔：《礼物的流动》，上海人民出版社，2000，第 85～88 页；王沪宁：《当代中国村落家族文化——对中国社会现代化的一项探索》，上海人民出版社，1991。

② 参见 Hui-chen Wang Liu 根据 1912～1936 年刻印的 151 种族规进行的统计分析，Hui-chen Wang Liu：*The Traditional Chinese Clan Rules*，New York，1959，转引自费成康主编《中国的家法族规》，上海社会科学院出版社，1998，第 126～127 页。

③ 因为李村历史资料有限，迫不得已必须使用邻近地区乃至南方省区的相关史料，这样论述的有效性自然会减少，但这样一项对非基督教村落中基督教的研究，是一种对常态的乡村基督教（借用岳永逸常态庙会的说法，见其博士论文《庙会的生产》，北京师范大学，2004）的研究，自有其意义在。

④ 王明伦：《反洋教书文揭帖选》，齐鲁书社，1984，第 102 页。

⑤ 王明伦：《反洋教书文揭帖选》，第 18 页。

⑥ 必须注意的是，家谱没有提到对违反此规定的行为是否予以处罚，但禁止这一行为不能不说体现了宗族在这一问题上的导向。参见 Hui-chen Wang Liu 根据 1912～1936 年刻印的 151 种族规进行的统计分析，转引自费成康主编《中国的家法族规》，第 127 页。

⑦ 王明伦：《反洋教书文揭帖选》。

掉祖先的神主牌）一定是入教之时服了传教士的药物或者吃了传教士给的什么东西①，否则他们无法理解中国人为什么会"斧神主"。

清末，虽然中国各地祭祖的形式不同，但是中国人祭祖的观念仍然保持着，这使得中国人与基督教因这一点形成激烈的冲突。民众入基督教，必须撤掉祖先的神主牌，基督徒必然面临族人的压力。所以，入天主教和基督教的第一代信徒都承受着极大的压力，除非迫不得已，他们不会去信仰天主教和基督教。

清末，民众中间第一代信奉天主教和基督教的大部分是边缘人群。当时，实力大的那些宗族，相对来说是儒家学说的维护者，其成员入教的可能性极小。另外，宗族统一组织生产活动，普遍的贫困，土里刨食，也使得以农业为生的农民没有时间去参加基督教活动。学者发现，只有在更高等级的阶层中，儒家的理念才得到较好的贯彻，而"由于经济原因，贫穷人家不得不违背家族制度和国家法制"②。所以，边缘人群是信教的主体。③《滋阳县市民公呈》说："大凡教会初开，群情未附，谨厚之士观望者多。惟失业无赖之人，畏罪漏网之匪，希图小利，冀免刑诛，则首自入教，妄求庇护。"④ 清末教案显示道光年间教民类似"游民"，以土地为生的、被土地束缚的农民则很少。⑤

不祭祖，甚至撤掉祖先牌位，这是传统社会中难以接受的事情。正如庄孔韶所说："中国人从士大夫到民众都有一个共同的理念，即祭祖是维系宗族理念的象征仪式，故见基督教不祭祖心中十分反感。"⑥ 传统社会中的中国人很难接受不祭祖的观念和行为，而西方传教士也不会轻易放弃自己的宗教观念，因此两者是水火不容的。不允许信徒祭祖，成为中国士人

---

① 王明伦：《反洋教书文揭帖选》，第4页。
② 刘晓春：《仪式与象征的秩序》，商务印书馆，2000，第116页。
③ 另见梁家麟《改革开放以来的中国农村教会》，香港建道神学院，1999，第238页；孙尚扬：《1840年前的中国基督教》，学苑出版社，2004，第32页；顾卫民：《基督教与近代中国社会》，上海人民出版社，1996，第92页；吴飞：《麦芒上的圣言》，道风书社，2001，第129页。
④ 王明伦：《反洋教书文揭帖选》，第162页。
⑤ 《清末教案》第1册，中华书局，1996，第1页。
⑥ 庄孔韶：《银翅》，生活·读书·新知三联书店，2000，第427页。

攻击基督教的一大原因,[①] 这也是民众舆论非议基督教、信徒被当地宗族和社区孤立的原因。[②] 邢福增的研究表明,19 世纪末一些儒生仍因教会禁止祭祖的缘故未能入教,[③] 民众也因为基督教"没有祖宗,不孝父母"的缘故止步于教堂大门之外。[④]

宗族尤其是其祭祖观念及仪式,是晚清第一代自致性信徒入基督教的障碍之一。宗族在 20 世纪上半叶遭受打击,宗族组织、宗族权威、宗族观念有所弱化,那么,民国时期北方的宗族是否已弱化到不存在的地步,宗族是否还是第一代基督徒入教的障碍呢?

由于关于李村及豫西宗族的相关统计数据和资料的缺乏,北方的宗族情况,我们只能以河北定县的材料加以说明。李景汉及同仁曾调查定县东亭乡村社会区 62 村内的宗族情况。他发现,1928 年时,62 村内 162 个宗族中多数有公共财产,全年有活动经费,共有宗祠 19 座,13 个祠堂有田地。[⑤] 由于生产、生活状况的相似性,定县宗族的情况可以推及包括李村在内的北方传统农业县。通过对直隶、山东的满铁调查资料的分析,杜赞奇指出,民国时期宗族在华北乡村中依然是地方社会政治中最为活跃和最为直接的力量之一,起着举足轻重的作用。[⑥]

20 世纪上半叶,在教会本色化过程中,基督教会和信徒仍在不断谈及祭祖问题,[⑦] 若祭祖行为不复存在,就不必谈论这一问题。在当时,祭祖是宗族的行为,决非个体或家庭的行为。1935 年,华北基督教农村事业促进会文字部出版的《田家半月报》,谈论祭祖仪式的改造,[⑧] 就充分说明基督教在乡村仍面临祭祖这一宗族观念的挑战。台湾人类学家李亦园《丧葬仪式与文化概念的冲突——记河南偃师县的一则丧事》一文,充

---

① 孙尚扬:《基督教与明末儒学》,东方出版社,1994,第 233 页;王明伦:《反洋教书文揭帖选》,第 3 页。

② 陶飞亚、刘天路:《基督教会与近代山东社会》,第 120 页。

③ 邢福增、梁家麟:《中国祭祖问题》,第 22、57 页。

④ 邢福增、梁家麟:《中国祭祖问题》,第 91 页。

⑤ 李景汉:《定县社会概况调查》,上海世纪出版集团　上海人民出版社,2005,第 177 ~ 181 页。

⑥ 杜赞奇:《文化、权力与国家——1900 ~ 1942 年的华北农村》。

⑦ 邢福增、梁家麟:《中国祭祖问题》。

⑧ 邢福增、梁家麟:《中国祭祖问题》,第 93 页。

分说明华北宗族对基督教发展构成的冲击，这尤其表现在葬礼与祭祖仪式上。李亦园在文中分析了 20 世纪 40 年代初河南洛阳偃师县一个村落中基督徒丧礼上的冲突，区分了文化与社会的概念，认为由于那时村中只有两家信基督教，冲突只涉及生命礼俗或特殊祭典，当时的社会结构仍是纯一的。基于分析，他提出"近代中国文化的变迁可看作是异质化了的文化与统一的社会互相作用的表现"[①]。按照笔者的理解，宗族是当时主要的社会结构，李亦园的研究充分表明，即使到了 20 世纪 40 年代，宗族仍是基督教发展的桎梏之一。林治平提出，历史上基督教在中国传播的障碍有三个，如今这些障碍多半已告消失，"所余者，仅祖先崇拜，祭祀仪式尚待我们辨明"[②]，可谓不易之论。2005 年 8 月，笔者就基督徒在葬礼上是否发生冲突一事[③]，访问赵牧师，赵牧师介绍说："一般发生的不多，但也发生过，那一般都是宗族势力大。有一家按照基督教葬礼办，人家不叫进坟地。"最后，那一家基督徒被迫另择坟地，可见宗族与基督教的冲突并未完全消失。

第二节 "宗族弱化"：李村之实例与学者之佐证

新中国成立前后土地改革时期，宗族的族田被分家到户，祠堂也被充公，宗族是否不复存在了呢？研究表明，新中国成立后至改革开放前，宗族仍以变通的形式存在。尽管存在间断，但小规模的祭祖仍在继续，家谱也被藏起来得以保存，而且更重要的是在人生仪礼中，宗族成员仍依据血缘的远近，参与礼物往来，这些活动都维系了宗族观念。改革开放之后政策放宽，出现了宗族复兴、重建的浪潮，各宗族重修族谱、重建祠堂、重新整合祭祖仪式，建立宗族理事会等组织，宗族复兴的浪潮引起了国内外

---

① 李亦园：《宗教与神话》，广西师范大学出版社，2004。
② 林治平：《基督教在中国之传播及其贡献》，刘小枫主编《道与言——华夏文化与基督文化相遇》，上海三联书店，1995，第 119 页。
③ 参见李华伟《基督徒的文化认同与乡土文化变迁的模式——从理念与符号的视角来探讨豫西李村基督徒在葬礼上的冲突与调适》，《中国农业大学学报（社会科学版）》2008 年第 1 期，第 136～145 页。

学者关于宗族是否与现代化相矛盾的热烈讨论。① 直到今日，关于宗族与国家基层治理的课题及专著仍层出不穷。所以，尽管宗族的形态发生了变化，但宗族的存在是毋庸置疑的事实，② 我们还是在一个北方小社区中来探讨宗族的变迁及其弱化。

1995 年李村人口总数为 1548 人。2005 年为 1530 人，共有 345 户，户均 4.43 人。李姓在李村是大姓，除李姓外还有其他姓氏，其中史姓 3 户，陈姓 2 户，翟姓 11 户，袁姓 4 户，张姓 1 户，程姓 2 户，赵姓 6 户，姜姓 9 户。李姓由血缘远近不同的四支构成。

李村李氏宗族四大支，最早是从洛阳市嵩县迁移过来的，曾经住在李楼（李村西边 8 里的地方，那里还有祖坟），后来迁到李村。几年前嵩县李家还有几个老人前来续家谱。现在每年正月，李村还按户收钱，并派代表到嵩县上祖坟。嵩县那里还有石碑，家谱保存得比较完整。③

李村村民语言上没有宗族或者家族这一说法。同一宗族的，李村民众一般称为"一大家子的""挨近人"，其范围一般在五服之内。宗族内人丁兴旺，可能指称以户主为基点上下两代以内的宗亲。如果宗族里人员少，"一家子"的范围可能包含更广，指称代际更多。④ 李村宗族的弱化，不仅

---

① 对中国改革开放以来的宗族进行研究的著作数量很多。这些著作大致可分为就宗族复兴原因、宗族由传统向现代变迁、宗族与农村民主政治的关系、宗族与社会经济、宗族与现代化进行的探讨，具体梳理可参考温锐、蒋国河《20 世纪 90 年代以来当代中国农村宗族问题研究管窥》，《福建师范大学学报（哲社版）》2004 年第 4 期。

② 韩敏通过在安徽的研究，认为文化有其延续机制，因而宗族能够历经革命和改革而存在下来。参见韩敏《回应革命与改革：皖北李村的社会变迁与延续》，陆益龙、徐新玉译，江苏人民出版社，2007。

③ 缺少祠堂是华北宗族的普遍特征，李景汉在定县的研究也说明了这一点，但我们不能以宗祠的有无作为判断宗族是否存在的依据。依照发达的南方宗族特征，根据对华北宗族的研究，兰林友提出了华北宗族的残缺特征。参见兰林友《论华北宗族的典型特征》，《中央民族大学学报（哲学社会科学版）》2004 年第 1 期；兰林友：《庙无寻处——华北满铁调查村落的人类学再研究》，黑龙江人民出版社，2007，第 52~54 页。

④ "一家子"是伸缩性很强的，并无固定的范围，要根据宗族内人丁兴旺程度而定其具体范围。

指其功能上的弱化，还包括宗族组织与观念的弱化，① 下面试逐一分析之。

1. 机械化、社会分化与宗族功能的弱化：以村民生产生活为例

实行家庭联产承包制后，各家忙各家的。但分地时，兄弟几人会要求分在一起。一方面免得和不信任之人的地挨着起争端，另一方面也可以互相照顾，方便协作。20 世纪 90 年代以前，农业生产特别麻烦。农民也特别忙、累，人手少了根本无法完成农活。李村农民一般都是好几家结成伙，共同凑钱买农业机器。近 20 年来，随着机械化的发展，农业生产越来越轻松简便，单门独户也可以完成。现今，兄弟之间或者叔（伯）侄之间在浇地、打麦等需要较多人手的农活上还互帮，但这种结构固定的互帮群体，规模越来越小，多是一两家，多是亲兄弟。② 近年来，李村有多起兄弟闹僵的事，闹僵之后，他们一般单干，自己一家买齐所有的机械。近几年来，有几家信教的开始结合起来买机械，在生产、生活上互帮。机械化的发展不仅仅节省了人们的时间和精力，也对村民的人际关系带来了影响。

生产互助并不一定基于宗族这一情况，也为其他学者在北方村落中的研究所支持。通过在山东的调查，朱爱岚发现，最大的变化就是父系继嗣大规模合作努力的瓦解。她认为，人们的组合可能是弹性的并非基于家世原则。③ 另外，"除了土地组的结构而外，农业中的合作同元或同更大规模的宗族单位并没有任何关系"④。换言之，父系继嗣纽带只是个人和农户合作网络中一个潜在的源泉。朱爱岚认为，"突出父系制将是误导性的"，会隐含布迪厄所抨击的方法论上的疏漏，其实，"人们以更有弹性得多的方法利用父系继嗣纽带作为更宽泛的合作机遇的一部分"⑤。她认为，在经济

---

① 必须提请注意的是，无论在民国时期还是当今，李村的宗族组织特征都不明显，这一现象在北方宗族中较为普遍。李村及其附近地区的宗族无宗祠、无宗族理事会，仅在祭祖活动上有松散的组织。但这不意味着民国时期及当今的李村社会中宗族并不存在或毫无影响。为拓展个案的代表性，在李村调查的基础上，笔者将结合其他学者对华北地区宗族的研究加以佐证。

② 韩敏 1989 ~ 1993 年在黄河流域皖北的调查研究表明：互助小组中与父母或者兄弟合作的占到 50%，与同院合作的占 20%，与村内李氏宗族合作的只有 10%。参见韩敏《回应革命与改革：皖北李村的社会变迁与延续》，第 166 页；另参见〔加〕朱爱岚《中国北方村落的社会性别与权力》，胡玉坤译，江苏人民出版社，2004。

③ 〔加〕朱爱岚：《中国北方村落的社会性别与权力》，第 29 ~ 31 页。

④ 〔加〕朱爱岚：《中国北方村落的社会性别与权力》，第 42 页。

⑤ 〔加〕朱爱岚：《中国北方村落的社会性别与权力》，第 44 ~ 45 页。

风险的情境中，"可能会促成使父系继嗣纽带成为一项资源，但不是惟一可能性的社会经济组织的一种形式"，替代性的经济安排是可能的。①

以上探讨了在生产方面宗族弱化的实际情况，下面仅以盖房为例，探讨生活方面宗族功能逐步被其他组织代替的趋势。20 世纪 90 年代以前村民盖房，都是自备建材，建造时"一大家的"和姻亲来帮忙。当时没有专门盖房的包工队，离了宗族内部的帮助，就盖不成房子。90 年代以来，村里开始兴起盖平房之风，原来由土坯盖成的瓦房，开始普遍换成砖房，地基越弄越高，互相攀比，借以压倒对方，因盖房引起的争端不断，甚至有几起官司。近十几年来，垒一堵小墙，还可能由自家人帮忙，但盖房都用包工队。

李村村民多数从事建筑业，几乎每村都有建筑队。李村中老年村民就在附近村子搞建筑挣钱养家。村里盖房用哪一个建筑队，一看自己与建筑队之间的关系，二看对其盖房水平的信任度。有时，主家预感盖房可能会引起争端，会有意请远方的建筑队来，免得本村、邻村建筑队与可能引起争端的邻居认识，造成尴尬局面，不好处理。随着经济的发展，社会日益分化、专门化，社会分化产生了新的组织，宗族的部分功能被代替。

2. 宗族组织弱化的历史与现实考量：李村之实例与学者之佐证

宗族的组织性，主要体现在祭祖与家谱的组织管理上。在李村，家祭仍在进行，墓祭只祭祀两三代的宗亲。李村李氏宗族的坟地分散在村子西边的地里，一般只有户主父辈、祖辈的墓，顶多包括曾祖辈的墓。在村子正北的地里还有老坟，老坟是李村李氏宗族四大支共同的。祭祖时四大支内部各小支祭祀各自的祖辈和或曾祖辈的墓，愿意去老坟祭祀就去，不愿去也没有人管，老坟的祭祀是很松散的。李氏宗族有家谱，但知道家谱的人并不多。家谱原来由村里的退休教师保管。他去世后，家谱由其儿子保管。家谱几年内难得续一次，小孩出生不需要在家谱上登记，小孩子起名也不按照辈分谱。李村历史上，至少在村民的记忆中就没有宗祠。这代表了当今中国宗族的大多数情况，祭祖只祭祀两三代的，不知长房是谁家，

---

① 〔加〕朱爱岚：《中国北方村落的社会性别与权力》，第 45 页。

并不是孤例。①

为拓展研究，我们必须结合其他个案和研究成果来加强共时与历时的视角。纵观20世纪，中国的宗族经历了民族国家政权建设的不断改造。民国时期，国民政府已开始将政权建设向乡村推行，破坏了宗族的势力。杜赞奇根据满铁调查资料，对20世纪上半叶的华北农村进行研究，认为国家政权在华北的深入可以分为三个阶段，随着国家权力的深入，华北宗族的势力逐步被排挤出政权组织之外。②

新中国成立后，华北宗族的情况，我们可以以唐军③的研究加以说明。根据对河北P县下冀村的实地调查，唐军指出新中国成立后，"国家并没有使用强制手段去直接摧毁传统家族的组织结构，但它通过高度集中的行政管理体制对农村社会实行直接控制，消除了家族组织的权威体系"④。

李村宗族的状况和存在形式，与唐军所调查的村落中家族的情况存在一些差异。相较而言，新中国成立前李村的宗族状况就已经很松散，没有外在符号形式如祠堂、族田凝聚族人，但新中国成立后的这一历程对它们却有着相似的效果。

改革开放以来，尽管中国许多地区宗族重新恢复，但实际上这种恢复，"更多的表现为仪式的恢复，而功能的恢复是很弱的"，而且"现在恢复起来的宗教组织不是一个可以发挥强制权威的组织，因为宗族的诸多职能为其它组织替代，也因为宗族成员的社会分化"。⑤ 高丙中认为，"除了少数例外情况外，家族活动的恢复基本上是文化性的，而非制度性的"，"活动所恢复的主要是家族符号和仪式的体系，而非功能实体"。⑥

---

① 参见胡燕鸣主编《平峰村的文化转型——中国内地乡村五十年文化变迁的个案研究》，中央民族大学出版社，2001，第110、111页；曹锦清：《黄河边的中国》，上海文艺出版社，2000，第266~267页。
② 杜赞奇：《文化、权力与国家——1900~1942年的华北农村》，第74~78页。
③ 唐军发现，新中国成立后随着移民、村际械斗等一系列活动，下冀村恽性家族不断得到强化，唐军有此提出了新家族主义的概念。唐军：《蛰伏与绵延：当代华北村落家族的生长历程》，中国社会科学出版社，2001，第141~144页。
④ 唐军：《蛰伏与绵延：当代华北村落家族的生长历程》，第137~138页。
⑤ 张军、王晓毅、王峰：《传统村庄的现代跨越》，山西经济出版社，2003，第181页。
⑥ 高丙中：《从人生意义的设计看家族文化的复兴》，《21世纪：文化自觉与跨文化对话（二）》，北京大学出版社，2001，第615页。

关键的问题是，新中国成立后宗族组织已经无法拥有田地——传统上宗族必备的经济基础。而且，在当前的村民自治选举中，国家很忌讳宗族势力的干涉，所以从国家治理和管理的角度，政府对宗族持一种相对贬抑的态度。在这种境遇中，宗族的组织力量不可能强大。

3. 宗族观念与意识的弱化：学者论争与李村的例子

赵力涛认为以前的宗族研究过于重视家族仪式，而忽视了在社会、政治活动中表现出的家族意识，他提出应重视家族"日常实践"。他在研究中区分了仪式中的家族与事件中的家族，更重视对事件中家族意识的研究。①

但即使是在事件中村民表现出的宗族观念上，宗族意识也在削弱。随着宗族原来所具有的功能逐步被越来越分化的社会组织取代，宗族组织与制度衰微，宗族意识式微。李村民众的血缘观念只是三四代而已，即同一个爷爷的后代之间关系相对密切，可是现在兄弟之间闹翻的并不少，也有不少不孝敬老人的，这些不是孤例。② 这在以前是不可想象的。另外，科举或考学一直可以获得宗族成员的资助，当然受资助者也有回报宗族的义务。在科举废除之前，对于宗族来讲，宗族子弟出人头地的重要渠道就是读书致仕，而这需要宗族举全族之力来帮助。尽管读书做官的路径已不复存在，但读书仍是获得公职或进入事业单位的重要渠道。当前，大学生就业难，读书难以改变命运，甚至不如在家打工挣钱多，李村宗族成员基于功利考虑，对于族内人甚至子侄考上大学不仅淡然处之不再资助，而且极尽嘲讽之能事，这与20世纪50年代资助远房子侄读书相比有着巨大的反差。③ 对宗族内这一重要事件的不同处理，折射出了事件中宗族功能及意识的弱化。

以前，宗族是族人生活的依靠，也是个人和家庭最大的社会资本，离开了宗族个人很难生存。宗族具有许多功能，是一个生产、生活的基本单位，这在人生仪礼上体现得最为明显。人生仪礼不仅是个人的大事，也是

① 赵力涛：《家族与村庄政治：河北某村家族现象研究》，北京大学硕士学位论文，1997。亦可参看赵力涛《国家权力与村庄中的家族》，李永新主编《北大寻思录》，中国社会科学出版社，2003。
② 参见阎云翔《私人生活的变革》，上海书店出版社，2006，第205~208页。
③ 具体事例参见第五章及第十三章的相关部分。

家庭和宗族生活中的大事。在人生仪礼中，李村宗族内互帮互助。① 离开了宗族，个人很难成长。结婚时，宗族内部互帮，凑份子钱帮助新人组建家庭，置办生活用品。不仅如此，婚礼时，需要很多人来帮忙，离开了宗族成员，这是办不成的；等到新娘怀孕，宗族成员要送鸡蛋，让新娘补身子；等小孩生下来的时候，要"送米面"，一方面以示庆祝，另一方面送好吃的，接济新人生活。他们之所以这么做，是因为单靠个人或家庭的力量难以完成这样的事。这是一种互帮，等到他们家里有事的时候别人也会来帮忙，而如果他们不这么做的话，他们就会被孤立，以后的生活难以为继。

如今，在李村民众的生活中，只有在小孩子满月以及婚礼、葬礼上，或者有人生病的时候，"一大家的"才会在一定的场合、一定的时间出现或者聚集，互帮互助。与以往相比，宗族互助缩小了展演的空间，即使在满月以及婚礼、葬礼上，宗族成员的出现或者聚集，也仅仅是仪式性的。

随着社会贫富分化和社会流动，李村在外工作的年轻人中有几人在县城和省城举办婚礼。在这样的情境下，婚礼不需要宗族内部成员帮忙。传统的婚礼由宗族内有权威的人主持，婚礼的主持也增长了其权威；在外举办的婚礼，需要请专门的婚庆礼仪公司负责婚礼仪式，这使得宗族内权威人物施展的空间缩小。基督徒婚丧嫁娶仪式的举行要请教会领导主持，② 这剥夺了宗族权威人士施展权力的机会，削弱了其权威。

事件中宗族观念（意识）的削弱也得到了其他学者的证实。在河南的调查中，曹锦清发现"大家庭制度无论是在村民的观念中，还是在实际生活中都处于全面迅速的分解之中"③。兰林友④受以布迪厄为代表的亲属实践理论之启发，将亲属关系视为个体寻求满足其物质和象征利益的实践，⑤

---

① 阎云翔将之称为表达性礼物馈赠，见阎云翔《礼物的流动》，第44~64页。
② 关于基督徒葬礼对宗族权威的挑战，参见李华伟《基督徒的文化认同与乡土文化变迁的模式——从理念与符号的视角来探讨豫西李村基督徒在葬礼上的冲突与调适》，《中国农业大学学报（社会科学版）》2008年第1期，第136~145页。
③ 曹锦清：《黄河边的中国》，第258页。
④ 兰林友基于对华北满铁调查村落的追踪调查，发现了同姓不同宗这一华北乡村社会的常见情形，提出了残缺宗族分析性概念。
⑤ 兰林友：《庙无寻处——华北满铁调查村落的人类学再研究》，第14页。

提出情境性社会关系解说模式，认为在社会的现实生活中，仅有血缘关系，而没有其他的资源调控，根本不可能将具有相同血缘的人们自动地凝聚在一起。①

阎云翔认为，由于宗族组织的力量在新中国成立后受到破坏，"村民们有了更多的自由来选择怎样去建构他们的私人网络"，"非亲属联系成了个体寻求网络扩展的新领域"。② 他发现，在当地的社会生活中，"父系宗族组织的角色显得不是十分重要"③。通过在华北的调查，张静发现，在提供庇护关系方面，"家族亲属的作用弱化"，向更具功利性的方向发展。④

由此，我们可以看出中国北方的宗族观念早在民国时期就已式微。其实，宗族只是人们满足现实生活需要的一种手段。其能否继续存在以及是否发生变异，端赖其能否满足经济结构和生活的需要。传统上，由于宗族在经济和其他方面具有不可替代的功能，所以宗族能够存在并持续发展。如今，在建构社会关系网络、提供庇护方面，宗族之外的关系愈发重要，宗族在这方面功能弱化，宗族的发展空间受到限制。

作为宗族意识核心的祭祖观念也处于弱化的状态。苗运长对河南省许昌禹州市苗氏祠堂重建的研究，⑤ 有力地证明了这一点。苗运长提到仅苗氏祠堂保存较好并重修，其他家族有的仅有族谱，有的连族谱也遗失了。⑥修建宗祠是村民生活中的一件大事。然而，在这一事关重大的事情中，年轻人并非非常支持。苗运长注意到墓祭只是祭祀本家祖先，整个家族的祖坟却很少被祭拜，而且祭祖仪式是依据领导者掌握的仪式资源进行的"文

---

① 兰林友：《庙无寻处——华北满铁调查村落的人类学再研究》，第47页。
② 阎云翔：《礼物的流动》，第118页。
③ 阎云翔：《礼物的流动》，第37页。
④ 张静：《个人与公共：两种关系的混合变形》，赵旭东编《乡土中国研究的新视野：国际社会学论坛暨社会学系十年庆论文集》，2005。
⑤ 苗运长：《祠堂的重建——一个中原家族的历史与实践》，张海洋、杨筑慧编《发展的故事》，中央民族大学出版社，2006。
⑥ 苗运长：《祠堂的重建——一个中原家族的历史与实践》，张海洋、杨筑慧编《发展的故事》，第342~358页。

化创造"①。尤其重要的信息是，祠堂重建后每年清明全族性的祭祖很少，只是曾参加修祠堂的主要人员的小规模活动。苗运长认为，家族已成为一种社交的渠道，一种社会资源。② 可见，即使祭祀祖先的观念也很淡薄，遑论其他宗族观念。

与传统社会的宗族相比，总体上来说，当今李村及其周边地区的宗族处于进一步衰落之中。改革开放以来，随着经济的发展和社会的分化、专门化，在生产、生活、人生礼仪以及宗族内重大事件中，宗族的功能弱化，宗族被降到无关紧要的地步。宗族对人们生活的意义不大了，生活是以家庭而不是宗族为单位的。同时，家庭关系已经发生了结构性变化，无论是大家庭还是核心家庭，横向的夫妻关系已经取代父子关系，这对家庭性质及家庭内部个人生活产生了影响。这一转变不仅体现在家庭结构的变化上，也体现在家庭内部权威的变迁之中。这是包括基督教徒在内的李村民众所生活的场景。

第三节　宗族弱化与信仰个体化

1. 宗族观念弱化、父权衰落与教徒的性别结构

改革开放之后，农村逐步实行家庭联产承包责任制。起初，家庭的生产功能很重要，家长的权威还保持着。在经历了一段恢复与加强的历程之后，家庭的生产功能，"正面临着一个逐步减弱的总趋势"③。随着打工潮的兴起，农业收入已经不是家庭收入的主要来源。

1998 年以来，李村农民开始外出打工，他们一年中至少有 7 个月的时间在外面。年轻的打工仔与打工妹甚至两三年回一次家。他们在远方打工所挣的钱不一定给父母，或者只给一部分。经济权开始分散，而"家长经济重要性与父权统治成正比"④。随着家长经济重要性的降低，父权必然逐

---

① 苗运长：《祠堂的重建——一个中原家族的历史与实践》，张海洋、杨筑慧编《发展的故事》，第 365~366 页。

② 苗运长：《祠堂的重建——一个中原家族的历史与实践》，张海洋、杨筑慧编《发展的故事》，第 364~367 页。

③ 杨善华：《城乡家庭——市场经济与非农化背景下的变迁》，浙江人民出版社，2000，第 9 页。

④ 杨善华：《城乡家庭——市场经济与非农化背景下的变迁》，第 23 页。

渐衰落。

随着经济上父权衰落，年轻人自我意识加强，个体的自由度愈加扩大。这绝非李村一个地方的情况，而是具有一定的普遍性。通过调查，阎云翔认为，祭祖仪式能够保证长辈的权威，[①] 当地祭祖仪式的式微必然带来老年人权威的衰落。而且经济剥夺与无情的市场逻辑已使得上下两代关系更理性。年青一代自我利益的意识更强，与父母关系变得越来越像交换关系。而老一代农民在经济上被剥夺干净，无法担当父母在传统上分给已婚儿子一份世代传承家产的责任，这导致了赡养老人的最大变化。[②] 中国传统文化养老机制的关键是孝道，传统中国法律、舆论、宗教、信仰以及家庭私有财产的存在，都支持孝道的推行，这些在市场经济引进的价值观面前不堪一击。

在父权制家庭中，男性地位与权力高于女性。如今，父权、男权衰落，女性地位提高。女性能够自由选择信仰是教会中女性众多的一个前提。20 世纪 20 年代，河南省女性基督徒只占 34%。[③] 2005 年，李村所在乡的 1145 名基督徒中，女性占 85.24%。

李村信众中女性众多与宗族观念的弱化有着一定的联系。因为入教要把宗族的祖先牌位撤去，而宗族是男人的宗族，是以父系为中心的，女人入教撤去的是夫家的祖先牌位，女人不会有太大的心理与行动障碍，除非遇到男人的阻拦。如果女人不能当家做主的话，牧师则不以撤去夫家的祖先牌位为入教的必需条件。因此笔者认为，宗族观念的弱化与女性地位的提升，是信众中女性众多的背景。[④]

2. 家庭结构的核心化趋势、传统家庭解组与信仰的个体化

① 阎云翔：《私人生活的变革》，第 205～206 页。

② 阎云翔：《私人生活的变革》，第 207～208 页。

③ 中华续行委员会调查特委会编《中华归主·中国基督教事业统计（1901～1920 年）》，中国社会科学出版社，1985（1922 年版），第 191 页。

④ 社会剥夺理论告诉我们，处于社会边缘与底层的人群，比如农民、妇女、贫穷无靠的人，更容易信仰基督教。笔者认为，套用社会剥夺理论是化约论的做法，失之简单。当然，到底妇女是因为社会地位低而信教呢，还是相反，抑或二者都不是？这仍是值得继续探讨和争论的问题。从方法论的意义上说，这涉及社会科学研究中因果关系如何才能成立的问题。

传统家庭解组，① 家庭结构上趋于核心家庭，是当今包括农村在内的中国家庭的趋势。2005 年李村有 345 户 1530 人，户均 4.43 人，多为两代之家，核心家庭居多数，个人拥有更多的自由。

现今，在工业化、城市化、现代化的冲击下，农村的家庭已经不再是生产和生活共同体。我们可以把哈贝马斯的一些文字移植于此来形容家庭的这一变化："家庭的基础受到损害，家庭财产被个人收入所取代"；"家庭失去了经济功能，与此同时，也失去了塑造个人内心的力量"；"家庭中每位成员都越来越受到家庭以外的力量和社会的直接作用，从而越来越社会化"；"家庭在失去其经济职能的同时，也失去了其保护功能"。②

韦政通认为，随着市场化经济力量和新思潮的冲击以及家庭自身的原因，传统家庭已经解组。韦政通所转述的家庭成员共同目标的丧失、家人合作的减少、互惠服务之抑制等六个方面的变化，③ 可谓对包括李村在内的家庭特点的准确概括。

随着家庭结构核心化、传统家庭解组的趋势，信仰成为个人的选择，个人在信仰上面临的家庭压力几乎没有。而在 20 世纪 20 年代，"家庭压力仍是青年人皈依的压力，而问题的核心在于祭祖"④。如今，信教越来越成为个人的私事，而不是像以前那样动辄受到宗族与家庭的限制与约束。信仰的个体化，是当今农村的趋势。

卢克曼认为在现代社会，"'自主的'个人也或多或少地作为一个消费者来面对传统的具体的宗教模型"⑤，这句话用来描述李村村民在选择基督教时是照样适用的。宗教信仰是一种个人的选择，但个人在选择时并不是完全自由的，受所处大小环境的影响。在李村，民众可供选择的信仰类型只有基督教与民间信仰。基督教信仰是合法的，民间信仰由于无法为自己

---

① 关于传统家庭解组的研究，参见韦政通《中国文化与现代生活》第二章，中国人民大学出版社，2005。

② 〔德〕哈贝马斯：《公共领域的结构转型》，曹卫东等译，学林出版社，1999，第 182 ~ 185 页。

③ 韦政通：《中国文化与现代生活》第二章，第 47 ~ 48 页。

④ 此语出自翟雅各布（Rev James Jackson），见邢福增《文化适应与中国基督徒》，香港，宣道出版社，1995，第 48 ~ 49 页。

⑤ 〔德〕卢克曼：《无形的宗教》，覃方明译，中国人民大学出版社，2003，第 95 页。

"正名"或者需要依附佛道,与基督教相比就失去了优势。基督教传教性强,在李村主要是在亲戚之间横向传播。这种传播模式与福音见证,容易为李村民众接受。佛道、民间信仰也有类似于福音见证的传播模式,但是在频度和互动效果上,远远比不上基督教一周一次、面对面的见证。这是基督教在李村发展较民间信仰与佛道更快的原因之一。

第四节 宗族弱化与基督教的发展策略:历史考察与李村基督徒的祭祖个案

1. 基督教界对于祭祖意见之变迁

在传统中国,上至国家下至百姓都很重视祭祖。祭祖是维系家庭、宗族、国家和社会的纽带。祭祖活动,不仅得到国家的提倡,而且也是民众自觉不自觉长期以来形成的一种意识和制度。民众入基督教必须撤掉祖先的神主牌,这势必面临族人的压力。因为不祭祖不仅挑战儒家观念,也对宗族的力量与权威提出了挑战,这是他们所不能容忍的。

总的来说,基督教界对中国基督徒祭祖持严厉态度,[1] 直到 20 世纪才稍有松动。同时,祭祖本身也经历了变迁。20 世纪 20 年代前后,祭祖、孝道受到了猛烈的攻击,祭祖的价值受到了全面的质疑。20 世纪前 20 年,中国社会自身发生了巨大的变化。在 1922 年出版的《中华归主》中,何乐益(Lewis Hodous, D. D.)认为中国社会近年来发生的变化,使得"农村中的氏族制度和大家庭制度甚至正在崩溃,而个人享有更大自由的家庭体制正在勃起"。随着这些变化,"祭祖活动的性质从祖先与后代之间的神秘关系转变为一种道德关系,传统的祭祖还可能存在若干年,愚蠢的迷信形式将被摒弃而代之以含有道德目的的仪式"。同时,他承认不能指望会发生突变,"因为祭祖在中国各阶级、阶层中仍具有深厚的影响"[2]。

在基督教与中国祭祖传统的僵持中,个别西方传教士主动做出了回应,如司徒雷登认为:"没必要让皈依基督教的中国人,抛弃其敬祖的习

---

① 关于这一问题的研究,参见邢福增、梁家麟《中国祭祖问题》,建道神学院,1997。
② 中华续行委员会调查特委会编《中华归主·中国基督教事业统计(1901~1920 年)》,第 71~72 页。

惯，否则会使他们感到为难。"① 中国本土传教人员也不断地提出自己的意见和看法，这在 19 世纪是不可想象的事。

范皕诲《中国祭祀祖宗的我见》一文认为，应本着不忘祖宗的宗旨，"改造出一种清洁高尚的纪念祖宗仪式，不但教内的人得以遵行，也使教外的人愿意仿效"②。到了 30 年代已经有教会这样做。③

到了 40 年代，中国教会领导人在这一问题上的主张已经较为开放。四川省的宋诚之撰写《基督教与中国文化》一文探讨两种文化的关系。宋文分两部分，在基督教与孝道这一部分，针对教会中本国同事受西方教士所带来之习俗影响，以及实行西方习俗从而对中国文化带来的后果，宋诚之表示深深的忧虑。他描述道："（教会中本国同事）入教时，先去祖宗神位"，"使祖先生祭死祭不能纪念"，"积日既久，习惯已深，遂不知不觉并祖先生死祭日而亦忘之矣"，"根本既灭，何以言孝"，于是"只知有妻子，而不知有父母祖父母，一代不如一代，一代不管一代，而我国文化遂斩断矣"。④ 文章另一部分，阐述了纪念祖先与偶像之区别，批评国人信仰基督教之后，"禁止纪念祖先，且并祖先牌位而焚之，弃之"，认为这是"传耶教者之大罪，而耶教不能大行于我国之根本障碍"。⑤ 他对中国祭祖给予高度评价，认为数千年来，"长期抗御不亡国者，实因家庭有祀祖之典礼，代代相传，不亡根本，而人心赖以维系之所致"⑥。之后，他对"尚有驳议之理"，一一述之，一一批驳，共计十一条之多，尔后，"再述基督徒祀祖之具体建议"。他主张就原有的牌位保存之，如已经撤除则以相片代替或书写"某氏历代祖先之位"，凡遇生死祭

---

① Frank J. Rawlinson, *Naturalization of Christianity in China*, Shanghai, 1927, p. 287. 转引自顾卫民《基督教与近代中国社会》，上海人民出版社，1996，第 473 页。

② 范皕诲：《中国祭祀祖宗的我见》，张西平、卓新平编《本色之探：20 世纪中国基督教文化学术论集》，中国广播电视出版社，1999，第 421 页。

③ 参见〔日〕山本澄子《中国的基督教与祖先崇拜》，《世界宗教资料》1989 年第 1 期，第 34 页；段琦：《奋进的历程：中国基督教的本色化》，商务印书馆，2004。

④ 宋诚之：《基督教与中国文化》，张西平、卓新平编《本色之探：20 世纪中国基督教文化学术论集》，第 77 ~ 78 页。

⑤ 宋诚之：《基督教与中国文化》，张西平、卓新平编《本色之探：20 世纪中国基督教文化学术论集》，第 87 页。

⑥ 宋诚之：《基督教与中国文化》，张西平、卓新平编《本色之探：20 世纪中国基督教文化学术论集》，第 93 页。

日，均应纪念，应行三鞠躬。值得关注的是，他建议，"纪念时可用香烛鲜花，即奉献祖先父母生前喜用之物，惟不得烧纸钱纸金银锭，涉及迷信"。这是较为宽容的建议，坚持了他所认为的基督教的底线——去除偶像假神，纪念敬祀祖先不得跪拜、烧纸钱纸金银锭，在此底线以上的行为都是可以的，所以他的建议中包括一直以来为传教士所反对的给已经过世的老人摆放供品。

这种大胆的建议一发表，就有人不同意。郭中一在期刊上发文"商讨"，针锋相对地提出"奉祀祖先就是拜偶像"，并且针对宋诚之所提出的十一条建议——加以修正，认为牌位如要保留，须把"位"字去掉，"不向偶像行鞠躬礼，恭敬瞻仰为是"，扫墓时"不必鲜花，不可献祭"。①

方豪在一篇文章中说："民国二十八年，教会以我国民智日开，国人今日之于祭祖，已纯为民间之一种仪式，而无复有迷信思想，遂弛其禁。"② 可以看出，时移势易，在祭祖问题上，中外教士都渐渐持一种宽松的态度。

经过长期的争论，基督教界对信徒祭祖并未形成一致的意见。在争论的同时，各地的信徒，按照自己的理解和教区领导人的意见，或不祭祖或用各种方式进行祭祖的活动。总的来说，即使允许信徒祭祖也是有底线的，不让信徒像非信徒那样祭祖。

2. 今日李村的祭祖

李村民众语言中根本没有祭祖、祭祀这样的词语。李村的祭祖行为可以分为家祭与墓祭。家祭在堂屋中祭祀祖先的神主牌，这是与其他神仙一块在特定节日祭祀的。神主牌，在李村被称为"爷奶奶牌位"或简称"牌位"。墓祭在李村民众语言中叫做"上坟"。

---

① 郭中一：《关于基督教与中国文化之商讨》，张西平、卓新平编《本色之探：20世纪中国基督教文化学术论集》，第113～115页。

② 方豪：《论中西文化传统》，张西平、卓新平编《本色之探：20世纪中国基督教文化学术论集》，第193页。

　　在新中国成立前，李村的神主牌，只有一种形制①，就是户主请识字的人用毛笔在一张红纸上写"某氏门中先远三代宗亲之位"②，写好了贴在堂屋正中间，做"中堂"。值得注意的是先远三代宗亲之位，并非仅指以户主上推三代的宗亲，宗亲牌位上一定保留家谱上所载的始祖名讳，虽然无人知晓始祖的功绩，也几乎无人能记住其名号，但后人置牌位一定留其名号，至于始祖与户主曾祖之间的那些宗亲却被省略了。这是为何？日本学者山本澄子《中国的基督教与祖先崇拜》一文为我们解了迷惑。她根据日本学者的观点，认为中国的祖先崇拜可分为先祖祭祀与死者祭祀。如果果真如此，李村祭祖的牌位上的书写文本问题就可以迎刃而解。

　　现在，人们嫌牌位做中堂不好看，就另买好看的字画或伟人照做中堂，把原来的牌位取下来，用软笔照抄在一张不及原纸 1/8 大小的纸上，写好后，用镜框装裱起来，放在堂屋桌上，算是具体而微的牌位。另外一种形制，就是买题为"忠孝堂"、分等级画满小房门的素画，买回家只需在小格子里写上"某某之主"。加上仍存的极少数老式的牌位，李村牌位有这三种形制，以第二种为多。

　　没有牌位的家庭分两种：一种是信教的，另一种是不信基督教但也没有牌位的。不信基督教但也没有牌位的，村中少有人议论，因为牌位是在家庭内，家庭内部的事现在是没有人干涉的。即使不孝敬父母、婆媳争吵，宗族内的人也不管，顶多议论几句。不信基督教而家中没有牌位的屈指可数，原因有以下两个：分家时由老人继续敬祀，儿子不需另写牌位，等到老人过世，做儿子的没有把敬祀的大任接过来；嫌牌位放在屋中不好看，代之以中堂，之后，不再安置牌位。

　　尽管没有牌位，上坟却没人敢不去。上坟绝不是个人的事情，虽是以家为单位前去上坟，但这却是一大家在一块共同举行的仪式。有人不守规

---

① 汉族祖先牌位之形制的分类研究可参见庄英章《现代化进程中的祖先崇拜：闽、台汉人社会之比较》，乔健、潘乃谷主编《中国人的观念与行为》，天津人民出版社，1995，第327～331页；李亦园：《近代中国家庭的变迁》，李亦园：《李亦园自选集》，上海教育出版社，2002，第153页。关于南方的祖宗牌位，见 C. K. Yang, *Religion in Chinese Society*, University of California Press, 1961, p.29；刘晓春：《仪式与象征的秩序》，商务印书馆，2003，第88页。

② 〔日〕山本澄子：《中国的基督教与祖先崇拜》，《世界宗教资料》1989年第1期。

矩，肯定受到抵制。不去上坟，宗族内外的人都会耻笑，因为只有断后的人坟上才没有人去看，才会很荒凉。农民自幼受这种教育，有这样的观念，认为上坟时节谁家坟上没人挂纸，就证明这家"绝了"①。

20世纪90年代初，村中还经常请人在大队门口唱戏、说评书，每逢此时简直万人空巷。说的、唱的，全是传统的曲目。用一位村民的话说，"那都是叫底下的人学好的"。他经常提起的就是《呼家将》：呼延庆一家受冤，呼延庆父亲逃出来，后来有了呼延庆，呼家的对头派人看住呼家的坟地，以便等呼家上坟时，捉住漏网之鱼。他说："你看那时候，就兴上坟。"戏曲对农民影响之深，可见一斑。

百余年来，南方祭祖，家祭限于三四代近祖，祠堂祭四代以上的远祖。②祭祖只祭祀两三代，这是大多数北方宗族的情况。李村李氏宗族也不例外，李村祭祀活动主要是家祭和墓祭。③墓祭在一年中有三次，正月十八、清明节、十月初一④，家祭主要是每年春节前后。腊月二十三，李村人管这天叫"小年"。是日下午，家家开始烙饼，烙好之后，把烙饼放在碗中，摆放在祖宗牌位及各神仙位（纸写的）前，之后点香、放鞭炮，同时开始烧纸、磕头，过一会儿，就把供品收回来。腊月三十晚上，做好的饺子先煮熟了盛在碗里，端到祖宗牌位及各神仙位前，之后是同样的程序。收回的饺子要分给家人吃。⑤初一早上也是如此，唯一不同的是，初一早上要给祖宗牌位前放上馒头及其他供品。供品是放在碗里的，碗中还斜插着筷子，这供品要一直供到初五，正月十五的时候，重新摆供。李村家祭全部使用熟食，颇为符合李亦园的发现。李亦园认为台湾民间信仰的

---

① 没后代之义，李村叫"绝户头"。

② 关于南方祭祖的研究参见刘晓春《仪式与象征的秩序》，第84～94页。另可参见〔英〕弗里德曼《中国东南的宗族组织》，刘晓春译，上海人民出版社，2000。

③ 杨庆堃将祭祀仪式分为家祭与祠祭，见 C. K. Yang, *Religion in Chinese Society*, pp. 39–43。李亦园认为祖先崇拜可分为牌位崇拜与坟墓崇拜（阴宅风水）、阳宅风水，牌位崇拜又可细分为厅堂牌位崇拜与祖祠牌位崇拜，这一区分更全面，见李亦园《近代中国家庭的变迁》，李亦园：《李亦园自选集》，第153页。

④ 七月十五夜，在各家大门口烧纸。中元节主要祭祀"孤魂野鬼、缺胳膊少腿的"，祭祀的是没人祭祀的野鬼。

⑤ 家祭中，分食祭祀过的食物被认为是巩固家庭团结的方式，见 C. K. Yang, *Religion in Chinese Society*, p. 40。

神灵可分为天、神、祖先、鬼，而且在香火、供品、冥纸、场所方面存在不同和等级关系，给与自己关系最近的上的供品是熟食。[①] 不同的地方在于，过节时，李村在给天、神和祖先的香火、供品、冥纸上已经没有什么差别，但是小孩子12岁生日时，敬拜天公就供的是生的整猪，与李亦园所说的相同。只是不知过节时，李村供奉的香火、供品、冥纸上的不加区分是古已有之还是后来的变迁。

李村民众墓祭的主要时机，是每年正月十八的上坟和清明、十月初一的"送寒衣"。下文以每年正月十八的上坟为例加以说明。李村每年正月十八上坟，一般的习惯是正月十七晚上叠好要烧的纸元宝，五个纸元宝用一张黄纸包起来，叠的时候想着有几个坟要上，只上上一辈的，顶多加上同辈排行在前的兄嫂，一个坟头准备一份。十八日清早起来，收拾供品，拿出油炸的干花，放在碗中，再放上一点葱，还是一个坟头准备一份，准备好了，把碗放在一个大竹篮里，再放上筷子，放上鞭炮、黄纸，就由男人挎着篮子、拿着铁锹去上坟。大家差不多都在这一时刻来到坟地，用铁锹修修坟头、培土，挂上剪成一缕一缕的白纸。看看各家人来齐了，大家就开始摆供品、黄纸，摆好了，点燃黄纸，同时鞭炮也响起来了。在噼噼啪啪的鞭炮声中，人们开始跪在坟前点燃黄纸，点着后叩头。至于村子正北的地里的老坟，李氏宗族内有人去上，有人不去，随个人意愿。来回的路上，总能看到男人挎着篮子、拿着铁锹去上坟，旁边跟着欢蹦乱跳的孩子，耳边不时传来噼噼啪啪的鞭炮声。

上坟在李村是很重要的。过完年，男人就准备出外打工，但有些一定要上完坟才走。那些刚过完年就出去打工的中年人，也肯定回来上坟。村子里有几家平常就住在县城里，他们春节不回来，但正月十八一定会回来。一到这一日早上，一定能看到他们开着面包车到兄弟或叔伯兄弟家中，拿着兄弟家替他们准备的供品去上坟。

3. 信徒身份与宗族成员身份的平衡：李村基督徒的祭祖仪式

时至今日，在李村每年几次的祭祖典礼上，基督徒确实与众不同。一

---

① 见李亦园《传统民间信仰与现代生活》，杨国枢主编《中国人的心理》，台北，桂冠图书公司，1988，第447~464页。杨庆堃提到在祠祭中供给远祖的是生的食物甚至是"茹毛饮血"，两人所见略同，见 C. K. Yang, *Religion in Chinese Society*, pp. 39–43。

般的人家（非基督徒）祭祖,[①] 要在坟头挂纸、摆供,要上香、烧纸、放鞭炮,但基督徒祭祖时不带供品、不带香和黄表纸,他们一般只在先祖的坟头挂白纸,有时带上鞭炮让别人放。这种折中的办法,既显示了基督徒的与众不同,又简化了仪式,符合人们简化仪式、省点事的愿望。中国人祭祖,不仅祭祀自己的直系亲属,还要祭祀五服之内的其他亲属,要祭祀的先祖比较多,仪式相对烦琐,既费钱又费事。用一位信徒的话说就是:"俺信主,不用烧香,不用烧纸,祷告祷告就行了,省事得很哩……"但不信仰基督教的人对基督徒祭祖上的这种行为有看法,认为他们是懒,图省事。

基督徒在祭祖仪式上的变通,降低了与社会的张力,既不违反李村祭祖的习惯,又彰显了自己的信徒身份。祭祖仪式上的变通,标示了信徒的身份,强化了他们的信仰,同时久而久之,成为他们的行为规范,成为教内外人士对信徒在祭祖（墓祭）上的行为期待,这种心理机制反过来对信徒形成一股压力,推动他们这样做。

基督徒不属于这个世界,但又生活在这一世界上,他们与"世界"（此世）之间存在紧张关系。李村基督徒,不可能脱离现实世界过自己的信仰生活。一方面,他们受到所生活的世界的影响与制约;但另一方面,他们基于信仰的生活,也对他们所生活的世界产生着不可忽视的影响。李村基督徒根据信仰的要求,在祭祖仪式和葬礼上做出的变通行为,对文化变迁与社会结构有着重要的影响和意义。

小结　乡村基督教是宗族的功能替代项吗?

宗族与基督教的关系问题比较复杂,不能简单化地讲宗族是阻碍或者促进基督教的发展。宗族是中国社会的基础（至少宋代至明清时期是这样）,宗族对基督教的态度在很大程度上影响着基督教在中国的传播。如果宗族中有权威人物信教,很容易出现整个宗族归信甚至全村改信的事例,明末一些宗族改信基督教就是这样的例子。反之,宗族也可能成为反对信仰基督教的力量,成为传教的障碍。更多的历史和现实考察表明,宗族组织的强大和宗

---

① 对李村祭祖仪式的民族志描述,参见李华伟《宗族与乡村基督教的互动》,北京师范大学硕士学位论文,2006。

族观念的根深蒂固是基督教在中国发展缓慢的因素之一。

当下宗族在功能和组织上衰落，宗族观念式微，宗族不再干涉信仰，这使宗教信仰成为个人的私事，信仰已个体化。更重要的是宗族观念衰落，尤其祭祖观念自身已经衰落，这使得宗族与基督教的张力减弱，客观上有利于基督教的发展。

当然，基督教本身也在变。随着基督教在李村影响的增大，基督教作为一种力量改变着李村民众的生活。① 从历史考察与现实的个案来说，宗族的弱化有利于基督教的发展，反过来，基督教的发展也进一步弱化着宗族的力量。这一双向互动的过程令人深思。

宗族并非天然就是中国社会结构的重要部分，宗族只是人们满足现实生活需要的一种手段。如果是这样的话，一旦其他组织或制度能满足人们的需要，那么这种制度是否会成为宗族的替代是一个值得深思的问题。

李村宗族功能萎缩，宗族内部互助减少，同时向更为工具性的关系发展。而基督教的礼拜聚会是定期的，基督徒之间的关联性较强。基督徒之间践行爱的原则，为他们提供了温馨的氛围和实际的帮助。宗族与基督教对民众吸引力的大小与此有关。在构建民众圣俗生活上，宗族与基督教有着巨大的差别。那么，基督教是否是宗族的替代呢？

当下，中国社会正处于社会转型期。面对社会转型这一巨大的社会风险带来的不确定性，社会动员能力极弱、社会资源极其匮乏的农民不具备积极应对危机的能力。而随着社会分化与市场经济的发展，作为中国基层组织的宗族面临弱化的趋势，宗族、家庭之外的关系日益重要，部分取代了血缘关系的重要地位，但同时没能提供感情慰藉的功能，使个人显得更孤立、更无助，日益成为孤零零的原子式个人。而基督教在乡村的发展，恰恰为这些农民提供了一些公共产品。生活中，受基督教意义系统模塑的基督徒，践行耶稣爱的原则，对社区公共空间的重建起到了重要作用。

尽管李村基督徒以信仰作为纽带形成的社会救助网络和社交网络已显示其功用和意义，但笔者并不认为基督教是宗族的替代项。

---

① 参见李华伟《基督徒的文化认同与乡土文化变迁的模式——从理念与符号的视角来探讨豫西李村基督徒在葬礼上的冲突与调适》，《中国农业大学学报（社会科学版）》2008 年第 1 期，第 136～145 页。

第四章
苦难与改教：李村民众改信
基督教的社会根源探析

引言　问题的提出与研究现状

1. 问题

全国性抽样调查发现，在基督徒信教的主要原因中，归因于自己或家人生病的信徒占到了 68.8%，受家庭传统影响而信教的占 15%。① 在河南乡村的调查也发现，因病信教是乡村民众改宗基督教的主要原因，这一现象背后存在什么深层逻辑？

在当前的社会转型期，不确定性增多、"改革阵痛"不时出现，社会转型期与基督教的发展基本同步，那么社会转型、不确定性以及由此带来的苦难②与基督教的发展有无关系？面对风险社会带来的苦难与不确定性，乡村民众如何感知苦难，他们为何转信基督教？

2. 改教之研究的学术史回顾

学术界关于改教的研究已经有一定的基础。路易斯·兰博（Lewis

---

① 金泽、邱永辉主编《宗教蓝皮书：中国宗教报告（2010）》，社会科学文献出版社，2010。

② 苦难，是一个重要的神义论问题。笔者所言的苦难，则是指其社会学意义而言。从根本上讲，苦难是一个主观体验的概念，并无放之四海而皆准的、普世的客观标准，但这并非意味着苦难是一种纯粹个人的体验。按照布迪厄的观点，苦难是社会性的，个体的苦难有着深刻的社会根源，因此探寻苦难的社会根源以及权力制造并合法化苦难的障眼法就是社会学研究的任务之一。

Rambo）把皈依类型分为背教、强征、体制型转换、传统转换；① 林本炫研究了改信过程之中的信念转换与自我重塑的机制。② 这些对于我们理解改教行为很有帮助，但无法解释改宗的原因。斯达克强调人际依赖与社会网络保持是决定是否改教与改宗的关键，③ 这一研究只关注个体的改宗，无法解释中国社会中的大规模改信基督教的行为；杨凤岗解释了市场经济中城市白领改信基督教的机制；④ 卢云峰揭示了受压制宗教的成长逻辑。⑤

以上成果为本文的研究提供了有效的概念工具和思维方法。但以上研究或是理论研究，或是对作为一个抽象的整体的宗教信徒群所做的经验研究，或是对城市基督徒的研究，并未专门分析社会苦难与中国乡村民众改信基督教的机制。

第一节　社会风险、社会结构转型与信仰复兴

一　风险社会与不确定性的增加

自 1986 年德国社会学家贝克的专著《风险社会》出版以后，风险社会这一概念逐渐被学术界接受，成为征引率颇高的一个术语。伴随着现代化和全球化，风险社会不仅仅是西方的学术术语与学术想象，而且确确实实是我们每一个地球村"村民"都日益深陷其中的社会现实。近年来，随着中国工业化的进程和市场至上、金钱至上、发展至上的追求，我们不单单从理论上，而且从身边所发生的新闻和旧闻中切身感受到贝克所概括的风险社会的特征，换言之，风险社会离我们越来越近。

风险社会的危险，表现为"显现的时间滞后性，发作的突发性和超越

① Lewis Rambo, *Understanding Religious Conversion*, New Haven and London: Yale University Press, 1995, pp. 13-14.

② 参见林本炫《改信过程中的信念转换媒介与自我说服》，林美容主编《信仰、仪式、社会》，中研院民族学研究所，1992，第 547~581 页。

③ 〔美〕斯达克、芬克：《信仰的法则》，杨凤岗译，中国人大出版社，2004，第 143~156 页。

④ Yang, Fenggang, "Lost in the Market, Saved at McDonald's: Conversion to Christianity in Urban China", *Journal for the Scientific Study of Religion* 44（4）: 423-441.

⑤ 卢云峰：《苦难与宗教增长：管制的非预期后果》，《社会》2010 年第 4 期。

常规性"①。随着科学至上、唯科学主义的全面胜利，科技所带来的负面作用并没有得到足够的重视。而今天的社会，"在现代化进程中，生产力的指数式增长，使危险和潜在威胁的释放达到了一个我们前所未知的程度"②。在风险社会中，不可预料的、难以想象的破坏力触目惊心、骇人听闻。

改革开放以来，中国的经济和社会得到了大发展，同时社会结构大调整，社会处于转型期。在社会转型和改革时期，社会不确定性增加。随着全球化的进程，风险社会已离我们不远。

随着城市污染治理和工业区准入限制政策的推行，广大农村成了污染的排放地，昔日的田园风光已不再。这样的结果并非行为者的无知，恰恰相反，这是某些企业的理性选择。包括乡村基督徒在内的所有乡村民众都生活在这样的社会环境中，他们的生存状况堪忧。

二　乡村社会结构转型与风险承担主体的个人化

面对风险社会带来的不确定性，在国家和集体力量介入不足的情况下，社会动员能力极弱、社会资源极其缺乏的农民不具备积极应对危机的能力。另外，工业化、城市化、现代化的进程使得农村民众积累的生活和生存经验越来越不适应社会。市场经济还严重冲击了宋代以来作为中国基层组织的宗族，③ 宗族以及父权的弱化，使个人显得更孤立、更无助，日益成为无依无靠的原子式个人。

新中国成立前，在河南乡村民众的生活中，宗族的力量还是颇为强大的。新中国成立前后，土地改革及历次群众运动使大部分村民从宗族中被剥离出来，被融合进集体之中，集体生活的确定性、重复性使其不具备独立自主性。改革开放以来，或者用经历过集体生活的民众的话来说"散罢集体以来"，随着市场经济的发展，乡村青年个人主义兴起，逐步成为自

---

① 薛晓源、刘国良：《全球风险世界：现在与未来——德国著名社会学家、风险理论创始人乌尔里希·贝克教授访谈录》，《马克思主义与现实》2005年第1期。
② 〔德〕乌尔里希·贝克：《风险社会》，何博闻译，译林出版社，2004，第15页。
③ 参见李华伟《华北宗族的弱化与基督教在乡土社会的发展——以豫西李村为中心的探讨》，《中国农业大学学报（社会科学版）》2010年第3期，第18~32页。

由状态下的个人。既有的社会纽带——宗族、家庭——逐步式微，与此同时，乡村基督教得到大规模的发展。这一现象值得深思。

随着社会的发展，乡村贫富差距拉大，而社会保障和社会救助却相对缺失，由于社会动员能力和社会关系网的弱小，农民生活困苦。

三 农民对苦难的感知

风险社会中，包括疾病在内的各种苦难和不确定性增多。吉登斯指出，风险社会中包括苦难在内的生命危机与决定命运的/重要的时刻（fateful times）[1] 是个体自我反思与信仰宗教的重要时机。[2] 苦难，是李村民众人生的危机和生命转折，成为他们反思自我、发现宗教之功能与意义的主要契机。

从李村基督徒常唱的一首灵诗《人生就如一杯酒》中，我们可以看出他们对于人生的看法：

人生就如一杯酒

人生是一杯酒，酸甜苦涩都在杯里头，东西南北都跑遍，劳苦冬夏与春秋，你也愁，我也愁，愁来愁去白了头，人生啊，苦难的人生，人生啊，艰难的人生，只要你真心信耶稣，苦难的人生变美酒，苦难的人生变美酒。

人生是一杯酒，疫病灾祸都在杯里头，人人怕病都害病，病床一上苦泪流，你也愁，我也愁，愁来愁去白了头，人生啊，流泪的人生，人生啊，辛酸的人生，只要你真心信耶稣，苦难的人生变美酒，苦难的人生变美酒。

人生是一杯酒，神的祝福都在杯里头，认罪悔改得永生，平安喜乐无忧愁，你欢喜，我也不愁，欢喜快乐至永久，人生啊，平安的人生，人生啊，喜乐的人生，只要你真心信耶稣，苦难的人生变美酒，

---

① 《现代性与自我认同》中将 fateful times 译为"富于命运特征的时刻"，笔者以为不妥。将之译为"决定命运的时刻"可能较为恰当。译文参见〔英〕吉登斯《现代性与自我认同》，赵旭东、方文译，北京三联书店，1998，第 273 页。

② 〔英〕吉登斯：《现代性与自我认同》。

苦难的人生变美酒。

尽管这是由当地有文化的基督徒改编创作的灵歌，但相似的人生经历极易引起当地基督徒的共鸣。"人生是一杯酒，酸甜苦涩都在杯里头"，到底苦在何处呢？灵歌的回答是："东西南北都跑遍，劳苦冬夏与春秋，你也愁，我也愁，愁来愁去白了头。"这些发自肺腑的对自己一辈子的总结与反思，超越了个体差异而具有普遍意义，让每一个听到这首灵歌、唱这首灵歌的人若有所思，引发他们对自己一辈子生活方式的思考和生命意义的追问。

访谈中，一位基督徒对笔者说，你看看"说得多好，一辈子劳苦，愁来愁去白了头，说的真是"。一辈子的劳苦是一个笼统的说法，是"抽象的绵延苦感"[1]，而灵歌的第二段则是对具体的苦——生病之苦的阐释："人人怕病都害病，病床一上苦泪流"，这是对乡村民众生病之后的真实写照。由于"国家与市场的双重撤退"[2]，城乡二元分割体制造成的农村凋敝、农民贫穷，"乡村的空虚化"带来的儿女不在身边，以及乡村道德水准的下滑、无公德也无私德的只追求权利不顾义务的个体不孝行为，等等，使得农民由于生病带来的痛苦较之其他人群尤甚。因病信教是乡村基督徒最为人诟病的因素之一，但少有学者从制度上考虑乡村民众为何有那么多人因病信仰基督教。

因病信教在乡村是普遍现象，那么是否在乡村只要有人生病就会有人改宗基督教呢？这一问题值得深思，也需要我们深入探究。如果有人认为李村民众只要生病就信主，那么说明他们是把农民作为"异己的想象的他者"，认为他们愚昧落后、科学素质低下、不辨科学与巫术、迷信思想严重。

---

① 方慧容：《"无事件境"与生活世界的"真实"》，杨念群主编《空间·记忆·社会转型》，上海人民出版社，2001。

② 郭于华：《倾听无声者的声音》，《读书》2008 年第 6 期。

四 改教：因病入教与"上帝的拣选"①

调查中，一位基督徒告诉笔者："农民苦，活着没有盼望。"以往的研究表明，部分农民的困苦是因家人生病而产生的高额医药费导致家庭不堪重负造成的。而乡村基督徒最为人诟病的一点在于，信教的大部分人是因为得病而入教的。其实，家庭或个人生活的"危机"或"紧张"及其导致的焦虑是人们改信的重要机缘。② 对命运和死亡的焦虑，是最基本、最普遍、最不可避免的焦虑，因为，"死亡可以夺走生命，毁掉人的存在，因此被称为'非存在'的极端表现"③。如此看来，农民因生病，尤其是生重病、怪病而走向基督教，不能简单地归为功利性信仰。随着风险社会悄无声息的到来，因生病而信仰基督教的例子，应该从全新的角度来理解。下面谨以李村教会负责人的信教经历做一分析。

李村教会负责人，现年 57 岁④，小学文化程度。她家境优裕，家人多为在县城上班的公务人员。她平时专门负责教会及教务，无暇顾及家里。教会负责人是在一场大病之后信的教。她因病而信，病好不信，又病，病好，坚信至今。由于生病，在周围信徒的影响下，李村教会负责人开始忏悔，与神建立了联系，但随着身体的康复，她重新回到了不信主的生活中。其后的一场大病，使她处于绝望之中。出院之时，她看到了晶莹的露水珠。她把欲坠而未坠的露水珠看做神大能的显示，重新信仰基督。经历这一波折后，她一直坚信至今，并逐步成为教会的负责人。

教会负责人给笔者讲了她的信教经历⑤，用她的话说就是："原来信，

---

① 本段关于因病信教的田野资料，曾在《乡村公共空间的变迁与民众生活秩序的建构——以豫西李村宗族、庙会与乡村基督教的互动为例》（《民俗研究》2008 年第 4 期，第 72 ~ 101 页）一文中使用，此处做了简化，特此说明。

② 民间信仰如是，新兴宗教亦如是。

③ 何光沪：《"爱这一个错"——读蒂里希〈存在的勇气〉》，《读书》1990 年第 6 期。

④ 截至 2012 年。

⑤ 在笔者去访谈的那一天——2004 年腊月二十八，教会负责人正在家里蒸馒头，为春节而忙活。谈话中，她说："这几天，饭都没怎么做，都是媳妇做的。中午做了一顿饭，正炒菜，又来人了，结果你不知道菜一下炒成啥样了，娘呀！当时，我心里生气，想着年也没法过，正生气，听见有声音说：'不可恼怒'，我就赶紧祷告。"亲戚插话说："你看看，为神的事，真是……"

病好了又不信了，隔了五年又信。"

> 1982 年我得病，那时候我不知悔改，《马太福音》七章说："眼中见别人的刺，不见自己眼中的梁木。"那咋行？后来我认罪。
>
> 11 月在镇上礼拜，路上我们几个人渴了，偷了几个萝卜。当时星期三、六在家聚会，在某某镇上礼拜。那一天，我不会吃东西，就会呕吐。咦，连茶水都咽不下去。五六个人跪在一起祷告，说"神呀，我们知道你是全能的神，你显示你的大能给我们看看，你要是能让她吃下去东西，不仅荣耀信你的孩子，也荣耀你自己"。下午三四点钟那时候，听到一个声音说"财物无论大小，都算偷盗"。我赶紧追罪。感谢神。神啊，真是奇妙。当晚就吃下东西，喝了两碗，又喝了半碗。当时没圣经，不知道十条戒律，那句话，别人都没听到，就我一个人听到。哎呀，感谢神，要不是神，我命早都没有了。

教会负责人接着说：

> 人平安健康的时候就心硬，康健的人用不着医生[1]，后来我又不信了，心想耶稣到底是真的还是假的。后来又大病了一场。在郑州住院的时候，2 月从郑州回来，看到麦苗上的露水闪着光，我心里通是激动，心里想："主啊，看来还是你好，天上地下都是见证。"你看看，麦苗上的露水珠就那么一点点，它不会掉下来，你说咋恁是奇妙来？

李村教会负责人，把疾病看做因自己的"罪"造成的后果。在她眼里，疾病并非自然发生的、肌体自身的生理病变，而是神的旨意。虽然如此，李村教会的看门人，在谈到信徒因病信主的问题时，认为"平安信教的最好"。所谓"平安信教"，"就是没病没灾的信了教"。李村教会负责人的婆母，就是在"文革"期间"平安信教"的。

---

[1] 出自《罗马书》5：8；《马可福音》2：17。

然而，"平安信教"的价值并没有得到所有基督徒的承认。有基督徒告诉笔者："平安信主，灵性不坚固，（因为）没经过苦难。"而且，他们认为，疾病和苦难是有益的，是上帝拣选他们的方式。

调查中，笔者发现，基督徒对苦难有着自己独特的认识。一位青年妇女告诉笔者："我的家一直在苦难中，软弱的人经受不起苦难，是耶稣基督救助了我。"对于"苦难"，笔者不止一次听到这样的说法："苦难，就是神的管教，就像父母训斥儿女。审判先从神家开始，这样才显示神的公义。苦难是上帝让人悔改。"①

随后的调查中，笔者专门问及基督徒如何看待"苦难"。一位基督徒讲了约伯的故事，说："约伯是正直的人，上帝借助苦难考验他。对于基督徒，苦难是信心的磨炼。《约》上讲，赐福的是上帝，让人受苦的也是上帝。"可以看出，在基督徒的视阈中，苦难已经得到了解释，而且被赋予了正面的价值与意义。正如格尔茨所说："悖谬的是，苦难问题作为一种宗教问题不是如何避免苦难，而是如何受苦，如何对待身体的痛苦、挫败和个人的损失。"②

第二节　苦难与改信基督教的可能性：宗教市场与李村基督教的发展

一　苦难的普遍性

通过在河南农村的调研发现，民众并非生病就信教，因病信主的人多是遇到怪病、大病、难治之病。

在河南某地，因污染而造成癌症盛行的村子里，"村头墙壁上，到处是触目惊心的治疗腹泻、癌症的广告。有些患者无奈只能找江湖游医寻求安慰；有些患者则只能求助'神'的力量"③。"神"的力量，在河南乡村

---

① 来自在三门峡陕县某村的调查，调查时间为 2007 年 7 月 3 日 15：00～17：00。

② 〔美〕格尔茨：《文化的解释》，纳日碧力戈等译，上海人民出版社，1999。

③ 参见《河南沈丘因污染出现癌症村　村庄人口负增长》，《中国青年报》2007 年 9 月 26 日。

无非是基督教和民间信仰。请看因重病而信仰基督教的典型个案：

> 黄孟营村 33 岁的孔鹤琴，19 岁嫁到此地，26 岁得了直肠癌，4 次手术，12 次化疗，花了 7 万多元，如今家徒四壁，外债高筑。两年前，"感到无望"的孔鹤琴皈依了基督。每周五，骨关节变形的她，都要坐在轮椅上，让丈夫推着，到两公里外的王寨村做礼拜。王寨村基督教堂的信徒芦美英则表示，七八十名教友中，基本都是身体有病的人。①

寻求民间信仰的个案如：

> 孙营村的村民孙振雨，不忍看着自己的乡亲们忍受癌症的折磨，于 1999 年，筹钱 2500 元，修复了村里的华佗庙，"初一十五，香火很旺"。但华佗庙重修后 4 年，孙的爱人得了偏瘫，至今卧病在床。可叹的是，连塑华佗像的匠人也因癌症而去世了。②

因癌症造成人员死亡，其严重程度足以骇人听闻。据报道，"与周边'癌症村'一样，东孙楼村能参军的人很少。有几年，竟没有一个体检合格的"。在这样的情况下，村民是什么样的心态，他们如何活下去并追寻自己的幸福生活呢？村民说："人活得都没有希望了"，"村里的人总担心，下一个死的会不会是自己"。③ 在这一受污染的地区，这样的不确定性，灾难"显现的时间滞后性、发作的突发性和超越常规性"④，使人们几无措手之力。而这绝非仅有，绝非孤证。几年前著名的开县井喷事故，也是一起

---

① 参见《河南沈丘因污染出现癌症村　村庄人口负增长》，《中国青年报》2007 年 9 月 26 日。
② 参见《河南沈丘因污染出现癌症村　村庄人口负增长》，《中国青年报》2007 年 9 月 26 日。
③ 参见《河南沈丘因污染出现癌症村　村庄人口负增长》，《中国青年报》2007 年 9 月 26 日。
④ 薛晓源、刘国良：《全球风险世界：现在与未来——德国著名社会学家、风险理论创始人乌尔里希·贝克教授访谈录》，《马克思主义与现实》2005 年第 1 期。

严重的突发危机。某些迹象表明，风险社会正悄然来到中国。面对这一不速之客，"如何能够避免、减弱、改造或者疏导"，"如何限制和疏导它们，使它们在生态上、医学上、心理上和社会上既不妨碍现代化进程，又不超出'可以容忍'的界限"，① 这是我们必须面对和思考的课题。

尽管不是每个村子周围都有工业带来的污染，那些为了生计不得不从事高危行业的农民——比如在井下作业的矿工，也会时不时地面临这样的不确定性。按照韦伯和格尔茨的说法，人总是"置身于自己编就的意义之网"，面临极大不确定性的矿工面对同事、亲友甚至自己可能遇到的生命危险时，又是如何建构自己的意义之网呢？2007 年 7 月 29 日河南陕县发生矿难，幸运的是，在救援人员的努力下，69 名"阶级兄弟"最后成功获救。在难熬的人生中最漫长的 76 小时中，有几位信徒几次祈祷请上帝"救大家"②。

二 佛道衰微境遇中的基督教：宗教市场论的视角

当由于"社会性的丧失和国家的运作"所带来的所有这些苦难，一一烙印在农民的身体和心灵上的时候，李村民众所能体会到的就是"苦"——"人生是一杯酒，疫病灾祸都在杯里头"。在不能改变现状的情况下，信仰宗教就成为寻求安慰、使苦难和不确定性具有意义的一种手段。但信仰什么样的宗教，却受宗教市场供应情况的制约。新中国成立以后，由于民间信仰不具备合法地位以及佛道传教性不强，基督教成为不少人的选择。

如前所述，新中国成立前基督教在李村周边地区的影响不大，教徒只有 230 人，80 年代末发展到 9210 人。③ 至 2003 年，在全县 94 万人口中共有基督徒 6 万多。④

结合地方志及在李村附近的调研，笔者发现民国时期，由于科学主义

① 〔德〕乌尔里希·贝克：《风险社会》，第 16 页。
② 《最漫长的三天》（《南方周末》2007 年 8 月 9 日）提到在悲伤的情绪笼罩大家时，基督徒多次祷告。
③ 汝州市地方史志编纂委员会编《汝州市志》，第 140~142 页。
④ 2005 年 8 月对某县民族宗教局领导的访谈。访谈人：李华伟，访谈地点：宗教局办公室。

的推行以及废庙兴学政策的影响，当地制度型的佛道两教衰微①，但仍有一定的影响。文化大革命中，当地唯一的一家寺院被红卫兵破坏，改革开放之后，当地的佛寺以新的形态开放。作为寺院、文物保护单位和旅游景点的佛教寺院，与民众的信仰并不紧密。改革开放之后，基督教发展迅速，基督教的传播与这些制度型宗教的式微有密切的关系。②

佛道教多处于人烟稀少的"名山大川"，与李村民众几乎没有什么联系。科学理性主导下的五四以来包括"破四旧，立四新"在内的历次社会运动，破坏了乡村民间信仰的信仰、组织基础与活动空间。就李村民间信仰状况而言，新中国成立前，李村有土地庙、火神庙、娃娃社等村庙和信仰团体，如今，只有娃娃社恢复了活动。在基督教的刺激下，李村附近的佛寺也在举行活动，以与基督教对垒。③ 但是，由于缺乏有效的组织制度，民间信仰复兴的速度远远比不上当地基督教的发展。

三 意义与行动：为苦难赋予意义的基督教与改宗之后基督徒传教的主动性

面对苦难，非信徒将之归结为"命苦"，基督徒则将之归结为"主的拣选"。用基督徒灵诗中的话说就是"耶稣是我爹，耶稣是我妈，咱有病

---

① "建国前道士寥寥无几，在群众中影响不深"，参见《汝州市志》，第143页。

② 因李村所在地没有详细的档案资料，故引用临近的南阳地区的资料以说明宗教市场的变迁。尽管论证的有效性难免受到影响，但由于两地具有较多的相似性，故无论在逻辑还是现实上，此一类比都是成立的。与历史上的宗教状况相比，我们更易明白当前南阳方城县宗教市场的状况。民国时期，方城县有道观22座，如今有15座；1949年，整个南阳地区有98座佛寺，平均每个县区10座，如今方城有佛寺5座（南阳民族宗教志编辑室编《南阳民族宗教志》，1989；赵红艳、刘正存编著《（南阳市方城县）宗教知识汇编》，2008）。开放佛道寺庙的时间也较晚，而同期基督教在当地发展迅速，基督教的发展与佛道教的衰落是有关联的。回顾历史，我们可以假定新中国成立前南阳各宗教之间关系基本均衡，宗教市场相对比较正常。如今，就全国总人数的增长速度而言，与新中国成立时期人口相比，南阳总人口增长2.5倍，但佛道教的活动场所无论数量还是规模却不及此地新中国成立时期的1/2，宗教市场不均衡之况可想而知。

③ 关于庙会与乡村基督教的互动，参见李华伟《乡村公共空间的变迁与民众生活秩序的建构——以豫西李村宗族、庙会与乡村基督教的互动为例》，《民俗研究》2008年第4期，第72~101页。

他医治，咱才认识他"①。在基督徒的观念中，得病是上帝拣选他们的方式，这使疾病不再被看做生物意义上肌体的病变而是具有另外的意义。

灵诗《你的目光要转向神》中更是唱道："苦难是祝福，患难是爱恋。"2008年9月3日律会时，"神的仆人"说："在世上苦难，在主里平安。"这就把看待世界上苦难的角度从人间转移到了天国，为这些苦难赋予了意义，而且是积极的意义。信仰基督教之后，他们开始用基督教的理解方式和世界观对自己遭受的苦难予以解释，使苦难和不确定性具有意义。

在灵诗《我真是需要耶稣》中，基督徒表达了与主的常规化、例行化联系。这首灵诗说："我天天需要主，一生一世需要主，需要他引领我道路，困苦软弱压肩头，需要耶稣心中住，排除我忧伤苦处，患难时需要主，患难时需要主，四面无路时需要主，有主同在，苦难排除，啊，啊，主啊，啊，主，你是我力量，我的帮助，你是我的主啊，耶稣，你是我的主啊，耶稣。"在每一个可能的场合，吟唱这种类型的灵诗都让信徒强化了与主的关联。

"主的爱"并非基督徒感知的上帝对其单向的爱，在李村基督徒看来，这种爱需要回报。在《我真是需要耶稣》中，基督徒这样自问道："耶稣为我舍一切，主将我罪解除，耶稣为我舍性命，我理当献给主，我拿什么给耶稣，我献什么报答主，我献什么报答主？"最后基督徒表达了自己的忠心和决心："主你何时需要我，我时时刻刻为你把力出，庄稼多多，需要收割，尽我所有把力出。"在《站起来，站起来，神的儿女们》中，基督徒更是号召："哪里需要就在哪里扎根，不求那属世的生活、安逸的家，一个心愿：抢救灵魂。"

小结与讨论

近年，山西、陕西、四川、河南等地，一群聋哑人曾一拨一拨地悄然

---

① 灵歌全文为：耶稣是我爹，耶稣是我妈，咱有病他医治，咱才认识他，赶快要相认，回家见爸爸，信而受洗必然得救，回家见爸爸。

失踪。① 而 2007 年被媒体曝光的黑砖窑事件，更是让人难以平静。黑砖窑事件，反映出社会底层生态恶化、苦难的普遍性及参与制造苦难的普遍性。

1. 苦难的承受主体

就苦难的承受主体而言，包括社群和个体两个层面，无论何者，最终都落在个体的身体和心灵上。

在前现代社会，乡村的生活是以家庭和宗族为单位的，宗族内成员互相帮助，宗族也是应对社会危机、社会苦难的基本单位。而在高度市场化和社会分化的现代社会，生活的单位逐步缩小至家庭甚至个人。而风险社会的主要特征之一，就是风险承担主体的个人化。这本是风险社会自身的特点，但与中国乡村原子化趋势合流，从而加重了风险承担主体个人化的趋势。

另外，随着宗族与父权的式微，个体自我主义逐步兴起，无公德也无私德的只追求权利不顾义务的自我日益膨胀。这些都加剧了农村的苦难。

2. 苦难的来源——以河南乡村为例

就苦难的来源而言，可粗略分为由自然带来的苦难和由个体及社会造成的苦难。由自然带来的苦难不可避免，但在风险社会，随着科技水平的提高，由自然带来的苦难日益减少。以自然灾害形式出现的苦难往往带有人为的因素。由个体带来的苦难，往往具有社会性，诚如布迪厄所言，"个人性即社会性，最具个人性的也就是最非个人性的"②。如此一来，如果我们透过个体的苦难，寻求苦难背后的社会根源，那么我们就会发现一个又一个乡村民众改信基督教的重要原因。

（1）国家发展规划之不均衡造成的制度性贫困。

改革开放之后，国家实行逐步发展的战略——从特区、沿海城市到西部大开发。在实施西部大开发之后，位于中部的河南等六省成为"被遗忘的区域"，2006 年中央提出了中部崛起的具体措施，河南等六省的发展提

---

① 《河南 30 余聋哑学生被骗出走　加入盗窃团伙》，http：//news. shangdu. com/category/10003/2007/11/11/2007-11-11＿821341＿10003＿＿1. shtml。

② Bourdieu, Pierre, *The Weight of the World: Social Suffering in Contemporary Society*, Polity Press, 1999. 此段评价参见郭于华《倾听无声者的声音》，《读书》2008 年第 6 期。

速。据统计，2004 年时，河南省人均纯收入低于 3000 元的村落占全省行政村总数的 86%。2005 年时，河南省经济总量居全国第五位，"河南省与发达地区的差距主要体现在农村。河南省是全国乡村数量最多、农村人口数量最大的省份，也是农民收入水平较低的省份之一"①。

（2）土地贬值、城乡二元分割的社会体制与社会结构的固化使农民感到"活着苦，没有盼望"。

就农村而言，如前所述，随着国家向市场经济这一世界观的转向，农村土地贬值，"种地不挣钱"，农村成为年青一代逃离的"荒野"，一代又一代的年轻人外出打工，而他们的失业保险、医疗保险却无制度保障，②只能由农民本人及其家庭担负，同时，国家从公共物品供给尤其是医疗上的退出（近年来推行的农村合作医疗可以视作国家的重新介入，缓解了这一状况），使李村成为精英和劳动力的输出地而同时成为"老弱病残者"的吸纳地。农村为城市培养了青壮年劳动力与智力支持，同时却又担负起下一代劳动力再生产与赡养失去劳动力的老人的重任。

（3）地方性政策与苦难的叠加。

最能说明这一点的是河南驻马店地区某些乡镇由于制度性贫困以及为摆脱贫困而实施的制度性卖血而造成的"艾滋病祸"。由于青壮年大批因艾滋病而去世，留下了老年人和少年儿童。普遍的贫困以及对艾滋病的恐惧使这些老幼的亲属也很少照顾他们。在非政府组织介入受限的情况下，还有谁来照顾他们呢？为艾滋病而奔走呼号的河南中医学院退休教授高耀洁发现，部分儿童是由基督徒照顾的，因为这些孩子的父母生前是基督徒。

总之，所有这些苦难，并非来自某一个个体，其后果也不应该由个体或单个家庭来承担，苦难的根源必须从社会层面来寻找。布迪厄的真知灼

---

① 参见百度百科 "中部崛起" 词条，http：//baike. baidu. com/view/31787. htm? fr=ala0_ 1。

② 根据世界银行以及其他信息来源的说法，中国的农村居民平均收入不到城市居民平均收入的 1/3（1：3），1992 年的时候两者之间的比例是 1：2.4，1985 年的时候两者之间的比例是 1：1.7。据一份估算显示，如果考虑到包括诸如教育和医疗保健在内的政府服务的话，城市居民比乡村居民优越 6 倍。参见 Josephine Ma，"Wealth Gap Fueling Instability"，*South China Morning Post*，December 22，2005，转引自托马斯·拉姆《对中国社会动乱的观察与分析》，http：//www. 21com. net/newsinfo. asp? id=2936。

见可以用来透视这一问题，布迪厄把苦难的来源归结为："与市场意识形态的扩张和新自由主义政策全球化同时出现的'国家与市场的双重撤退'"；这可以表现为"公共物品供给上国家的退出及公共服务的枯竭、国家体制中的'制度性自欺'、由产业结构调整带来的工人阶级涣散和劳工运动的消解、教育体制制造的社会排斥和集体失望、与所有社会矛盾交织在一起的家庭代际关系的断裂等等"。换言之，"所有因处于特定结构而感受到的'位置性痛苦'（positional suffering）和与集体衰落相伴的个体遭遇都可以归结于苦难的政治根源——社会性的丧失和国家的运作"①。

3. 苦难的应对之道

对苦难的应对，包括对苦难的解释以及对苦难承受者的物质救助。对苦难的界定与理解，是由不同地域文化传统和道德标准来赋予的。对苦难进行解释，并将其涵括进意义系统之中是各大宗教的特色。由于中国农民的痛苦弥散于生命之中，通常是无从归因的，传统的思维方式将个别家庭遭遇的不幸归为神秘的"命"，这一归纳并未给农民的不幸遭遇赋予任何解释，而是诉诸不可知的力量。由于乡村佛道教式微，佛道为处于苦难之中的民众提供的意义与解释只能为有限的个体所接触。换言之，各大宗教都可以在这方面起到应有的作用，但由于佛道教制度性不够强，传教主动性不够，故民众接触基督教的可能性最大。

对苦难承受者的救助多是由政府、非政府组织及宗族、家庭提供的。当前，政府的乡村社会保障及公共产品供应严重缺乏，而传统社会结构的中坚力量——宗族组织、士绅阶层——解体，所余者仅为包括宗教团体在内的非政府组织。但是，当前非政府组织介入社会救助的渠道受限，某种程度上为宗教尤其是基督教在乡村的发展提供了空间。

4. 中国乡村基督教应对社会苦难

如上所述，乡村的社会苦难，是由"国家与市场的双重撤退"造成的。其中，国家发展规划之不均衡造成的制度性贫困、城乡二元分割的社会体制与社会结构的固化以及社会结构变迁是造成社会苦难的主要原因。

---

① 参见郭于华《倾听无声者的声音》，《读书》2008 年第 6 期。

民众从宗教中寻找安慰，而由于佛道衰微及基督徒传教的主动性强，处于社会底层的乡村民众接触基督教进而改宗基督教的可能性较大。但面对社会苦难，基督教所能提供的只是赋予苦难以意义，信徒互相帮助以减轻个体的社会苦难。面对苦难，基督教所能解决的是极其微小的部分。换言之，政府有更大的空间与社会资源来帮助乡村民众应对社会苦难。

第一部分

"己"/自我

如前所述，新中国成立前李村民众生活中宗族的力量还是颇为强大的，祖荫下的生活使得个人很难具备独立自主的可能性。新中国成立后历次群众运动使大部分李村民众被融合进集体之中，个人实际不必为自己和家庭的生活负责任，也无法负起个人责任，集体生活的确定性、重复性使其不具备独立自主性。改革开放以来（或者用李村经历过集体生活的民众的话来说，散罢集体以来），随着市场经济的发展，李村青年人个人主义兴起，追逐个人自由，逐步成为自由状态下的个人。

福柯认为，"自我与自身的关系以及与他人的关系"的基础正是自由。福柯所说的"治理术"暗含了自我与自我之间的关系，这些全是在自由状态下进行的。福柯用"治理术"这个概念，"来涵盖所有这样一些实践，这些实践对处于自由状态下的个人在彼此打交道时可以使用的那些策略加以构成、界定、组织和工具化"，他认为"所有这一切的基础就是自由"。①正是在原子式个人自由的状况下，李村部分民众通过疾病和其他苦难接触到基督教，在听道、分享见证的过程中慢慢皈信基督教，其自我逐步成为李村教会传道人规训的对象。在 2008 年 8 月的调查中，我多次听到基督徒对其自我的表述，如下是两段经典的资料：

咱们教会 7 年的转折，就是让人退去老自我，用灵奶装备自我。领受圣餐的时候，耶稣有分辨。饼是耶稣的身体，酒是耶稣的宝血，可以遮盖咱们的罪。

——2008 年 8 月 31 日圣餐礼拜中的讲道

亲爱的主啊，你为我们献上了自己的生命，我们要常把主纪念。亲爱的主、荣耀的神，圣餐礼上，你交代门徒的话，也是交代给我们的。我们要常纪念那个晚上。饼是代替他的身体，吃耶稣的乳的时候，省察自己的罪，彻底改变自我，常悔改。主会赦免我们，应许我们的祷告。

——2008 年 8 月 31 日圣餐礼拜中的祷告

① 《福柯文选》第九部分："自我技术与伦理学"，译者：李猛，校者：赵晓力，未刊稿。

这两段调查资料说明，自我观问题绝不是笔者坐在"扶手椅"里的构想，而是从实地调查中发现的重要问题。

社会转型期与基督教的发展基本同步，在这一过程中，李村民众的自我观念有何变化？成为基督徒之后其新自我如何得以建构并维系，自我的塑造机制何在，塑造出了何种自我，这一新的自我与传统意义上的自我有何区别？基督教是建构、塑造了新自我，还是仅仅为村民变化了的自我提供了较为合适的表达形式？这些是很有必要探究的。

第五章
李村民众之自我与道德变迁

第一节　传统时期继嗣续谱内的自我

按照学术界通常的看法，传统中国社会是集体主义的，个体的利益总是服从于家庭、家族的利益，甚至可以为了家庭、家族的利益而牺牲自我的幸福与利益。在传统时期，个体是作为"继嗣续谱"链上承前启后的一部分而存在。然而，"继嗣续谱"中的个人并非仅是生物意义上的人，"传统时刻下的个人或自我在建构的过程中，所包含的内容远远超过其生物学意味上的存在"①。传统中国人的自我或者个人生活在"祖荫下"，被视为祖先世界的一个部分，"祖先身前与身后的行为，都对后人的命运加以影响。反过来，他们的命运也受到后人行为的影响"②，显然，这是对"积善之家有余庆，积不善之家有余殃"的通俗化解读。

传统中国，由于深受儒家影响，爱有差等，人伦秩序亦复如是，这被费孝通先生概括为差序格局。费孝通先生认为乡土社会中的社会结构格局是"自我主义的"，"以'己'为中心，象石子一般投入水中，和别人所联系成的社会关系，不象团体中的分子一般大家立在一个平面上的，而是象水的波纹一般，一圈圈推出去，愈推愈远，也愈推愈薄"；在这种格局下，"每个人都是他社会影响所推出去的圈子的中心"，"以亲属

---

① 〔美〕流心：《自我的他性：当代中国的自我系谱》，常姝译，上海人民出版社，2005，第137~138页。

② 〔美〕许烺光：《祖荫下：中国乡村的亲属、人格与社会流动》，王芃、徐隆德译，台北，南天书局有限公司，2001。

关系所联系成的社会关系的网络来说，是个别的。每一个网络有个
'己'作为中心，各个网络的中心都不同"；"每个人在某一时间某一地
点所动用的圈子是不一定相同的"，以此建立的关系网络，是富于伸缩
性的，"随时随地是有一个'己'①作中心的。这并不是个人主义，而是
自我主义"，"我们所有的是自我主义，一切价值是以'己'作为中心的主
义"。②

　　在传统社会，修身、齐家、治国、平天下，"从己到天下是一圈圈推
出去的"③。"在以自己作中心的社会关系网络中"，在差序格局中，道德体
系的出发点是克己复礼与修身。④ 在乡土社会中，群己关系是相对的，并
非清晰确定的关系，而是一种可伸缩的关系范围。在乡土社会中，社会秩
序不是靠法律，而是通过"长老统治"下的礼治秩序而实现的。⑤ 礼，"不
需要这有形的权力机构来维持"，"维持礼这种规范的是传统"⑥，"礼并不
是靠一个外在的权力来推行的，而是从教化中养成了个人的敬畏之感，使
人服膺；人服礼是主动的"。费孝通先生认为，"礼是合式的路子，是经教
化过程而成为主动性的服膺于传统的习惯"。礼治秩序显然和法律不同了，
"甚至不同于普通所谓道德"，因为"道德是社会舆论所维持的，做了不道
德的事，见不得人，那是不好；受人吐弃，是耻。礼则有甚于道德：如果
失礼，不但不好，而且不对、不合、不成。这是个人习惯所维持的"⑦。

　　传统社会中，老年人所积累的经验为后代子孙维系生产生活提供了必
不可少的帮助，老年人因此拥有权威，也是社会礼治秩序的教化者、传承
者和维护者。尊敬老人，尤其是长辈，是农村的规矩，用李村民众的话说
"这是礼法"。见了人不按照辈分称呼或者一声不吭就走过了，会被人指

---

① 孙立平认为这里的"己"不同于西方的"自己"，而是"家我"（family oriented self），参
　见孙立平《"关系"、社会关系与社会结构》，《社会学研究》1996年第5期；对差序格局
　的解读亦可参见卜长莉《"差序格局"的理论诠释及现代内涵》，《社会学研究》2003年
　第1期。
② 费孝通：《差序格局》，《乡土中国　生育制度》，北京大学出版社，1998，第26～28页。
③ 费孝通：《乡土中国　生育制度》，第28页。
④ 费孝通：《维系着私人的道德》，《乡土中国　生育制度》，第33页。
⑤ 费孝通：《长老统治》，《乡土中国　生育制度》，第64～68页。
⑥ 费孝通：《礼治秩序》，《乡土中国　生育制度》，第50页。
⑦ 费孝通：《礼治秩序》，《乡土中国　生育制度》，第51～52页。

责为"没有教养"。

传统社会中，家庭与宗族有着特殊的重要性，是中国社会结构的基础，家庭与宗族的制度化存在，保障了家长的权威与地位。在传统社会，老人、长辈具有教化性的权力，教化性的权力在亲子关系里表现得最明显。① 教化是儒家伦理得以推行的最为重要的手段，在教化权威主持下的每一次伦理关系的恰当处理与再现，都是伦理的最有效的传承。教化权力要想得到推行，需要一个稳定的社会作为前提，"在变化很少的社会里，文化是稳定的，很少新的问题，生活是一套传统的办法。如果我们能想象一个完全由传统所规定下的社会生活，这社会可以说是没有政治的，有的只是教化"②。稳定的文化传统是教化得以推行的有效保证，"文化不稳定，传统的办法并不足以应付当前的问题时，教化权力必然跟着缩小，缩进亲子关系，师生关系，而且更限于很短的一个时间"③。如果社会变迁的速度超出了社会继替④，"'父不父，子不子'的现象发生了，长老权力也随着缩小"⑤。

费孝通先生认为："儒家所注重的'孝道'，其实是维持社会安定的手段，孝的解释是'无违'，那就是承认长老权力。长老代表传统，遵守传统也就可以无违于父之教。"⑥ 但是传统的代表绝非静止的，个体是有生命限制的，所以，传统的代表者必然存在世代的继替。"如果社会变迁的速率慢到可以和世代交替的速率相等，亲子之间，或是两代之间，不致发生冲突，传统自身慢慢变，还是可以保持长老的领导权。这种社会也就不需要'革命'了"⑦，否则，社会变迁的速度超过了世代交替的速率，那么长辈"所传递的文化已经失效，根本也就失去了教化的意义"⑧，建立在教化作用之上的长老权力自然不复存在。

---

① 费孝通：《乡土中国　生育制度》，第66页。
② 费孝通：《乡土中国　生育制度》，第66～67页。
③ 费孝通：《乡土中国　生育制度》，第67～68页。
④ 费孝通认为，"社会继替是指人物在固定的社会结构中的流动；社会变迁却是指社会结构本身的变动"。参见费孝通《乡土中国　生育制度》，第76页。
⑤ 费孝通：《乡土中国　生育制度》，第64～68页。
⑥ 费孝通：《乡土中国　生育制度》，第78页。
⑦ 费孝通：《乡土中国　生育制度》，第78页。
⑧ 费孝通：《乡土中国　生育制度》，第79页。

"礼是传统，是整个社会历史在维持这种秩序。礼治社会并不能在变迁很快的时代中出现的，这是乡土社会的特色。"[①] 所以，从根本上来说，包括孝道在内的儒家伦理的提倡与推行是与中国农业社会的生产生活以及国家提供的制度支撑密不可分的。孝道伦理能在中国社会推广，绝不仅是像儒家这样的思想推行的结果，其背后的经济基础、社会结构与制度保障是伦理能在中国维系几千年的根本性制度动力。礼治的可能必须以传统可以有效地应付生活问题为前提，"乡土社会满足了这前提，因之它的秩序可以用礼来维持"，而"在一个变迁很快的社会，传统的效力是无法保证的"[②]，所以礼治秩序难以为继。晚清以降，中国社会经历了前所未有的大变局，经济、政治、社会结构发生了巨大的变化，伦理自然难逃转变，我们还是以李村为中心来讨论乡村民众的"自我主义"与道德世界的巨变。

第二节 日益"虚空"的李村、异化的自我与道德危机（1979年至今）

对李村中老年村民来说，集体化是一段重要的历史记忆。后集体化时期，在他们的语汇中就是"散罢集体以后"，而非知识分子常用的"改革开放以后"。对中老年农民来说，集体化是不可磨灭的生活经历与体验。在李村村民的意识中，集体化是指人民公社（1958～1982年）那段时期。如今，在李村，无论老幼，都把村委会称为"大队"，中老年村民有时还把自己称为社员，可见集体化影响之深。

集体化时期，为支持城市的工业化建设，城乡二元分割之壁垒被树立起来。乡村是作为城市的对立面而存在的，是被设定为支持城市而存在的角色，当时的乡村被当作源源不断供应城市的基地，而农村自身的发展并没有得到考虑，农民被剥夺得只剩下仅够维系生命的口粮，农村长期处于快被"抽干"的状态。集体化时期，国家不必直接面对分散的一户户小农，而只需把任务下达给国家行政系统末梢的公社、大队即可。人民公社、大队对村民的人身控制很严，实行军事化管理，统一上工、统一休

---

① 费孝通：《乡土中国　生育制度》，第53页。
② 费孝通：《乡土中国　生育制度》，第52页。

息，每天按工分计算，而工分又与每户每人的口粮直接挂钩。在这一阶段，农村与城市只有单向的往来——供应城市人口的口粮，而这还是通过行政机构的统一调配而实现的，乡村更加封闭。1958年第一届全国人大常务委员会第九十一次会议通过了《中华人民共和国户口登记条例》①，以法律的形式确立了城乡二元分割的制度。

散罢集体以后，直到20世纪90年代前期，李村村委和乡镇还集体组织兴修水利，每年都会统一组织疏通水渠。90年代后期，各小队的队长一职被废弃，修水渠之类的活动也不复存在，这标志着基层政府从公共产品供应方面的撤退。2006年以来，李村周边多年废弃的水渠被一青年用捞沙船疏通，使用水渠中的自来水灌溉的村民需要交钱。尽管使用水渠浇地需要交费，但却方便了村民，故深受村民欢迎，这就是市场化的力量。

集体化时期，乡村是作为工业化的对立面与"支持者"而存在的，是外在于工业化与城市化的。改革开放之后的工业化、市场化趋势则把乡村纳入体系之中，不过依然被设定为工业化、市场化的对立面。乡村，依然是落后与不文明的代名词。

在巨大的社会变迁中，血缘社会的稳定性被打破，② 血缘与地缘基本合一的格局也被打破。传统社会中，血缘是稳定的力量，有人员的世代更替而无结构的变化。传统社会中，"'生于斯，死于斯'把人和地的因缘固定了"③，但由于城乡二元分割制度的缘故，如今的李村农民虽生于乡村，却想逃离斯地。虽生于乡村，却终年在外打工，李村农民成为"生活在别处的人"。小时候一起长大的乡邻也由此而变得生疏起来。虽是同村，但李村青年农民之间每年仅在春节见一次面，这种交往方式与传统社会中多

---

① 彭大鹏、吴毅：《单向度的农村》，湖北人民出版社，2009，第50页。

② 费孝通认为，"在稳定的社会中，地缘不过是血缘的投影，不分离的"，"地域上的靠近可以说是血缘上亲疏的一种反映，区位是社会化了的空间，此指自然形成的居住空间"。参见费孝通《乡土中国　生育制度》，第70页。如今政府规划的宅基地及社会流动打破了自然形成的居住空间。

③ 费孝通：《乡土中国　生育制度》，第70页。

面向的、长期的、互相依赖的交往有着质的改变。^① 如今的李村已不再是亲密生活的共同体。

一 市场经济、日益"虚空"的乡村与道德教化的终结

1. 日益"虚空"的乡村

正如严海蓉指出的那样，"主流媒体和学术界从目前的农村劳动力流动看到的是解放和发展，尤其是农村青年一代的自我追求，看不到这是无奈的出走，而背后是城市对现代性的垄断和农村的虚空化"^②。

不可否认，实行家庭联产承包制的初始阶段，被压抑的生产力得到释放，土地的价值得到较好的体现，农民与城市其他行业之间的差距开始缩小。然而，随着市场经济的推行，在田地上的投入与农作物所能体现出的产值以及要缴纳的公粮、杂税之间越来越不均衡，造成"种地不划算的后果"。

农村的虚空化，从意识形态上来讲，就是："城市目的论不断地把农村包围到以城市为中心的意义表述体系中，城市的'文明'和'现代'建立在把农村作为封闭没落的他者之上，使农村除了作为城市的对立面外，除了是空洞的'传统'和'落后'的代名词外，不再有什么其他的意义。这是意识形态上农村的虚空化。"^③ 严海蓉认为，"这个重大世界观调整和随之而来的社会政治经济结构的调整引发了一个以农村虚空化为代价，以城市发展为目的的发展方向"。伴随着这一世界观的调整，"农业占基建投资总额的比例从一九七九年的 10.6% 下降到一九九二年的 2.8% 和一九九四年的 1.7%"^④。

其实，"农村的虚空化更深地体现在农民和土地的关系上"^⑤。以农为本的社会，首次出现了土地贬值的状况。"如果土地丧失了增值能力和抵

---

① 熟人社会中人们的交往，是多方面的深入交往，而现代人多是以某一身份或角色发生交往，仅仅限于事务性的、单方面的交往。

② 严海蓉：《虚空的农村和空虚的主体》，《读书》2005 年第 7 期。

③ 如果我们追溯城市与农村对立的思想，可以追溯到 20 世纪初期。参见科大卫《皇帝和祖宗：华南的国家与宗族》，江苏人民出版社，2009，第 405~407 页。

④ 严海蓉：《虚空的农村和空虚的主体》，《读书》2005 年第 7 期。

⑤ 严海蓉：《虚空的农村和空虚的主体》，《读书》2005 年第 7 期。

押价值，如果生产丧失持续性，如果空间丧失再生性，如果共同认可的市场价值准则破裂"，那么乡村就不再是"家园"。① 由此，在长期的权衡和示范效应下，青壮年农民选择了逃离乡村，选择了远离土地，选择了外出打工，成为候鸟来回迁徙于乡村与城市之间，甚至长期栖居于城市，而成为"生活在别处的人"。

20世纪八九十年代以来，李村开始有人在农忙过后到洛阳、郑州干活（即打工），干活挣来的钱回来盖房子。但是这一潮流的兴起是相当晚近的，2000年以来，一些未婚男女青年开始到广州、北京、上海打工，也逐渐地充实了打工妹、打工仔的队伍。留在村中的劳力，除医生两人、教师三人、从事短途运输业五户，搞小型翻砂厂两户外，大都在临近村子中搞建筑，2005年有两对夫妻一起到新疆打工，2002年以来有几个妇女去新疆摘棉花。

土地贬值，乡村成为落后与不文明的代名词，这对年轻人影响最大，乡村成为他们想要逃离的地域。李村的一位母亲想在家乡附近为女儿找一个婆家，遭到女儿的反对，因为她"不想种地"②。全国各地的年轻农村女性们有着类似的想法，"在中国当代发展的情景下，农村成为她们想要挣脱和逃离的生死场，而不是希望的田野；希望的空间、做'人'的空间是城市"③。

正如严海蓉所说，"农村虚空化的过程使农业生产没落了，使农村生活萧条了，使农村的脊梁给抽掉了。这个过程夺走了农村从经济到文化到意识形态上所有的价值"④。

但是，值得注意的是，农村虚空化的过程并非始自改革开放之后，也非始自新中国成立以后，而是始自20世纪初。科大卫的研究发现，新兴知

---

① 张柠：《土地的黄昏》，东方出版社，2005，第62~63页。
② 这在全国是普遍现象，"在北京打工的安徽姑娘霞子在纪录片《回到凤凰桥》中也表示要彻底地和母亲的生活方式决裂，'如果我还得像我母亲那样生活，那我还不如去自杀'。在她眼里，那是一种毫无意义的生活，那是一种生不如死的生活。第三位打工妹，徐雪，在《中国青年报》上也表达了对做'人'的憧憬——'明天，我会更像个人'"。参见严海蓉《虚空的农村和空虚的主体》，《读书》2005年第7期。
③ 严海蓉：《虚空的农村和空虚的主体》，《读书》2005年第7期。
④ 严海蓉：《虚空的农村和空虚的主体》，《读书》2005年第7期。

识分子"开始把宗族及其活动视为落后的根源"①，宗族开始靠边站，"宗族也许还能够持续存在，但已不再是国家的重要元素"②。辛亥革命之后，知识分子中盛行的国家主义思想认为，"能够让中国富强起来的，不是农业，而是商业与手工业"③。随着财政收入从农业地租转向工商业，城市成为新制度的发源地和集中地，"原本作为宗族及乡村成员的人，现在成了农民"，此后，"主导中国新社会的制度，从沿海城市诞生；主导中国的精英，从现代学校诞生。从此，乡村社会就要靠边站"④。

2. "生活在别处"带来的代沟与断裂："农民的终结"与乡土伦理的危机

年轻人外出打工，大规模的社会流动盛行，相对封闭的乡村被迫变得越来越开放。由于在城市中谋生计，年轻的一代农民之观念、衣着变得城市化、时尚化，与父辈的差距不可弥合。返乡后的年轻人，与农村格格不入，在城市中又难以找到自己的家园，产生了严重的认同危机。⑤ 面对急剧的社会变迁，留守乡村的老年人眼花缭乱、疲于应对，整日为在城市中谋生计的子孙担忧。

常年的外出，使年轻的打工仔和打工妹成为"生活在别处的人"，他们的生活体验与乡村越来越远，生存经验也与上一代人有了质的不同，代代相传的生活、生存经验的断裂造成其与长辈不可磨合的代沟，而"这种代与代之间的断裂是全新的：它是全球性的、带有普遍性的"⑥。年青一代的生活价值观与传统的农民有了质的不同，传统意义上的农民在年青一代身上很难找到踪影，这也就是"农民的终结"⑦ 问题。

工业化、城市化、现代化的进程使得农民积累的代代相传的生活和生存经验越来越难以适应社会变迁。在农业占主导和主体地位的传统社会，

---

① 科大卫：《皇帝和祖宗：华南的国家与宗族》，第 18 页。
② 科大卫：《皇帝和祖宗：华南的国家与宗族》，第 405 页。
③ 科大卫：《皇帝和祖宗：华南的国家与宗族》，第 18 页。
④ 科大卫：《皇帝和祖宗：华南的国家与宗族》，第 405～407 页。
⑤ 解决这一问题的关键在于，在开放经济结构的同时开放社会结构，尽快改变城乡分割的二元体制，提高社会结构的包容度。参见袁方等著《中国社会结构转型》，中国社会出版社，1998，第 12～14、17～20 页。
⑥ 〔美〕马格丽特·米德：《代沟》，曾胡译，光明日报出版社，1988，第 66 页。
⑦ 〔法〕孟德拉斯：《农民的终结》，李培林译，社会科学文献出版社，2010。

每一代的人生，是循环的、明确的、清晰可见的、按部就班的、有章可循的、可以重复的。祖辈的人生历程，就是自己的人生历程，两者没有质的差别。一代代人的生老病死、婚丧嫁娶都有章可循，可以按照老辈的经验来应对。乡土社会是靠经验的，不必计划，"因为时间过程中，自然替他们选择出一个足以依赖的传统的生活方案"①。而如今的乡村年轻人面对的是一个全新的世界和崭新的人生历程，并无前人的经验可以借鉴、复制，面对不确定性，他们需要计划与不断的人生规划。

长辈的经验失去有效性，也使得长辈的权威丧失，其教化权力与道德号召力也受到严重的挑战。年青一代身上出现了新的价值观，更重视个人利益，但这是权利与义务不均衡的个人主义。这种个人主义的盛行造成传统乡土伦理受到严峻的挑战和质疑，使之处于严重的危机之中。

3. 乡村精英外流与道德危机

传统中国，学而优则仕，未能进入仕途者则成为士绅，或成为教书先生和宗族内的文化人，在乡村维系伦理教化，成为连接国家与乡村的中间力量。如前所述，自科举废除，士绅阶层的制度化途径缺失，士绅渐趋减少，这一制度化的中间阶层荡然无存，致使联通上下、推行伦理教化的功能失去了依托。这是乡村伦理蜕变的原因之一。

如今，通过教育或参军而成功脱离农门的乡村精英大多外流，受过中等教育的人亦多在大城市打工，中老年农民多在家门口打工，留在村中的多为无法外出打工的老幼妇残，个别留在村中的青年则成为游荡的青年。

在李村，20 世纪 80 年代，村里有 1 个中专生，后来嫁到县城。1997年、1998 年、1999 年均有大学生，分别为 1 人、1 人、3 人，2001 年又有3 人，2002 年、2003 年、2004 年均为 1 人。硕士研究生的情况如下：2003年 2 人，2004 年 1 人，2008 年 1 人，这些人除在读的以外均在外地工作。

所以正如学者所说的，"农村这个大水库不停地放出新鲜的劳动力，而吸收伤残病余人口。所以，出来的不是剩余劳动力，而留守家里的才是剩余劳动力"②。乡村精英外流，而没有任何回流，给乡村带来了严重的后果。一方面，乡村精英外流，留下来担当村干部的人员素质堪忧，再者乡

---

① 费孝通：《乡土中国 生育制度》，第 86 页。
② 严海蓉：《虚空的农村和空虚的主体》，《读书》2005 年第 7 期。

村精英外流,对村干部权力的制衡力量就被削弱,① 致使乡村干部失去了传统中国的道德与非正式制度性约束,变得为所欲为,这是乡村政治恶化的原因之一。

基层政府的不作为和溃败,② 造成村级政府没有权威,基层干部失去群众的信任。借用杜赞奇的术语,可以说,基层干部已经从"保护型经纪"完全转变为"掠夺型经纪"③。而只对上负责的单轨政治制度、乡村正式权力以外的人很难干预村干部的权力、乡村精英的外流等正是基层政府成为"掠夺型经纪"的原因。

传统社会中,即使在外做官者,年老也要"告老还乡",整饰家族,教化乡里;如今,出身乡村的人,即便退休,也更愿意生活在城市,与乡村之间的隔膜很深,联系亦少。④ 传统社会中,士绅和高官返归故里的非正式制度业已不复存在,使得乡村成为精英的输出地而非输入地,只出不入只会造成乡村日益凋敝、恶化的严重后果。

民国之前,县以下的地方官员,由于诸多原因,多是"保护型经纪",加上士绅的制衡,官员与士绅多奉行道德教化之策,而士绅与宗族内的领袖亦大多作为道德权威教化乡里。自民国至如今,社会变迁加剧,道德权威式微,乡村的道德秩序难以为继。

二 宗族式微、父权的弱化与个体自我中心主义的强化

1. 市场化、社会分化与宗族的弱化

改革开放以来,尽管中国许多地区宗族重新恢复,但实际上这种恢复,"更多的表现为仪式的恢复,而功能的恢复是很弱的",而且"现在恢复起来的宗族组织不是一个可以发挥强制权威的组织,因为宗族的诸多职

---

① 彭大鹏、吴毅:《单向度的农村》。
② 孙立平:《基层政治的溃败》,http://blog. sociology. org. cn/thslping/archive/2008/01/06/9684. html。
③ 参见杜赞奇《文化、权力与国家》第二章。
④ 当然这一进程并非改革开放以后的事情,参见《清末民初乡村精英离乡的"新学"教育原因浅析》,王先明、郭卫民主编《乡村社会文化与权力结构的变迁》,人民出版社,2002。

能为其它组织替代，也因为宗族成员的社会分化"①。高丙中认为，"除了少数例外情况外，家族活动的恢复基本上是文化性的，而非制度性的"，"活动所恢复的主要是家族符号和仪式的体系，而非功能实体"②。

关键的问题是，新中国成立后宗族组织已经无法拥有田地——传统上宗族必备的经济基础。而且，在当前的村民自治选举中，国家很忌讳宗族势力的干涉，所以从国家治理和管理的角度，政府对宗族持一种相对贬抑的态度。在这种境遇中，宗族的组织力量不可能强大。

在市场经济的冲击下，李村宗族逐步弱化。这不仅仅指其功能上的弱化，还包括宗族组织与宗族观念的弱化。③ 先看宗族功能的丧失与其在当今农村的尴尬处境。"在中国乡土社会中，不论政治、经济、宗教等功能都可以利用家族来担负"④，如今，市场经济严重冲击了宋代以来作为中国基层组织的宗族。传统乡土社会中，人生仪礼及建房等大事，依靠宗族内部与姻亲互帮互助，共渡难关。新中国成立以前，宗族具有许多功能，是一个生产、生活的基本单位。宗族是一个人、一个家庭生活的依靠，也是个人和家庭最大的社会资本。离开了宗族，个人很难生存。

如今，随着社会分工的发展，市场提供了大部分的必需品。单靠个人或家庭的力量，足以承担生活以及人生仪礼所需的花费，需要从宗族内获得资源的事情越来越少，宗族对人们生活的意义和功能减弱。另外，宗族互助少了展演的空间，即使在婚礼、葬礼上，宗族成员的出现或者聚集，也仅仅是仪式性的。市场已经冲破了乡村以父系宗亲为核心建构的社会关系网络，姻亲关系、朋友、同事、同学等逐步成为社会关系的重要部分。

宗族弱化必然带来道德权威的弱化。道德权威之缺失，外在的舆论谴责之微弱，道德约束力之减弱，造成个体的行为无所顾忌。另外，随着外

---

① 张军、王晓毅、王峰：《传统村庄的现代跨越》，山西经济出版社，2003，第181页。
② 高丙中：《从人生意义的设计看家族文化的复兴》，《21世纪：文化自觉与跨文化对话（二）》，北京大学出版社，2001，第615页。
③ 对华北宗族弱化的研究，参见李华伟《华北宗族的弱化与基督教在乡土社会的发展——以豫西李村为中心的探讨》，《中国农业大学学报（社会科学版）》2010年第3期，第18~32页。
④ 费孝通：《乡土中国　生育制度》。

出打工的愈来愈多，忙季过后，李村只剩下老弱妇孺及少数中青年，村落变得"空虚"，借用吴重庆的话说，李村成为"无主体熟人社会"①。大多数角色（父亲、丈夫、儿子）缺席的李村，几近空村。② 在这样的村落里，即便有道德权威对某些不道德之事进行评议、教化，由于大多数角色的缺席，这样的道德教育也失去了示范效应。③ 而传统上，每一次关涉道德之事的处理，都有着类似判例法中案例的效用，可为后来者引以为戒。正是在一次又一次的道德实践中，道德权威及道德得以延续并再生产。失去了示范效应的道德教育只能沦落为孤立的事件，与他人不再具有关联。

2. 家庭结构的核心化趋势与个体自我中心主义的强化

传统家庭解组，家庭结构上趋于核心家庭，是当今包括农村在内的中国家庭的趋势。2005 年李村有 345 户 1530 人，户均 4.43 人，多为两代之家，核心家庭居多数，个人拥有更多的自由。

韦政通认为，随着市场化经济力量和新思潮的冲击以及家庭自身的原因，传统家庭已经解组。韦政通所转述的家庭成员共同目标的丧失、家人合作的短少、互惠服务之抑制等六个方面的变化，④ 可谓对包括李村在内的家庭特点的准确概括。

在乡土社会中，"家既是个绵续性的事业社群，它的主轴是在父子之间，在婆媳之间，是纵的，不是横的。夫妇成了配轴"⑤。如今，在李村，随着年青一代个人权利意识的增强，婚后分家提前、"从父居"消失，家庭趋于核心化，大家庭中居于主轴的父子关系被核心家庭的夫妻主轴代替。

随着家庭结构核心化、传统家庭解组的趋势，道德与信仰私人化，信仰成为个人的选择，个人在信仰上面临的家庭压力几乎没有。而在 20

---

① 吴重庆：《乡土儒学资源的再生》，《天涯》2005 年第 4 期。
② 对空村语境下乡村基督教的研究，参见黄剑波《四人堂纪事》，中央民族大学博士学位论文，2003。
③ 有学者称中国的伦理学为"示范伦理学"，参见王庆节《解释学、海德格尔与儒道今释》，中国人民大学出版社，2004，第 247 页。
④ 韦政通：《中国文化与现代生活》第二章，中国人民大学出版社，2005，第 47～48 页。
⑤ 费孝通：《乡土中国　生育制度》，第 41 页。

世纪 20 年代，"家庭压力仍是青年人皈依的压力，而问题的核心在于祭祖"①。如今，道德和信仰越来越成为个人的私事，而不是像以前那样动辄受到宗族与家庭的限制与约束。个体化、个人主义的强化，是当今农村的趋势。

3. 父权式微与道德危机

改革开放之后，农村逐步实行家庭联产承包责任制。起初，家庭的生产功能很重要，家长的权威还保持着。在经历了一段恢复与加强的历程之后，家庭的生产功能，"正面临着一个逐步减弱的总趋势"②。随着打工潮的兴起，农业收入已经不是家庭收入的主要来源。

农村的家庭已经不再是生产共同体，我们可以把哈贝马斯的一些文字移植于此来形容家庭的这一变化："家庭的基础受到损害，家庭财产被个人收入所取代"；"家庭失去了经济功能，与此同时，也失去了塑造个人内心的力量"；"家庭中每位成员都越来越受到家庭以外的力量和社会的直接作用，从而越来越社会化"；"家庭在失去其经济职能的同时，也失去了其保护功能"。③

1998 年以来，李村农民开始外出打工，他们一年中至少有 7 个月的时间在外面。年轻的打工仔与打工妹甚至两三年回一次家。他们在远方打工所挣的钱不一定给父母，或者只给一部分。④ 经济权开始分散，而"家长经济重要性与父权统治成正比"⑤。随着家长经济重要性的降低，父权必然逐渐衰落。

随着经济上父权衰落，年轻人自我意识加强，个体的自由度愈加扩

① 此语出自翟雅各布（Rev James Jackson），邢福增：《文化适应与中国基督徒》，1995，第 48～49 页。

② 杨善华：《城乡家庭——市场经济与非农化背景下的变迁》，浙江人民出版社，2000，第 9 页。

③ 〔德〕哈贝马斯：《公共领域的结构转型》，曹卫东等译，学林出版社，1999，第 182～185 页。

④ 广州大学广州发展研究院所做的一项调查显示，"80%～90% 的老一代农民工将打工收入寄给家里，而 65%～70% 的新生代农民工将收入用于自己的吃穿住行，工资很少寄回家，家中似乎也很少对他们提出经济上的要求"。参见《迷失的"民二代"》，《法律与生活》 2010 年第 9 期，http://focus.news.163.com/10/0511/11/66D9NK6900011SM9_2.html。

⑤ 杨善华：《城乡家庭——市场经济与非农化背景下的变迁》，第 23 页。

大。这并非李村一个地方的情况，而是具有一定的普遍性。通过调查，阎云翔认为，祭祖仪式能够保证长辈的权威，[1] 当地祭祖仪式的式微必然带来老年人权威的衰落。中国传统文化养老机制的关键是孝道，传统中国法律、舆论、宗教、信仰以及家庭私有财产的存在，都支持孝道的推行，这些在市场经济与社会转型面前不堪一击，致使家庭内部的伦理道德失去应有的制度支撑而处于脆弱之境地。

第三节　无公德的个人

一　私人化、个体自我主义与道德舆论的缺失

如前所述的各种原因，随着宗族与父权的式微，个体自我主义逐步兴起。道德、信仰等都私人化了，不再是一种公共舆论的对象。

传统中国社会，尤其是乡村，其边界相对明显，内部空间相对封闭，是一个没有陌生人的社会，是一个熟人社会。[2] 熟人社会中，每个人都知根知底，熟悉彼此之间的几代人及其亲属关系网络，做事即便不考虑自己的名声也要顾及家长及大家族的声望。何况大家低头不见抬头见，想躲也躲不开，长年累月的聚居也使得道德成为评价人物与事件的标准，在这么一个泛道德化的社会，作为一种非正式制度的道德舆论可以维系社会秩序于不坠。

如今，公众舆论变成个人的闲言碎语，宗族式微，族内没有权威人物，长辈权威亦失去，这就是李村的处境。家庭内部的事现在是没有人干涉的。即使不孝敬父母、婆媳争吵，宗族内的人也不管，顶多背着当事人议论几句。

二　逐利的个体与人际关系的工具化

"文革"结束之初，中国社会处于崩溃的边缘，为了维系社会于不坠，实行了改革开放的政策，充分释放和发挥个体的逐利本能。在逐利的进程

---

① 阎云翔：《私人生活的变革》，上海书店出版社，2009，第205~206页。
② 费孝通：《乡土中国　生育制度》，第9~10页。

中，个体的自我极度膨胀，金钱成了人们追求的目标，有钱人成为人们追捧的对象。在李村，血缘关系的远近不再是人们处事准则的主流，有钱、有权的人成为部分人热衷交往的对象。

正如费孝通先生所言，传统社会中人们按照差序格局处理事务，如今一切渐趋工具化、功利化。通过在华北的调查，张静指出，传统社会中宗族是其成员的庇护者，如今，在提供庇护关系方面，"基本原则不是看对方的原来立场和所属团体，而是看对方能够提供什么所需的资源和利益"①。

在人生礼仪中，宗族成员之间的功利性关系表现得尤为明显。以往，李村李氏宗族内男性成员成婚，婚礼前后，李氏宗族内"一大家的"、宗族内成员互帮、攒忙，不需要出"礼钱"。调查中发现，2007年以来的几场婚礼中，有人提议按照血缘关系远近以及人情送不同的份子钱，有人动议、实践，其他人就逐步跟随，于是实现了"移风易俗"。

在当前的李村，处事功利而不顾血缘关系远近的事情已频频发生。李村发生的一件事可以作为我们的分析案例。按照规矩，"一大家"的闺女出嫁之时，宗族成员都要送"嫁妆"。2000年之前送的都是实用的物品，比如被褥、皮箱等，近年来慢慢变成了现金。李氏宗族内一闺女出嫁之时，"一大家的"均送礼金，但宗族成员有富有的、有贫穷的，各人根据自己的经济情况送去了礼金，但奇怪的是，主家是按照礼金的多少而不是血缘关系的远近来决定是否收取礼金，这让大家觉得不可思议。因家庭贫困而被拒绝的人觉得是主家看不起自己，而有些关系远的人只是想表示一下亲近，结果礼金反而被接纳。此事发生后，办事的主家受到人们的嘲笑，但仅仅是嘲笑而已。可以看出，人们的关系正朝着功利性的方向发展，差序格局不再是处事的唯一准则。

尽管我们也可以说，传统时期，宗族也是人们实现生活的工具，但宗族内关系的维系却是出于长远的考虑。如今，李村民众的关系有很多是基于现实的功利考虑，甚至是短期的、一次性的功利考虑。我们可以对比村民对考上大中专院校的年轻人的态度。考上大学是农村青年出人头地的重

---

① 张静：《现代公共规则与乡村社会》，上海书店出版社，2006，第206页。

要出路，是家庭甚至一个宗族的荣耀和大事。20 世纪 50 年代，李氏宗族内两名青年考上中专，远房的宗族成员都凑钱帮忙。但是，2002 年李村有一名青年考入大学，因家庭困难、凑不够高昂的学费，上大学期间几次欲辍学打工养家。闻知大学生就业困难，其四个叔父中，只有两个在其开学时各凑了 200 元钱，另外两个有钱的叔父不仅不凑钱还说风凉话极尽嘲讽之能事。在另外一个例子中，一个孩子考上大学，其亲属基于狭隘的嫉妒心理，并未出钱相助。这种行为对传统人伦是一种严重的伤害。

在李村，由于经济原因，在自己孩子考上大学之后，对亲戚根据差序格局相助的期待依然存在，然而出于对大学生毕业之后找工作情况不佳的预期判断，部分直系亲属尤其是有钱的直系亲属不肯相助，关系更趋功利化。用李村一位老人的话说，"现在的人短见得很"。

三 原子式个人、无公德的个人与底线伦理的突破

就李村而言，自 20 世纪 90 年代中后期，基层政府逐步退出公共生活，道德领域也变成私人领域。随着社会分化与市场经济的发展，作为中国基层组织的宗族面临弱化的趋势，宗族、家庭之外的关系日益重要。① 宗族的弱化，使个人无依无靠，日益成为孤零零的原子式个人。

市场经济的兴起，使个人的价值，尤其是劳动力的交换价值日益得到彰显，使时间也具有金钱价值。打工潮兴起之前，个体每天的劳动量换不了多少钱，而且农忙过后，大家空闲时间较多，李村民众还没有把自己的劳动和钱挂起钩来，还没有明确的金钱意识。市场经济之后，个体开始逐利，开始把自己的劳动和钱挂起钩来，而且形成了明确的金钱意识。

如今，需要帮忙特别是需要别人抽出一两天时间帮忙的时候，很难找到人，而且主家也宁愿把工程承包给外村的人。因为，"没有打白工的"，让谁干活都得给钱，与其如此，还不如承包给外人，免得欠下人情。

改革开放之后，个体的逐利本能被释放且不断得到鼓励。从一穷二白的共同起点上，乡村青年开始了一轮又一轮的致富竞赛，一轮又一轮的盖房潮就是炽热化的乡村竞赛之表现。在外出打工的大潮中，中老年人抵不

---

① 这些宗族、家庭之外的关系日益重要，部分取代了血缘关系的重要地位，但同时没能提供感情慰藉的功能。

过年轻人，年青一代赚钱超过父母，这也影响到代际伦理关系的转型。

在家庭中，关系更为理性化。在李村，儿子结婚后不到一年就分出去单过。即使老人只有一个儿子，儿子结婚后虽然和父母住在一个院子里，也要单过，户口也分开，各用一个户口本。这是因为经济剥夺与无情的市场逻辑已使得上下两代关系更理性。年青一代自我利益的意识更强，与父母关系变得越来越像交换关系。① 泰勒认为，"自我性和善，换言之，自我性和道德，原来是难解难分地纠缠在一起的主题"②。在李村的调查中，我们发现，在变迁的社会语境下，伴随逐利的无公德的自我兴起，传统伦理逐步式微。

与逐利自我相伴随的是，乡村孝道伦理的巨大变化。在李村，婆媳关系恶化，媳妇以不孝为能事。如果公婆有钱，几个儿媳争着孝顺，一旦钱用完了，就没人管。而村里一例又一例的不孝之事屡次发生，并无人出面干涉。在此情景下，老年人对儿媳、儿子的期望不断降低，使伦理底线不断被突破。阎云翔通过分析指出，导致赡养老人发生变化的最主要原因在于，老一代农民在经济上被剥夺干净，③ 老年农民的人生经验在当代失去效力及家庭内经济地位的失去使其失去家长的权威及地位。

---

① 阎云翔：《私人生活的变革》，第 207～208 页。

② 〔加〕查尔斯·泰勒：《自我的根源——现代认同的形成》，韩震等译，译林出版社，2001，第 3 页。

③ 阎云翔：《私人生活的变革》，第 207～208 页。

第六章
规训的自我：李村基督徒自我观的
形成及其"治理术"

基督教是否培育出了李村基督徒新的自我呢？这一新的自我是否能够带来基督徒自身伦理道德的转变？

第一节　人神关系的建立：基督徒新
自我观的维系、例行化

一　"灵验"与"救赎"混合中人神关系的维系

成为基督徒，用教会负责人的话说，就是"信基督耶稣之后，以后啥事都由耶稣负你的责任"，这意味着信徒将自己的日常生活与神建立了联系。他们与世界的关系图式可以这样表示：人（或世界）—神—人（或世界）。① 基督徒的这一观念图式，塑造了基督徒新的自我观与世界观，这影响到其日常生活，并不断地再生产其社会表征体系，结果基督徒信仰的世界转变成为他们生活中的实在世界。②

如前所述，民众因病信教，与民间信仰者追求"灵验"有着相似之处，但又不局限于此。成为基督徒的过程是"灵验"这一传统追求与基督徒追求"救赎"的统一，用张敏的话说就是："型构中国基督徒身份的真

①　当然，民间信仰者有时也与神灵建立联系，比如许愿与还愿时，但这种联系并不是经常的。相对来说，基督徒与他们信仰的神之间的联系是经常性的。
②　吴新利：《属灵的生活——海淀区基督教群体研究》，北京大学硕士学位论文，2005。

实内容，出自灵验与救赎信仰的一种奇妙混合——正是行动者对于带来'灵验'的上帝实然而真诚的信仰使他们成为了基督徒，也正是对世俗的关照本身带来了神圣。"① 在这种"灵验"与"救赎"的混合中，人神关系模式不断得以建构，在此过程中，基督徒对自我有了重新的认知。

当 2008 年 9 月 3 日的律会结束时，"神的仆人"祷告说："亲爱的神啊，信你就是与你建立联系。我们等主再来……求你用真光照亮全教会。"与主建立的是何种联系呢？我们且看 2008 年 8 月 31 日圣餐礼拜中三个教会的所有执事合唱的灵诗：

> 恩主啊，恩主啊，我们在纪念你，你用身体、生命和鲜血救出了我们。恩主啊，恩主啊，我们在纪念你，你的儿女今天要聚集，为的是纪念你。疼爱儿女的神，舍命流血的主啊，亲爱的救主啊，我们在纪念你。
>
> 掰开了圣餐的饼，主啊我想起了你，在今天教会前进的路上，表一表情和意，身体为我舍，主啊我纪念你，为了弟兄姐妹的生命献上了自己，亲爱的恩主啊，我愿意跟随你啊，亲爱的救主啊，我们在纪念你。
>
> 举起了祝福的杯，主啊，我想起了你，软弱愁苦逼迫患难，主啊，我跟随你，鲜血点点滴在儿的心里，满腔的热血，全部地喷洒在今天的教会里，尝一尝杯中的苦，表一表情和意啊，亲爱的救主啊，我们在纪念你。

在圣餐礼拜的场合每次都要声泪俱下吟唱的这首灵诗，表达了已受洗入教的信徒对上帝与自我关系的认识。"用身体、生命和鲜血救出了我们"，就把按照圣经记载的耶稣被钉十字架与两千年后的李村基督徒群体联系起来了，"身体为我舍"更是把耶稣的被钉死与基督徒的自我建立了直接的关联。

---

① 张敏：《基督徒身份认同——浙江温州案例》，张静主编《身份认同研究》，世纪出版集团、上海人民出版社，2006，第 143 页。

二 通过弃绝旧自我来树立新自我

与神的关联，使基督徒对自我的使命有了新的认知，人生也有了重新定位。这在以下灵诗中得到充分的表达："十字架上舍了你的身，你甘心流血为我死……你替我受审，我的刑罚落在了你的身。"①

认识到了耶稣为自己所做的之后，基督徒表达了自我的重新定位："恩主啊，我今不是我的人，愿献身愿献心，一生一世与主相亲，无论有多苦难临于身，至死忠心紧紧跟随。婚宴席上，你欢欣，到那时，主为新君，我为新民。"②

其他灵诗在表达了对耶稣"舍己为人"的感激之后，基督徒更是表达了自己的报答之决心，如"我理当献给主，我拿什么给耶稣，我献什么报答主，我献什么报答主，主你何时需要我，我时时刻刻为你把力出，庄稼多多，需要收割，尽我所有把力出"③。

福柯认为，"（基督教）寻求自我的救赎确实就意味着一种自我照看。但是达到救赎所要求的条件恰恰是弃绝"④。正是在与上帝的关联下，李村基督徒通过弃绝自我来实现其新自我之重塑。在李村教会的各种活动中，教会很重视使信徒不断认识耶稣与自己的关联，信徒也不断强化重塑自我跟随耶稣、效法耶稣的决心。笔者在信徒的笔记本上发现了2008年受难周悔改复兴大会上诸位信徒的表白，如一位叫琴的信徒说："一步步工作都是神的带领，认识到我给耶稣钉十字架⑤，那时候我便是犹大，这时候是我自己，回复良心，归回生命，禁止口舌，信这几十年没有悔改。葡萄架已经搭起，以后跟教会联络。"历次的活动都使信徒自我反省，认识到自己的不足，一位信徒说："从一周受难，自己感到没有尽职尽责……葡萄架搭起，都要联络在枝上，永远永远跟耶稣保持合一。"

教会的活动，为信徒树立了行为的标准和要求，信徒常常自我责备，如花庄的建堂说："回想七年工作，为罪为义，审判自己，责备自己。"有

---

① 灵诗《耶稣基督待我有莫大宠恩》。
② 灵诗《耶稣基督待我有莫大宠恩》。
③ 灵诗《我真是需要耶稣》。
④ 《福柯文选》第九部分："自我技术与伦理学"。
⑤ 意思是，是我把耶稣钉在十字架上。

信徒更是表达了与旧自我决裂的决定，如胡村的饶说："七年以来一步步形成，组织回转，两次洁净，为我们的罪，愿意跟着神，把老旧人钉死。"

正是在不断弃绝自我的过程中，① 李村基督徒的新自我得以建构。在灵诗《向主献上一颗心》中，基督徒唱道："虽然没有钱财，虽然没有地位，但我愿意向主献上一颗心，我不再是属于我自己，我要做个新造的人，我向主歌颂，向主献上一颗心，我愿一生为主，向主献上一颗心，向主献上一颗心。"很多灵诗也表达了对旧自我的否定，如《求主动工》第一段说："主啊，我曾自恃自义，自作聪明，不能谦卑顺命，凭血气之勇，靠着知识才能，伤痕累累，破口惨重，破口惨重。"在第二段中，信徒已认识到自己的卑微。②

否定旧自我、强化新自我的过程，需要不断地进行，需要不断与超越者建立联系。在灵诗《我真是需要耶稣》中，基督徒表达了与主的例行化联系。③ 2008年8月24日讲道前，讲道人领唱了下面这首灵歌："主，你是我最亲密的伴侣，我的心天天在渴望着你，渴望见到你的面，在我人生的每一个小站，你的手中总是牵着我，把我带在你身边……我跟随主，永不改变。"

在每一个可能的场合，信徒都抓住机会唱诵灵诗。例行化、常规化的唱诗强化了信徒与主的关联。在2008年8月参加一位信徒葬礼的间隙，李村的延霞独自唱起了灵诗《若不是圣灵的引导》，笔者就拿出相机为其录像，并请她把灵诗的内容写下来，旁边的其他基督徒见了，要求笔者抄写了七八份，并恳求延霞教她们唱。正是在一个又一个类似的场合，灵诗得

① 福柯认为："基督教的这种新型自我必须持续不断地接受审察……自我不再是有待塑造出来的东西，而是有待弃绝、有待解释的东西。"《福柯文选》第八部分："自我技术：从伦理到政治"，译者：李康，校者：王倪。

② 《求主动工》第二段为："主啊，我已自知卑微，实在无能，求主接受修正，清心靠主争战，圣灵引导做工，高举十架彰显主荣，彰显主荣。亲爱的主啊，我已觉醒，我今仰望在你脚前，求你加力，求你复兴。压伤的芦苇主扶起，将残的灯光主燃明，谦卑啊，谦卑啊，主命顺服啊，顺服作主工，瓦器之中有宝贝，擦干眼泪再出征。"

③ 灵诗《我真是需要耶稣》："我天天需要主，一生一世需要主，需要他引领我道路，困苦软弱压肩头，需要耶稣心中住，排除我忧伤苦处，患难时需要主，患难时需要主，四面无路时需要主，有主同在，苦难排除，啊，啊，主啊，啊，主，你是我力量，我的帮助，你是我的主啊，耶稣，你是我的主啊，耶稣。"

到传唱，其中带有的情感也不断重塑着这些基督徒的自我与群体认同。这首《若不是圣灵的引导》内容如下：

> 若不是圣灵的引导，十字架上爱的吸引，谁也无法摆脱世界上的诱惑。主把我的命运改变，主把我的命运扭转。在人生的岔路口上，处处都有神的恩典。感恩的泪满面，心中是格外甜。十字架上爱的吸引，使我终生不能改变。主来世间寻我回，我拿什么见主面，看到一个个失丧的灵魂，岂能袖手旁观？

这首灵诗强调，"十字架上爱的吸引"使他们摆脱了世上的诱惑，使他们改变命运，从此，终生不变。这种与神建立的联系，内化为他们的自我意识，外化为对拯救灵魂的渴望。与神建立的联系，使他们带着新的自我观与世界观来看待自我与世界，以新的价值标准来衡量，世人认为重要的东西，如金钱、地位、父母，在他们那里的价值发生了逆转，基督徒在灵诗中唱到："金钱不能使我满足，地位不能使我满足，永久不能使我满足，父母不能使我满足。"[1] 在这种新自我的观念（理想类型）中，世上之物的价值被抽空，造成了基督徒心中的空虚，这种空虚只能由"主的爱"来弥补。[2] 在灵诗《我要耶稣》中，信徒唱到："我只要主耶稣，别无所求，有他的同在，平安无忧愁，人生的真快乐，藏在主爱里，得着了基督，得着万有"，"勇敢走天路，哪怕人讥讽。不贪恋世界，只要耶稣"。

三　传统文艺与基督徒新自我的建构

尽管主体通过自我实践以一种主动的方式构成了自我，这些实践也并非个人发明的东西，自我的建构过程具有社会性。李村基督徒与超越者建立常规联系的方式，是对中国传统形式的再利用。灵诗《天大地大》说："天大地大不如耶稣的恩情大，海深河深没有耶稣的爱深，你是我们的主，

---

① 灵诗《金钱不能使我满足》。
② 灵诗《金钱不能使我满足》下半段内容为："我心中的空虚无法忍受，世上也没有什么使我满足，唯有主的爱是那样的美好，他是我一生最好的朋友。从孩童到少年，从少年到白头，我什么都不要，只要耶稣。"

谁要是孤立你，谁就是我们的敌人。"这样的话是国人比较熟悉的，这与"文革"期间对毛主席的崇拜以及对毛主席表达忠心的话极其类似。

五更歌，是中国传统的民俗文艺形式，如今被当地的基督徒改编为基督徒向上帝祷告或感恩的内容，如以下的五更歌：

> 一更来，全家人须在灯下，劝劝儿劝劝女，在（再）劝劝他妈，自从咱信了主恩点（典）更大，从今后不受魔鬼关下（管辖）。

> 二更来读圣经，喜笑笑哈，想不到天父能住到咱家，老天父独一神，爱心真大，儿有罪尊背父不闲（嫌）咱瞎。

> 三更来全家人跪下祷告，主耶稣为救咱受苦受劳，帮助咱，引到（导）咱像母鸡包（抱）小鸡，包（抱）在怀间，也不热也不冷，实在温暖，主爱咱比爹娘更是姣①咱。

> 四更来暖床上想主恩点（典），主说的一切全都应验，从今后发热心，不在（再）冷旦（淡），灯油添满，准备好，等父接咱。

> 五更来，金鸡叫，将近天明，穿上衬衣去祷告，向父求情，你的儿我心中有件事情，儿必须见天父把话说明。

这首五更歌认为上帝比亲爹娘对自己还要好（姣）。将上帝比作爹娘的类比在灵诗中比比皆是，如："主是良母，圣灵是娘，爱我孤儿，寻找亡羊，医治我病，缠绕我伤，抱在怀中，扛在肩上，欢欢喜喜，一起把我抱回家乡，永不受伤。"

四 "自己光照自己身上看，靠着耶稣来过活"——自我观维系的路径

2008年9月3日，李村所在的三个教会举行例行的每月一次的律会，律会开始时，"神的仆人"讲道："咱教会七年的工作，就是做活人。啥叫做活人？拿我来说，我以前是'没影的人'②，虽然信主，但是与世人区别不大，不是真正属耶稣的民。现在我受堂委会的托付来说说耶稣，七年来

---

① 应为"娇"，豫西一带方言，宠爱怜惜之意。
② "没影的人"，李村方言，"丢失不见"之意。

的光景不容易，咱们能做的就是自己光照自己身上看，靠着耶稣来过活。"

靠着耶稣来过活不是功利的说法，而是信徒效法耶稣，以耶稣为塑造自我的重要参照。既然涉及效法耶稣来塑造自我，就必然涉及对耶稣的解释，因此，下文有必要探究李村教会圣经诠释之特点与基督徒自我观建构之间的关系。

第二节　圣经还原主义[①]与基督徒自我观的建构[*]

在李村老百姓的心目中，正式出版物上的内容是真实无疑的。加之圣经成书的神圣性，圣经成为信徒生活与信仰的法则。基督徒集体读经活动降低了信仰的风险。加之基督徒把自己与耶稣时代的门徒联系起来，与这些想象中的跨越历史地域的不同信徒的共同经历，使李村的基督徒对圣经的真实性毫不怀疑。

不仅如此，在对圣经的解读中，讲道人不断把教会当下的处境与圣经中的某些章节联系在一起，[③] 对圣经的重新解读，无不一一指向教会的现实，这加强了信徒对圣经权威的信任度，也使他们对当下教会与信徒自我的处境有了新的认识，以为这都是圣经早已安排好的，如今所有的现实都是按照圣经的预定出现的，都是对圣经的应验。

圣经的权威及传道人解经的权威，不断强化基督徒的自我观。2008 年 8 月 27 日 "神的仆人" 在某教会讲《撒迦利亚书》时不断将之引申到教会现今以及过去的处境：

> 咱们教会，后退一步停止二十年的传道人，就是按神的计划、心意带领着，撒迦利亚书是神对咱们教会所说的……七年来，咱们后退

---

① 圣经还原主义，指完全以圣经内容指涉信徒现实处境的圣经解读方式。

* 本节所引部分材料已在《从宗教市场论看 "家庭" 教会问题——以河南某地教会为例》（发表于普世社会科学网，http://www.pacilution.com/ShowArticle.asp? ArticleID = 1649）一文中使用，特此说明。

③ 耶稣家庭的圣经解读也有此特点，参见吴梓明主编《圣山下的十字架：宗教与社会互动个案研究》，道风书社，2005，第 170~172 页。

一步，就是想转到属灵的路上，撒迦利亚书 8 章 1~7 节，就是对着咱教会说的……神的话必定应验……撒迦利亚书 8 章就是对我们教会从大争战到将来所说的。

上述材料中所提到的大争战，即旷野生活①。争战中，"神的仆人"不断给教会的几个人写信、送信，教会讲道仍按照其思想进行。"神的仆人"在讲道时说：

> 有时候我正软弱的时候，神说："你的额硬过他的额"，咱的额必胜过他的额。耶稣引导咱们靠着神，从大争战中他们一点也没得胜。他们坑坑骗骗不是正道，他们是金刚石，咱是金刚钻，咱的神是大能的神，你看看撒迦利亚书是不是对着咱教会说的？②

不仅讲道人是如此看待、阐释圣经的，受其影响，其他信徒更是把圣经作为教会行动的指南，2008 年 8 月 24 日的礼拜天讲道中，一位堂委会成员说：

> 以前咱教会讲道只剩下老年人，看着讲台就像唱戏一样，那也是只有叶子不结果子。无花果树二年期，仆人为挽救咱教会，祷告说："主啊，你可怜这一群孤儿，二十年前，我把你孩子领到大河滩，主啊，求你给我两年时间，我再培培土施施肥。"如今，咱们三个教会有七个军团，三个使命团，有老年队、弟兄队，慢慢转向主，走上轨道。"你们祷告，无论求什么，只要信，就必得着"，你看看，不应验圣经咱也不信。这都应验仆人的话。

这种讲道方式，是李村教会常用的方式，我们仅仅截取 2008 年 8 月 24 日礼拜天讲道的部分片断以管中窥豹。③ 2008 年 8 月 24 日礼拜天讲道的内容是马太福音 12 章，当时第一教会仍处于"旷野生活"之中，第一

---

① 对旷野生活的描述，参见附录二。
② 2008 年 8 月 24 日讲道。
③ 详细内容参见附录：李村教会释经举例——2008 年 8 月 24 日讲道。

教会的两个侍女在第二教会的讲道中经常提及教会处境：

太 12：15～21："又嘱咐他们，不要给他传名。"耶稣本家本族的人拒绝施传，那些人说耶稣是"木匠的儿子"，岂不知耶稣是上帝的独生子，由童贞女玛利亚所生。现在咱们教会也是这种情况，神的仆人在神的第一教会受到控告，无法开展工作，来到咱这第二、第三教会照样施工……

太 12：29～30："人怎能进壮士家里，抢夺他的家具呢？除非先捆住那壮士，才可以抢夺他的家财。不与我相合的，就是敌我的，不同我收聚的，就是分散的。"你看看，咱们教会现在的工作就是让信徒回转，回到属灵的路上，不管咋说都应验着圣经。诗篇91篇上说"虽有千人仆倒在你旁边，万人仆倒在你右边，这灾难却不得临近你。你惟亲眼观看，见恶人遭报。"所以说，生死祸福都在耶稣。

太 12：31～32："所以我告诉你们，人一切的罪，和亵渎的话，都可得赦免。惟独亵渎圣灵，总不得赦免。凡说话干犯人子的，还可得赦免。惟独说话干犯圣灵的，今世来世总不得赦免。"这就是对着咱们教会说的，邪灵告到县里、省里。5月20号神从根基上把敌人拔除。你看看，他们都是魔鬼，魔鬼借着人来阻挠。他们告神的仆人，把账本拿到县里查账啥都没查出来。可是，他们干的啥事？教会的门面房，都是他娃子和媳妇在做生意，使（用）的电都是教会的电。

太 12：33～35："你们或以为树好，果子也好。树坏，果子也坏。因为看果子，就可以知道树。毒蛇的种类，你们既是恶人，怎能说出好话来呢。因为心里所充满的，口里就说出来。善人从他心里所存的善，就发出善来。恶人从他心里所存的恶，就发出恶来。"你看看这不也是说咱教会的？那一派又是锁门又是焊门，使尽了各种办法，可是对咱的迫害，一条都没有实现……

讲道结束时，讲道人带头与信徒一起唱诗，所唱的诗乃是针对教会现实处境强调争战而不屈服的林后10：4～5："我们争战的兵器，本不是属血气的，乃是在神面前有能力可以攻破坚固的营垒，将各样的计谋，各样拦阻人认识神的那些自高之事一概攻破了，又将人所有的心意夺回，使他都顺服基督。"

2008 年 8 月 29 日（周五）笔者来到第一教会，查看处于旷野中的教会，发现教会黑板上写着被谱成曲子的以赛亚书 43：19~21："看哪，我要做一件新事，如今要发现，你们岂不知道吗？我必在旷野开道路，在沙漠开江河。野地的走兽必尊重我，野狗和鸵鸟也必如此，因我使旷野有水，使沙漠有河，好赐给我的百姓我的选民喝。这百姓是我为自己所造的，好述说我的美德。"2008 年 8 月 31 日，李村的教会也开始教唱这首歌曲，尽管李村没有经历"旷野生活"，但对第一教会的处境感同身受，李村教会中的骨干也出现在第一教会"争战"的重要场合，这场"争战"成为他们共同的记忆。在 2008 年 9 月 3 日的律会中，这段话多次被信徒团体吟唱，重复的渲染，使参加律会的信徒笼罩在对现实的不满和对美好未来的憧憬之中。

正是一次又一次从圣经中挑选与现今处境相似的话，强化了信徒对圣经的信仰、对教会处境的认识、对教会领导人权威的认信以及更强烈地舍弃自我归向上帝的渴望。

第三节 "罪"与悔改：基督徒新自我的塑造机制

如前所述，信仰基督教之后，包括疾病在内的苦难被信徒认为是上帝拣选自己的方式，这不仅使苦难变得能够忍受，还使苦难从威胁群体存在的负面力量变成了充满积极意义的事项。不仅如此，在信仰了基督教并建立了基督教意义系统的信徒眼中，生活中的苦难是由于自己的罪而招致的上帝的惩罚，所以，罪与悔改成为李村基督徒建构自我观念的重要步骤。正是在一次又一次的罪与认罪悔改中，基督徒开始了属世生活与属灵生活之间的挣扎。

在灵诗《人生是一杯酒》中，基督徒唱道："认罪悔改得永生，平安喜乐无忧愁。"类似的语言在李村基督徒中比比皆是：在传道人的讲道中、在信徒的见证中、在信徒日常谈话中。① 由于教会被政府部门支持的信徒强行锁上，第一教会的传道人被迫在教会附近的巷子里租用条件极为简陋的民房继续宗教生活，冬天礼拜时信徒只能坐在院子中听讲道，传道人将教会的处境称为"旷野生活"，把过宗教生活的地方称为"荒凉的居所"。2008 年 8 月 31 日在第二教会主持圣餐礼拜时，第一教会的负责人祷告说："主啊，我们犯了罪，至今仍在荒凉的居所，求你侧耳听我们的祷告，求你坚固我们荒凉之地，我们在你面前的恳求求主垂听，求主赦免我们的罪，求你应允我们的祷告。"②

2008 年 9 月 3 日律会中，"神的仆人"说："请为我祷告。因为我的罪，我们在旷野生活。主啊，人是有限的，怎能知道你的计划？求你按你的计划成就。主啊，从日落之地到日出之处，都有你的民……一年多来，我们困苦流离。为什么不能进入圣堂？摩西在旷野 40 年，保罗、利西亚都经过试探，我们也必经受试探。在这荒凉的居所，我们聚会，这也是神的计划……咱们要脱离罪，与神和好。咱们实行全民性的祷告，你信耶稣不祷告怎么行？三福音书是让我们学好的……"

传道人将教会遭受打击归为自己与信徒的罪，认为自己遭受的苦难是上帝借助奸邪之人来试探信徒，教会传道人认为"旷野生活"是耶稣的预定计划，他认为，"耶稣借着魔鬼分清了教会中哪些是真信他的哪些是假

---

① 基督徒的语言有其特殊性，李村基督徒从圣经中化用了很多语言并将之应用在生活中，圣经的语言也是重塑以及辨识基督徒的重要因素。对话语与社会心理的研究，参见〔英〕乔纳森·波特、玛格丽特·韦斯雷尔《话语和社会心理学：超越态度与行为》，肖文明、吴新利、张擘译，中国人民大学出版社，2006。

② 此段祷告化用了但以理书 9：12～19。但以理书 9：12～19："他使大灾祸临到我们，成就了警戒我们和审判我们官长的话；原来在普天之下未曾行过像在耶路撒冷所行的。这一切灾祸临到我们身上，是照摩西律法上所写的，我们却没有求耶和华我们神的恩典，使我们回头离开罪孽，明白你的真理。所以耶和华留意使这灾祸临到我们身上，因为耶和华我们的神在他所行的事上都是公义。我们并没有听从他的话。主我们的神啊，你曾用大能的手领你的子民出埃及地，使自己得了名，正如今日一样。我们犯了罪，作了恶。主啊，求你按你的大仁大义，使你的怒气和忿怒转离你的城耶路撒冷，就是你的圣山。耶路撒冷和你的子民，因我们的罪恶和我们列祖的罪孽，被四围的人羞辱。我们的神啊，现在求你垂听仆人的祈祷恳求，为自己使脸光照你荒凉的圣所。我的神啊，求你侧耳而听，睁眼而看，眷顾我们荒凉之地和称为你名下的城。我们在你面前恳求，原不是因自己的义，乃因你的大怜悯。求主垂听，求主赦免，求主应允而行，为你自己不要迟延。我的神啊，因这城和这民都是称为你名下的。"

信的"。他将信徒被迫走向"旷野生活"的原因归为自己与信徒的罪，之后，传道人要求从自己到堂委会、到使命团、到老年队的信徒一个一个认罪悔改，为此举行了一场又一场的忏悔大会。笔者从 2008 年受难周悔改复兴大会信徒笔记中看到，信徒一个个登台发言，讲述自己由不认罪到认罪悔改的故事，如夏庄的一信徒表达了离罪、悔罪的决心；黄庄的银欠说："在这一周内看到受难周，耶稣受的苦……连老年人都说改。从前好论断，以后不再论断"；王村的琴说"回复良心，归回生命，禁止口舌，信这几十年没有悔改。以后跟教会联络"；铺庄的苗说："通过天国运动的认识看见仆人爱我们，爱咱们这一群人生命软弱、跌倒、失迷……认识到耶稣当你的主。在这几年的经历中，经历了酸甜苦辣，老老实实交给耶稣，不结无花果树……"；胡村的饶说："七年以来一步步形成，组织回转，两次洁净，为我们的罪，愿意跟着神，把老旧人钉死"；梅庄的君堂说："回想七年工作，为罪为义，审判自己，责备自己，四次回转，两次洁净之礼，归道"；高庄的会敏说"从一周受难，自己感到没有尽职尽责，葡萄架搭起，都要联络在枝上，永远永远跟耶稣保持合一"。

梅庄的君堂更是总结了教会从属世转向属灵、从属灵转向新妇装配、从新妇装配转向奥秘教会的运动历程。正是在一次次的认罪、忏悔与属灵生活中，教会最终形成老年队、青年队、弟兄队、儿童队等一个又一个的组织，每一个新组织的诞生，都是一批人信仰历程中的认罪悔改之旅。

认为自己有罪，是成为基督徒的重要的一步，也是李村教会各种宗教运动得以开展的基础。正是通过一次又一次的"运动"①，以及每周的礼拜、各村信徒小规模的聚会，以认罪与悔改的日常化、例行化为主要塑造过程的基督徒自我观念逐步树立起来，这是基督徒自我观建构的重要机制。在灵诗《五更歌》中，不断出现"为救咱大罪人脱离灾难/火坑""主耶稣被逼得天下逃难"等语句，可以看出，罪也是建立人与上帝关联的重要一步，只有承认自己有罪而且无法自我救赎，耶稣的救赎才能显得必要。

2008 年 8 月 31 日圣餐礼拜中，一位传道员祷告说：

---

① 李村教会领袖把教会所举行的大规模的活动称为运动，如"属灵运动""天国运动"等，参见第八章。

咱犯罪，是耶稣基督帮咱还清……耶稣啊，愿你的宝血遮盖我们
的罪，有病的你让他们得医治，有罪的你让他们得赦免……有魔鬼你
驱赶，主啊，你把我们分别为圣。

这段话是李村教会传道人常用的具有程式化的祷告语言。这段话充分
表达了他们的看法——因为耶稣舍己作为赎价，罪才能得以赦免。在灵诗
《磐石、磐石，耶稣基督》中，信徒唱道："磐石，磐石，耶稣基督，除你
之外，别无救赎，天下人间，没有别的名，唯有你是救赎主，你是人子，
你是中保，你是神子，你是羔羊，你是道路，你是真理，你是生命，你是
光……我们属于你，永不动摇，直到万代。"正是在罪—悔改—救赎这样
的关系中，信徒强化了其自我归属。在讲道中，传道人不断提到"要悔
改，要新生，要迎接新教会的诞生"，类似的表达也很多，如下：

你的一举一动神都知道，切切仰望神的日子已经来到，我们
要悔改、省察自己的罪。神都有他的计划，有时候咱不能理解为
啥这样，其实神自有他的计划和安排。
　　　　　　　　——2008 年 8 月 27 "神的仆人" 讲道①

"神的仆人"说："父再来干啥呢？咱不是盼望这一天吗？神一直关怀
咱这三个教会的生命，咱们要悔改，要走神的路。"在教会例行化的治理、
规范之下，信仰基督教之后，基督徒逐步接受了"原罪"的观念，这使得

---

① "神一直关怀咱这三个教会的生命，咱们要悔改，要走神的路。我不负责任，已经把你们
交给耶稣。耶稣老好，是真耶稣。耶稣应许的日子还没有来到，因为'主看一日如千年，
千年如一日'。彼得后书讲：'主所应许的尚未成就，有人以为他是耽延，其实不是耽延，
乃是宽容你们，不愿有一人沉沦，乃愿人人都悔改。但主的日子要像贼来到一样。那日
天必大有响声废去，有形质的都要被烈火销化。地和其上的物都要烧尽了。这一切既都
要如此销化，你们为人该当怎样圣洁，怎样敬虔，切切仰望神的日子来到。在那日天被
烧就销化了，有形质的都要被烈火熔化。但我们照他的应许，盼望新天新地，有义居在
其中。亲爱的弟兄啊，你们既盼望这些事，就当殷勤，使自己没有玷污，无可指摘，安
然见主。'（彼得后书 3：9 ~ 14）你的一举一动神都知道，切切仰望神的日子已经来到，
我们要悔改、省察自己的罪。神都有他的计划，有时候咱不能理解为啥这样，其实神自
有他的计划和安排。"

基督徒自我观的重塑成为可能。在这种全新的自我观的影响下，信徒开始了属灵与属世生活之间的挣扎。面临身体自我与心灵自我的矛盾，他们开始了追求救赎的天路历程。

以上探究了基督徒自我观的形塑及实践机制，探讨了在这些机制影响下基督徒的苦难观与自我观的互相形塑，探究一个虔诚的基督徒是如何得到塑造并维系再生产的。

小　　结

如前所述，李村民众从祖荫下走出来的同时，形成了自由主体。但走出祖荫下的个体，马上遇到了国家力量对乡村生活的全面干预，自我重新被融入集体，改革开放以来，才逐步形成真正必须为自己、为家庭负责任的自由主体，但这一主体并不习惯没有归宿的生活方式。在市场经济的冲击下，男人外出打工，“剩余劳动力”尤其是中老年人及妇女留了下来，他们在苦难的打击下，部分人信了教，信教之后，接受了基督教的意义系统，认罪悔改，开始贬低自我，以便融合到基督徒群体之中。

基督徒与神建立联系，人—神—人成为其关系图式。如传道人所说“信基督耶稣之后，以后啥事都由耶稣负你的责任”，这意味着基督徒摆脱了自己的责任，而是把责任交付给了耶稣/主。

认罪，是与旧自我分离的开始，悔改是过渡阶段，在这一阶段，信徒痛哭流涕强烈否定自我，经过这一阶段与旧自我的断裂，信徒获得新的自我，但这一新的自我并不具备确定的形状，而是任由传道人根据自己的体悟和当地教会的传统来加以塑造的。李村信徒常说的一句话就是“我生命老是小，肉体老是软弱”。在李村基督徒的自我中，身体自我与心灵自我之间的区别特别明显。在属灵与属世的挣扎中，李村基督徒的自我得到塑造。

基督徒的自我是面向未来而得到重塑的。这一面向未来的新维度，使基督徒的自我得到重塑之力量。面向未来，是重塑基督徒自我的关键。基督徒也根据传道人对未来的描述而规训自身。对自我的规训是以遥远而又在信徒感知中日常临在的神为终极联系的。在信徒眼中，教堂这一地点是神圣空间，不仅隐喻着而且就是上帝的肢体，这是形塑信徒自我的重要场域，在这一场域中形塑的基督徒之自我得以不同程度延伸到信徒自己及他人的日常生活之中。

信教之后，基督徒入教堂做福音见证，在教堂听道，参与教堂活动，逐渐形成新的自我。长期处于教堂与教友群体之中，基督教的氛围慢慢浸染着新入教的信徒。受这一场域的浸染与濡化，新入教的基督徒逐步向基督徒群体靠拢，逐步认同基督教的意义系统与教友群体的行为方式，他们逐渐成为带有基督徒群体心理烙印的成员，形成并强化新的自我。

第二部分

五伦之内：
李村基督徒激活并
改变儒家孝道伦理

贺麟先生对五伦观念的检讨，至今仍有振聋发聩之效。贺麟先生认为，"五伦的观念是几千年来支配了我们中国人的道德生活的最有力量的传统观念之一。它是我们礼教的核心，它是维系中华民族的群体的纲纪"①。五伦比较完备的说法出自《孟子·滕文公上》："使契为司徒，教以人伦：父子有亲，君臣有义，夫妇有别，长幼有序，朋友有信。"五伦中，父子关系居于首位。在这五伦中，各伦都是相对的关系，是故"父不父则子不子"。而三纲说②则把这种相对的关系变成绝对的说法，固化为固定的纲常。在父为子纲中，"父子有亲"的伦理，变成无论父对子如何子必须孝敬的教条，变成对儿子单方面的义务要求，走向了僵化的极端。

　　中国传统伦理注重的是个人在家庭及宗族中的权利与义务，个体的伦理要求是在家庭及宗族中得到理解和践行的。儒家伦理追求的并非权利与义务的直接对等性，但从长期来看，个体的权利与义务是基本对等的。年轻人所承担的义务超过其权利，但当其完成人生角色的转变，到达中老年时，其可以享受的权利则增多，所以，其权利与义务关系必须从长远来看，只有这样，中国传统伦理之合理性、有效性才能得到更好的理解。

　　自新文化运动以来，五伦的合法性受到知识界的质疑。在知识界一片打倒声中，五伦之观念在乡村也渐渐式微。随着市场经济和现代观念的推行，五伦尤其是孝道观念受到最广泛的质疑，其现状也最堪忧。有文章甚至为"伴随着经济市场化、政治民主化和社会法制化浪潮的涌起"而来的传统道德观念"无可奈何花落去"而欢呼。③各界人士普遍为社会公德的滑坡而悲叹，而关注孝道伦理之没落者则甚少。岳庆平认为，"社会公德的滑坡在一定程度上与家庭私德的滑坡不无关系，而家庭私德的滑坡在一定程度上又与多年来对家庭私德尤其是对孝的忽视密

① 贺麟：《五伦观念的新检讨》，《文化与人生》，商务印书馆，1988，第51页。
② 三纲的明确说法见于汉代的《春秋繁露》《白虎通义》，参见贺麟《文化与人生》，第58页。
③ 铁川赤：《"孝"与当代法治的对立及转化》，《文汇报》1993年5月29日；又收入铁川赤《法律是一种生活艺术》，法律出版社，2003。

乡村基督徒与儒家伦理

切相关"①。承继此一思路，我们就有必要针对五伦之关键的孝道伦理作
一探究。

---

① 岳庆平：《孝与现代化》，乔健、潘乃谷主编《中国人的观念与行为》，天津人民出版社，
1995，第123页。

第七章
儒家伦理之式微：以保障
机制为中心的讨论

    社会学鼻祖涂尔干认为，确保道德得到推行的机制有四：家庭、学校、教会、法律。[①] 追随涂尔干，希尔斯认为这四种机制也是传统得以保存并延续的重要制度。[②] 我们且看这几种社会机制在李村的历史与现实情况。

    无须赘言，自汉代独尊儒术以来，制度儒学逐步建立起来，从官僚制度、教育制度、法律制度到作为基层组织制度的"乡约"、宗族都保障了儒学的维系。1905 年以降，科举废，制度化儒学逐渐不复存在。[③] 兹仅结合地方志，从乡土社会的视角，从中层理论的角度，探究李村乡土儒学及乡土儒家伦理的历史与现状。

第一节　作为教育制度构成部分的
儒学教育之式微

    在 20 世纪 90 年代新修的河南西部地区诸如汝州、汝阳、宝丰等地的县志中，涉及教育问题，往往会稍稍提及传统上的儒学教育。传统上，一般而言，在县境有县学、书院、义学、私塾等几种教育机构。尽管 1905 年

---

① 〔法〕涂尔干：《教育思想的演进》，李康译，上海人民出版社，2006。

② 〔美〕希尔斯：《论传统》，傅铿、吕乐译，上海人民出版社，2009。

③ 余英时认为，"儒家思想被迫从各个层次的建制中撤退，包括国家组织、教育系统以至家族制度等。其中教育系统尤为关键"。参见余英时《现代儒学论》，上海人民出版社，1998，第 242 页。

科举已废,但居于中原地带的几个县,对外界新思潮的接受相对较慢,在宝丰的忠义祠,1905 年成立劝学所,1909 年迁崇圣祠,1913 年被撤销,1916 年复设。① 就李村而言,30 年代,李氏宗族内还设有私塾,40 年代李村还有人在汝河对岸的村子里念私塾,而对于李村何时成立公立学校这一问题,李村老人已无印象。如今李村的小学生都在临近的村里上学,学校原为庙址,② 如今学校内一间塑有神像的房子仍属于当地的庙管会所有。③ 教育至为重要,因为教育是传递文化、内化价值观和社会化的重要场所。教育要传达何种理念、效果如何,这是上至国家、下至民众都颇为关心的。教育属于公共事务,学校也属于公共空间。中国传统社会中,儒学是全民共享的价值观,私塾是这一价值观普及的重要场所;如今的小学中,共产主义和社会主义道德教育占了主角。无须多言,儒学教育已从教育制度中消失多年,作为教育制度构成部分的儒学教育式微。

第二节　传统国家法律对儒家伦理的保障之缺失

在传统中国,家庭是国家的基础,家的秩序由法律规定并予以保障,家是国家秩序的基础。④ 国家从法律上为儒家伦理的维系提供了制度支撑,如《大清律》就详细规定了葬礼上服丧的各种规定,⑤ 若有违反必有相应的惩罚。儒家制度化的关键是儒家的法律化。⑥ 中国法律社会学大家瞿同祖先生研究中国传统法律之后发现,"法律在维持家族伦常上既和伦理打成一片,以伦理为立法的根据"⑦。不仅如此,关涉父母的案件具有特殊性,"从形式上看判决的是法司,从实质上看,决定的还是向法司委托的

---

① 杨裕主编《宝丰县志》,方志出版社,1996,第604页。
② 至于这是废庙兴学政策造成的,还是新中国成立后政策的后果,已无法考证。但无论如何,五四之后重建的学校已不可能是维系儒学理念的机构。列文森即指出,民国时期"旧式初级教育中的修身读经课程被取消"。参见〔美〕列文森《儒教中国及其现代命运》,郑大华、任菁译,广西师范大学出版社,2009,第312~318页。
③ 每逢庙会,此间房子热闹异常,学校也不得不对庙会让步,放假了事。
④ 〔日〕尾形勇:《中国古代的"家"与国家》,张鹤泉译,中华书局,2010,第235页。
⑤ 沈之奇楫注《大清律辑注》,法律出版社,2000。
⑥ 干春松:《制度儒学》,上海人民出版社,2006,第65页。
⑦ 瞿同祖:《中国法律与中国社会》,商务印书馆,2010,第29页。

父母，法律上早已承认他们的亲权"①。可以发现，"家庭与国家有着相互的支撑关系，家庭撑起了国家，国家也为家庭的存在提供支持……为其提供制度保障"②。

李村所在县县志记述了清代光绪年间轰动豫西一带的刘家楼凶杀案：武秀才刘嵩锋恶妻子而爱小妾，恶长子而爱二子，长期的恩怨致使长子于1890 年 9 月下旬怒杀父亲及其妾、二弟等六人，此案成为轰动一时的大案。案发之后，知州亲赴现场验尸，并立即奏报巡抚。当时的刑罚是极其严格的，县志描述道："按照大清刑律规定，哪个地区发生以下犯上、子弑父的大逆不道案件，地方官员就得把城墙抹去一角，改为弧形；犯人家要灭九族、家产没收，挖地三尺，扫地出门。"③ 故事的结局是，知州为保护刘门众生和自己的声誉地位，最后按刘家长子精神失常、误伤人命上报，并让赴河南省会受审的刘家儿媳在李村所在县过堂演练。是年冬，结案，免去刘家灭九族之罪，只判刘家长子凌迟处死。但此案影响深远，知州因此被调往他地时，刘家楼群众感其功德前来送行。民国初年，艺人根据此案编写了曲剧《大闹苏家楼》，又名《杀七口》，在豫西一带广为传唱。④ 此故事说明，国家法律对违反儒家伦理的越轨者惩罚极其严厉，这为儒家伦理的维系提供了强有力的制度支撑，发挥了保障作用。

第三节　作为基层组织制度的宗族之式微

宗族与儒家伦理的践行有着密切的关系。因"宗族秩序的道德影响作为地方社会的建设性基石被国家认为是有益的"⑤，所以国家支持地方性宗族的发展。清末至民国时期，中国的宗族组织仍有极强的势力，仍较为兴盛。虽然没有南方的兴盛，但北方的宗族，"在村庄生活中仍然起着重要

---

① 瞿同祖：《中国法律与中国社会》，第 15 页。
② 李华伟：《基督徒的文化认同与乡土文化变迁的模式》，《中国农业大学学报（社会科学版）》2008 年第 1 期。
③ 《汝州市志》，中州古籍出版社，1994，第 887～888 页。
④ 《汝州市志》，第 887～888 页。
⑤ 〔美〕艾尔曼：《经学、政治和宗族》，赵刚译，江苏人民出版社，1998，第 18 页。

作用","在祭祖、借贷和土地买卖上表现得最为明显"①。祭祖的观念和行为是维持宗族存在的纽带。

宗族本身所具有的多方面功能,为族内人提供了生产、生活各方面的保障,也约束着族人的行为。即使到了民国时期,宗族仍对宗族成员的行为进行约束甚至惩罚。② 宗族之中族长拥有极大的权威,传统儒学的浸濡使得他们以儒家的观念来看待世界,不能容忍有悖于儒家伦理的行为。

对李村的研究发现,实行家庭联产承包责任制以来,随着社会的分化和专门化进程,宗族的部分功能被市场所代替,宗族组织与宗族观念亦随之弱化。随着家庭结构的核心化以及家庭经营收入重要性的降低,父权亦逐步衰落,③ 宗族与家庭对作为人伦日用层面的儒家伦理的维系作用渐趋微弱,宗族与家庭这一传统中国维系儒家伦理的机制不再起作用,人伦日用层面的儒家伦理维系只是作为个别家庭的传统而得以延续。

传统上,宗族是一个人、一个家庭的经济、社会与文化资本,是其物质与精神依靠,离开宗族,个人很难生存。宗族内的人生仪礼、生活事件无一不强化着宗族的存在,如今,宗族的功能减弱,维系儒家伦理的功能随之减弱,在李村甚至渐趋于无。宗族组织制度与宗族权威人物都已不复存在。宗族成员以核心家庭为单位从事活动,视他人家庭之内的事为私事,采取不干涉的态度,因而即使宗族内有不孝敬老人的事情,也无人出面劝说。

第四节　豫西地区儒释道以及民间信仰的衰微

佛道教以及民间信仰所坚持的伦理实践,仍是儒家的伦理要求,这些宗教信仰有助于儒家伦理的维系。

佛道尽管与儒家不同,却也顺应儒家尤其是儒家的孝道伦理,因此,

---

① 〔美〕杜赞奇:《文化、权力与国家——1900～1942 年的华北农村》,王福明译,江苏人民出版社,2004,第 70 页。

② 参见 Hui-chen Wang Liu 根据 1912～1936 年刻印的 151 种族规进行的统计分析,转引自费成康主编《中国的家族法规》,上海社会科学院出版社,1998,第 126～127 页。

③ 参见李华伟《华北宗族的弱化与基督教在乡土社会的发展——以豫西李村为中心的探讨》,《中国农业大学学报(社会科学版)》2010 年第 3 期,第 18～32 页。

佛道也从信仰的层面为儒家伦理的推行、维系提供了帮助。2008 年 3 月，笔者来到宝丰马街村调查，看到马街村仍有三座佛道教寺庙，每月的初一、十五，有不少人前去烧香，其中火神庙门前贴着这样一副对联："鞭打天下不孝子，火烧世上负心人。"这幅同样内容的对联年复一年出现在火神庙门前，鞭策着来这里的信众。据马街村广严寺古碑记载，马街火神庙起源于宋延佑年间，历经明清等朝代，距今已有 700 年的历史，据传说，火神庙曾有三皇殿、广生殿、火神殿、财神殿，有山门院墙，"辐射平顶山市、汝州、郏县、鲁山、南召、许昌、漯河、方城等县区"①，方圆 100 公里之内都有群众前往。在这么一个信仰中心，信仰和曲艺相辅相成，而曲艺又具有道德劝化的功能，所讲、所唱全是孝子贤媳、忠臣良将、忠孝仁义之事，劝善惩恶之道德教化潜移默化深入人心。

早在《周易·坤》中就强调"积善之家必有余庆，积不善之家必有余殃"②。儒家的善恶报应，经过后来佛教十八层地狱的宣扬更加深入人心。即便不为自己本身考虑，传统中国人讲究积阴德，为子孙考虑、积阴德成为劝人止恶的有效手段。有了信仰的威慑力，儒家观念更易得到推行。如今宝丰马街火神庙正门的对联——"鞭打人间不孝子，火烧世上负心人"——仍在当地起到维系儒家伦理的作用。

就佛教而言，目连救母的故事更是为人周知。这也是佛教中国化的产物。③ 明末士人许大受认为佛教"本孝之心，与儒无异也"④，可见即便早期佛教与儒家有冲突，但中国化之后的佛教对儒家伦理却有维系、巩固之功效。更重要的是在民众当中，民间化了的佛教更是维系儒家善念与善功的重要助推器。长篇的宝卷与单篇的讲唱则是这些观念深入民心的方式，《莲花经》至今仍在豫西一带广为流传。⑤

---

① 宝丰县杨庄镇马街火神庙管委会《关于请求恢复马街村火神庙宗教活动场所的申请书》，2005 年 9 月。

② 《周易本义》，朱熹注，中国书店出版社，1994。

③ 黄媛媛、黄果心：《身披袈裟的儒家"模范"孝子——从〈目连救母劝善戏文〉中的目连形象窥见佛教孝道观的儒家化》，《美与时代（下半月）》2008 年第 5 期。

④ （明）许大受：《圣朝佐辟》，引自郑安德编辑《明末清初耶稣会思想文献汇编》第 5 卷，北京大学宗教研究所，2003。

⑤ 参见高有鹏《民间庙会》，海燕出版社，1997；王诗瑜：《说唱与敬神——对马街书会说唱艺人及"还愿戏"表演的田野考察》，北京师范大学硕士学位论文，2007，第 16 页。

佛道教支持儒家伦理观念，加之带有宗教性的儒学自身的制度地位以及儒家在人伦日用中的沉淀，儒家的伦理得到了有效的推行。著名社会学家杨庆堃认为，传统中国社会中宗教普遍支持社会秩序的运行，是社会秩序的维护者，[①] 而古代的社会秩序是按照儒家理念建立起来的。但 20 世纪的巨大政治经济变迁，致使社会秩序与宗教都发生了变化。杨庆堃注意到，20 世纪 30 年代，在经济社会团体恢复重建时，其中的宗教因素（例如行业神崇拜等）业已消失，难以恢复。这是世俗化的社会大趋势造成的必然后果。杨庆堃还注意到，随着城市化的影响，新的一代青年已经不再接受祖先崇拜的观念，而且城市家庭中没有祭坛，祖先崇拜的仪式在城市已经难以为继。[②]

这充分说明，包括民间信仰在内的弥散型宗教，由于缺乏独立的社会制度，难以发展出与政治或者其他社会团体相抗衡的力量，所以一旦其所依赖的世俗制度荡然无存，其自身也难以为继，所谓"皮之不存，毛将焉附"。

如今，由于出去打工、上学等，年轻人脱离了成长的环境，加之学校的无神论教育，他们对佛道教以及民间信仰、祖先的观念较为淡薄。

就李村而言，祖先的观念已经衰微，但仍有残留。访谈中，一位老人告诉我其父托梦的故事：

> 那是你爷爷刚去世那几年，有一回晚上我做了个梦，梦见你爷爷一个人住在一个小草棚里。早上醒来，我觉得不对劲啊，你爷爷活着也没住过草棚，咋现在还住草棚？我就一直寻思，后来我到堂屋拿东西，抬头一看，你爷爷（的名字）还没有上牌位。你知道，按照咱们这儿的风俗，人死三年（名字）应该上牌位。因为他刚去世时，只是在黄纸上面写上某某之位单独放在旁边，后来过了三年，（应该把他名字写到牌位上，因为忙）也忘了这事。我一看牌位，就明白了，赶紧给你爷爷（的名字）正式上到家里的爷奶奶牌位上。

---

① 当然，他也指出在社会动荡期，社会运动经常借用宗教来开展，这也就是宗教与社会变迁的关系问题。

② C. K. Yang, *Religion in Chinese Society*, University of California Press, 1961, p. 351.

祖先崇拜的观念及其实践要想得到推行，必须要有相应的经济、社会、文化环境。传统社会，包括风水在内的弥散型信仰观念的存在以及人生仪礼之时宗族内的群体活动参与，使崇宗敬祖的观念能维系下去。先人过世后第一年、第三年要举行纪念仪式，既彰显先人之功德又显现孝子之孝。如今为纪念先人过世的周年纪念仪式上流行歌曲广为流行，则是世俗化的明证。

尽管20世纪90年代以来，李村的民间信仰组织娃娃社已经重新举办，与附近村里合办的中王爷庙会及观音寺庙会也重新复兴，但由于民间信仰被部分民众视为"迷信"，所以难以有大的发展，加之民间信仰难以有效地介入民众日常道德生活，死后信仰的缺乏，也致使膨胀的自我无法得到有效的抑制。① 尽管除了基督教之外的李村村民都是民间信仰者，但经常到附近各地庙会去烧香的活跃的民间信仰者只有不足十人，弥散化的民间信仰仅仅成为民众的一种生活习惯，而不被看作一种宗教或信仰。由于不能有效地介入生活，不能为民众日常生活中的顺与不顺提供意义与解释，也缺乏有效的组织来活动，民间信仰日益远离李村民众的日常生活。

第五节　推进儒家伦理潜移默化之
民间曲艺的衰落

儒家伦理能否维系下去，还取决于一个关键因素——传播手段是否有效。"百善孝为先，万恶淫为首""积善之家有余庆，积不善之家有余殃"，固为至理，但如何内化为人们的观念，如何推行而不仅仅停留在观念层面，却是更重要的问题。儒家伦理能得以维系，得益于与其相得益彰的传播手段——民间曲艺。

就李村而言，20世纪90年代初，村委会还经常请人在大队门口唱戏、说评书，每逢此时简直万人空巷。说的、唱的，全是传统的曲目。用一位村民的话说，"那都是叫底下的人学好的"。他经常提起的就是《呼延庆打

---

① 有学者发现宗教因素是影响孝道态度的四大因素之一，参见叶光辉、杨国枢《中国人的孝道：心理学的分析》，重庆大学出版社，2009，第114～117页。

擂》：呼延庆一家受冤，呼延庆父亲逃出来，后来有了呼延庆，呼家的对头派人看住呼家的坟地，以便等呼家上坟时，捉住漏网之鱼。他说："你看那时候，就兴上坟。"戏曲对农民影响之深，可见一斑。① 在豫西一带长大的笔者，尽管对戏曲所知甚少，但也随长辈看过《呼延庆打擂》《卷席筒》《拉荆耙》等剧目。

如前所述，民国初年的艺人根据清代光绪年间的刘家楼凶杀案编写了曲剧《大闹苏家楼》，在豫西一带广为传唱，对民众进行警示教育。就豫西一带而言，探究曲艺影响力的最佳例子是宝丰马街书会。我们谨以马街书会上焦作大鼓艺人郑福贵所常表演的曲目单②为例略作探究。郑福贵的曲目单有以下曲目：《后悔药》《报母恩》《老来难》《刘云打母》《忍字高》《拉荆耙》《罗成算卦》《郭巨埋儿》《稀罕结婚》《龙二姐拜寿》《抓阄养妈》《三个门婿拜寿》《鲜花插在牛粪上》《司马懿扒墓》《割肝救母》《小黑妞》《菜园点兵》《兵困禅玉寺》《白猿盗桃》《佛门对经》《短命状元》《四指高》《猛虎学艺》《包相爷夸桑》《称爹》《二十八宿投唐》《探监》《珍珠倒卷帘》《呼延庆打擂》。这位艺人所演唱的篇目主要内容多是关于孝敬父母、尊老爱幼、婆媳关系、劝人行善、历史故事等，③ 劝善教化是其重要功能。这也可以从一位艺人关于设立坠子书缘由的说明中反映出来："先前也有人称坠子书为善书，这主要是因为其内容多是劝人行善的，坠子书就是……解劝尘世上的爱憎分明，邪恶善良……演出来也就是以那些事来解劝尘世上的人……它的中心目的就是劝善。"④

综上所述，传统社会中，制度化的儒学教育、国家法律、宗族制度、佛道教、民间曲艺都有利于儒家伦理的维系。随着20世纪的巨变，从传统

---

① 关于乡村戏曲对民众思想观念的影响之研究，参见董晓萍《乡村戏曲表演与中国现代民众》，北京师范大学出版社，2000；董晓萍、〔美〕欧达伟：《华北民间文化》，河北教育出版社，1995；〔美〕欧达伟：《中国民众思想史论：20世纪初期~1949年华北地区的民间文献及其思想观念研究》，董晓萍译，中央民族大学出版社，1995。
② 王诗瑜：《说唱与敬神——对马街书会说唱艺人及"还愿戏"表演的田野考察》，北京师范大学硕士学位论文，2007，第52页。
③ 王诗瑜：《说唱与敬神》，第52页。
④ 转引自王诗瑜《说唱与敬神》，第53页。

到现代社会的转型中，社会形态及社会结构发生了巨大的变化，伦理的保障体系也渐次失去，所以儒家伦理的式微是必然的趋势。

第八章
李村孝道伦理*之现状：以养老、敬老为中心

引　言

中外的哲学家、社会学家一致公认孝道在传统伦理体系与实践中具有重要的地位。徐复观先生认为，"以儒家为正统的中国文化，其最高的理念是仁，而最有社会实践意义的却是孝（包括悌）"①。国外的社会学家也高度看重中国孝道的地位与价值。韦伯把"对父母亲无条件的孝道"当做中国社会的"最为绝对根本的德行"，并发现在传统中国社会中当种种德行发生冲突的时候，"孝先于一切"②；美国功能社会学的传人贝拉甚至认为对中国人来说"个人的基本宗教义务就是孝"③。

既然孝道如此重要，在中国当下的乡村，围绕孝，儒家与基督教两种文化会有何种会通与融合，抑或冲突与转化？

为展开对两种文化之比较，需澄清儒家孝道伦理之内涵，我们还是回

---

* 重提儒家孝道并非意味着笔者认为这是完美的制度。笔者只是希望探析其能够运行上千年的原因与机制，借以透析其在当下式微的原因。

① 徐复观：《中国孝道思想的形成、演变及其在历史中的诸问题》，徐复观：《中国思想史论集》，上海书店出版社，2004，第131页。

② 〔德〕韦伯：《韦伯作品集Ⅴ中国的宗教　宗教与世界》，康乐、简惠美译，广西师范大学出版社，2004，第227页。

③ 〔美〕罗伯特·N.贝拉：《基督教与儒教中的父与子》，覃方明译，《国外社会学》1998年第4期，第1~16页。

到《学》《庸》《论语》来梳理孝之内涵。[①] 言及《论语》论孝之语，《论语·为政》最常为学者引用，因其24节之中有6节谈及孝。[②]《论语》言孝，主要是从敬养和祭祀这两个角度谈的。其后的《中庸》《大学》论孝之语，则大大丰富了《论语》的孝道观。《中庸》认为，祭祀是"孝"的应有之义。《大学》直接提到"孝"的有三次，赋予"孝"极高的地位，《大学》也赋予君臣父子各个角色以行为规范，"孝"既是"为人子"之道，也是"事君"之道，忠孝得以贯通。通过梳理《学》《庸》《论语》论孝之语可知，"在修、齐、治、平的框架中，'孝'只是手段，并非目的。在个体层面，子孝父慈则家定。在社会层面，'上老老而民兴孝'，如此，上下、尊卑、君臣、父子秩序井然，则民安而天下平。可以看到，在这种礼仪秩序中，要求各个角色各安其位、各遵其旨，以此达到家齐国治的目的"[③]。

至朱子《家礼》将儒家伦理完全普及、深入到底层民众生活中，成为生活化的儒家伦理。毋庸置疑，传统伦理以儒家为主，以五伦为中心，以孝悌为基础，以家庭为基点，向外扩，由家而宗族，由宗族而国家。修身齐家治国平天下，既是儒家士大夫的追求，也是平民百姓的目标，可以说当时的家庭伦理、教育目标、儒教及国家意识形态是合一的，即大传统和小传统在这方面是一致的。儒家伦理既得到统治者的提倡及亲身实践，也是士大夫及民众身体力行及践履的行为规范，国家的法律、行政制度、经济制度及民间的正式、非正式制度都保障了包括孝道在内的传统伦理的推行。

随着近代经济、社会制度转型，传统伦理的规范渐渐被打破。西方个体主义的自我权利与伦理要求成为青年人的追求，但却并未带有同等的义务。年轻人追求自己不受干涉的自由权利，但同时并未承担相应的义务，

---

① 《学》《庸》《论语》论孝之语，已发表于李韦、李华伟《天主教和儒家孝论的冲突与对话》，《河北师范大学学报》2010年第2期，第71～77页。为保持本章之连贯性，此处对原文做了简化，仍录于此，特此申明。

② 引用率最高者为《论语·为政》："生，事之以礼；死，葬之以礼，祭之以礼。"

③ 李韦、李华伟：《天主教和儒家孝论的冲突与对话》，《河北师范大学学报》2010年第2期，第72页。

这在民国时期就已引发家庭伦理的冲突。[①] 在梁漱溟看来，不仅家庭伦理，连中国伦理本位的社会规范也被破坏，他说："为父者不知应如何为父，为子者不知应如何为子，为婆为媳者，不知应如何为婆为媳，在学校里先生也不好当，学生也不好当（学校常闹风潮即以此）；因而家庭父子之间、学校师生之间、朋友同侪之间，乃至政府与人民、上级官与下级官，统统不能相安，彼此相与找不出一个妥帖点来。"[②]

在《中国人孝道的概念分析》一文中，杨国枢根据心理学对社会态度的理论，将孝道分为孝道态度与孝道行为，并将孝道态度分为三个层次，即孝的认知层次（孝知）、孝的情感层次（孝感）、孝的意志层次（孝意）。[③] 比较了传统农业社会与工商社会中孝道的不同之后，杨国枢认为，"在传统的农业社会中，一个人是否及如何去尽孝，主要决定于社会规范与内化标准；而在现代的工商社会中，一个人是否及如何去尽孝，主要决定于个人原则、情感表露及交换原则"[④]。可见，孝道的变迁是社会的转型所带来的必然结果，但问题是对转型所带来的震荡，我们必须有所察觉，并在摸清情况的基础上做出学术分析。

近年来，中国社会伦理失范已基本成为社会各界的共识。在当前经济决定论的社会环境下，乡村原有的社会伦理体系已经支离破碎。如今，"高度分散化的小农经济深深地卷入了市场经济"[⑤]，市场化的冲击使整个社会功利性的行为增多，伦理的底线一再被突破，加之城乡二元化的政策使得农村面临重重危机，乡村传统伦理也难以维系。

2009 年，在接受采访时，在河南农村长大的作家阎连科认为，"在这30 年间，乡村的人心发生了巨大的变化……乡村没有任何道德价值判断标准。我们旧有的传统道德价值标准已经失去了，新的又没有建立起来，处

---

① 梁漱溟先生以当时"常常看见的子弟与家庭的冲突"为例加以说明："原来伦理本位的组织，尚未崩溃干净，财产仍属于家庭，子弟仍需受家庭保护。而子弟之在家庭，一方面根据新道理，不让家庭干涉他的思想、行动；一方面又根据旧道理，要求家庭供给。"参见梁漱溟《乡村建设理论》，上海人民出版社，2006，第 59 页。
② 梁漱溟：《乡村建设理论》，第 59 页。
③ 杨国枢：《中国人孝道的概念分析》，杨国枢主编《中国人的心理》，江苏教育出版社，2006，第 38～39 页。
④ 杨国枢：《中国人孝道的概念分析》，杨国枢主编《中国人的心理》，第 57 页。
⑤ 曹锦清：《谁能告诉农民今年种什么》，《南方周末》2008 年 8 月 25 日。

在极其混乱的时期"①。有学者发现，"在很多地方，老人不但不再被尊重，而且一旦他们丧失了劳动能力，便会被抛弃；如果他们拥有财富，就又成为子女们争夺的目标。他们的生活经验、维系家庭的精神价值作用已经被彻底抛弃了"②。调查中，阎云翔发现，即便很重视与子女沟通、拥有退休金的某教师夫妇也被儿子和媳妇赶出了家门。③

言孝，必涉及父母与子女以及孙子女的代际关系。父母与子女是孝道的两个必备的主体与角色。言孝，必然涉及父母与子女两代之间的角色地位。传统乡村社区的代际关系，具有相对的稳定性和一致性，各个家庭代际关系的变化，呈现出一致的趋势。当今的乡村，多元价值并存，缺乏一致的伦理规范，农村社区中任何一个家庭的代际关系都具有示范性，代表着此类家庭代际关系变迁的某种趋势。

如前所述，就如今的李村而言，子女婚后马上与父母分家单过成为普遍的做法，这与青年女性地位上升及年轻人权利意识萌芽有关。④当地分家的通行做法，就是把土地分给已婚的儿子，由他们另起炉灶。

即便老人和儿子仍住在同一个院子里，户口及土地、用电等统统分开，也即凡是涉及钱的事务一律分清楚。当地老人的普遍说法是，"分开，各过各的，免得在一起说疙瘩⑤"。可见，具体的、清晰的利益关系已主导了父母与子女的关系，双方都成了理性的经济人。其实，分家主要是儿媳和儿子的主动要求。我们且看李村实际生活中事关孝道的例子。⑥

① 阎连科、梁鸿：《"发展主义"思维下的当代中国——阎连科访谈录》，《文化纵横》2010年第1期，http://www.sunyefang.org/docs/wenhuazongheng/lingyiyi/21043.aspx。
② 高超群：《30年个人价值的确立及其扩张》，《文化纵横》2010年第1期。
③ 阎云翔：《私人生活的变革：一个中国村庄里的爱情、家庭与亲密关系1949–1999》，龚小夏译，上海书店出版社，2009。
④ 阎云翔：《私人生活的变革》，2009。
⑤ 说疙瘩，当地方言，意为"因说不清而闹矛盾"。
⑥ 无论先秦儒家还是宋儒都将葬礼以及祭祀作为孝道的应有之义，这一伦理要求延续至今。故本文分析孝道伦理的实践时，将之分为养老（敬老）、葬礼与祭祀两个部分。

第一节　不孝的事例——不仅仅因养老起争端

近年来，以乡村养老为中心研究孝道和代际冲突的论文逐渐多了起来，这是良好的开端。笔者以为，这些文章过于注重养老，遮蔽了很多丰富的内容。尽管养老是孝道的具体体现，但孝道不仅仅是养老，还包括死后的葬礼和祭祀，这些除养老外其他与孝道有关的事项更应得到重视。从字面意思上看，养老仅仅意味着给老人提供食物以维系老人的生命，敬老的含义被遮蔽了。不仅如此，从时间段上讲，养老仅仅是老人年迈之后的事，随着寿命的延长，老人需要依靠子女养老的时间段大大后推，在农村，需要子女提供生活保障的老人大多是在 65 岁之后。有些老人，只要不生大病，只要自己还能自立，都宁愿自己独过。因此，仅仅从养老的角度来探讨孝道必然遮蔽更为关键的问题。

近年来，尽管不像学者近来研究的湖北京山县移民村落中的老年村民因代际冲突而自杀的现象那么突出①，尽管李村老人自杀之事例仅有一起，② 李村不孝敬老人的事情却也时有发生且愈演愈烈。李村的养老有以下方案：第一，老人单过，由儿子分担生活费及医疗费；第二，按月轮流由儿子供养，期间的医疗费及生活费由儿子们分担；第三，按月轮流，医疗费由当月负责的儿子负担。且看以下案例③：

A. 70 多岁的李老婆婆因备受儿媳及孙儿媳的虐待，两年前去世。之前，李老婆婆的丈夫因中风而半身不遂，其大儿媳觉得公公活着会拖累自己，因而经常给老人脸色。老人生病，儿媳也舍不得花钱给老人看病。但在老伴悉心照料下，李老汉存活多年。李老汉去世后，大

---

① 陈柏峰：《代际关系变动与老年人自杀——对湖北京山农村的实证研究》，《社会学研究》2009 年第 4 期。

② "就老年人自杀来说，中部农村老年人的自杀率最高，南方农村次之，北方农村最低，只有个别村庄例外。"参见孙冶方经济科学基金会《老无所依在中国》，http：//www.sunyefang. org/docs/luntan/laonian/20975. aspx。

③ 需要指出的是，下文所列的 7 个案例并非完全统计，而是归纳出的 7 种典型案例，并不具备统计学意义上的推论整体的属性。

儿媳就盼着婆婆早日过世以腾出空间让她盖新房。邻居时而会听到她骂老人说："啥都不能弄，还活着干啥，不如早点死去！"在李婆婆身体还硬朗的时候，她就自己做饭，独立生活。随着年岁渐增，李老太太生活不能自理，因此，只能轮流到两个儿子家吃饭，不久，村里人发现李老婆婆日渐消瘦。李老婆婆的两个儿子都在村里打工，每天都回来吃饭、休息，但大儿子对老人受虐待的情况置若罔闻，而二儿子也只能在自己负责照顾的一个月内让老人吃好点。由于大儿子、二儿子住在一个院子里，起初，二儿子及媳妇偶尔看不下去就趁机去问候老人，结果受到大嫂的谩骂，此后，二儿子及媳妇只能忍耐。李老婆婆的三个女儿时而回来看望老太太，有时也把母亲接到自己家中去住。有一次，李老婆婆到小女儿家住，其孙儿媳就在婆母的撺掇下把李老婆婆的铺盖扔出房间。老太太生病了，儿媳也不愿意给老太太看病，有一次老太太实在病重，大声喊疼，大儿媳没办法只好把老太太放在板车上推到村诊所，但奇怪的是，村民发现，大儿媳把车推到半路就放在一边，人却不见了。三年前，李老太太因受虐待及生病而过世。当时，李老太太的小孙子（二儿子家的）仍在高中复读，家人为了不影响其考试就没有通知他。几个村民议论说："等某某（李老太太的小孙子）回来发现奶奶没了，肯定不会善罢甘休，肯定不会放过他伯母。"

B. 笔者熟悉的一位伯母有五个儿子，其中有四个都随妻子信了基督教。但是，信仰基督教并未意味着每个基督徒在孝敬父母方面的所作所为都比非基督徒好。由于几个儿子长年在外打工，伯母都是由儿媳负责照管。有一次，病中的伯母想吃鸡蛋，但大儿媳却不愿意给老人做。生病时，大儿媳舍不得花钱，拖着不给老人看病，她说"反正过两天就轮走了"。这些事被邻里知道后，邻里私下说其儿媳"太能了""能过头了"。

C. 村民常讲的另外一个例子，是笔者按照教会中亲戚的辈分应该称呼为伯母的老年人。伯母姓张，村民常私下称呼她为老张。六十出头的张伯母在村民眼中，是一个"能过了头""爱占小便宜的人"，但没想到她却被两个儿媳妇整的够呛。有些村民讥讽说："一物降一物，只有她媳妇能管住她。"张伯母有两个儿子，大儿子在婚后就已经分家在村东头另居，所以，伯母和小儿子住在一起。2008 年，长年在外打工挣钱的伯父准备盖楼房，但却受到大媳妇的拦阻，大媳妇认为他们家住的不是楼房，要盖得先给他们家盖。大儿媳认为，老两口名义上给自己盖，实际上是给小儿子盖，她大闹特闹。因此，即使早已分家，即使这些钱都是公婆自己所赚，她也认为自己有份。事情闹得很大，但经过波折，张伯母家的房子还是盖好了。但是，大儿媳又去闹，结果，张伯母看着盖好的楼房却不能住，最后寄居在村头别人的空房中。2009 年春节时，张伯母的侄辈实在看不惯，有人提议联合起来管教张伯父的大儿子及儿媳，但谁也不愿意得罪人，最终不了了之，至今张伯母仍有家不能回，只能寄居在外。

D. 李村发生的儿子与父母直接冲突的例子不多，但笔者所知的一例却很突出。村民告诉笔者，村西头胡同里的李二横用棍子追打父亲，不久，其父自杀。几个月后，李二横觉得活着没意思，也喝药自杀，留下一对儿女。李二横的父亲年纪并不大，不到 60 岁，在自杀前还曾去打工挣钱。此事并非发生在其年老体衰需要依靠儿子生活的时候。

E. 另外一例与基督徒有关的例子也说明，基督徒并未能做得更好。笔者相熟的另一位伯母只有一个儿子，虽然与儿子住在同一个院中，但也早早与儿子分了家，与老伴单独开灶。这位伯母是基督徒，其儿媳也是基督徒（但不常去教会）。听村民讲，尽管伯母忙着去儿子地里干活，但在家歇着的儿媳并不领情，也没有改变自己对公婆的态度。儿媳常常骂老人，并在与其他人聊天时说："你说说老不死除了糟蹋粮食，还能干啥，你说说她活着干啥？"在与李村的老人了解基督徒是否孝顺时，一位老人举了这个例子，并评论说："基督教是教人学好的，但你看看某某信了基督教又咋的，不是照样不孝顺。"可喜的是，在老人的孙子长大懂事之后，劝自己的母亲不要老是与奶奶过不去，做母亲的碍于脸面，稍有收敛。

F. 据李村教会里的传道人讲，笔者所熟悉的一位基督徒刚开始也不孝顺婆婆，后来信了教之后，慢慢开始对婆婆很好。

G. 教会负责人也给笔者讲了第一教会传道人即"神的仆人"的例子："神的仆人"的儿媳也不孝顺。由于当地实行"三十年不动地"的政策，近十年来嫁过来的媳妇没有地，但分家后，"神的仆人"将属于自己家里的地按照人数均分给儿子和媳妇，即儿媳也获得了一份土地，但儿媳并不满意。由于"神的仆人"将自己的地一分为二给了儿子与媳妇，所以，他的地和儿子的地紧挨在一起。但儿媳总想占便宜，在种植庄稼时，儿媳总是紧挨田埂种。儿媳还在菜地里种了树，树长大后吸取了周边的水分，使紧挨的"神的仆人"家里的菜无法生长。其儿媳不是基督徒，由于公公常去教堂，她颇有怨言，责怪公公不去地里干活反而跑到教会去，认为公公是躲避劳动。三年前，其儿媳头疼，去医院治疗却无效果，因为实在没有办法，就想到祷告，她祷告说："耶稣基督，如果真是因为我对我爸爸不好你惩罚我让我头疼，我认错，你让我头疼好了之后，我一定当面去给孩子他爷爷认错。"后来，她头疼好了，她就转变态度，去给"神的仆人"认错。如今，一家子比较融洽。

为方便起见，列表如下：

案例编号	不孝或孝顺状况	当事人角色	老人年龄	是否有劳动能力，财产情况	供养模式	儿子或媳妇信仰情况
A	慢性虐待致死，不予看病	大儿媳与婆婆	70多岁	无劳动能力，无财产	轮流到儿子家吃饭，医疗费由当月负责的儿子负担	非基督徒
B	不给看病	大儿媳与婆婆	70多岁	无劳动能力，无财产	轮流到儿子家吃饭，医疗费由当月负责的儿子负担	基督徒（不常去教会）
C	有家不能归	大儿媳与公婆	65岁	有劳动能力，有财产（楼房及现金）	自立，帮儿子们种地	非基督徒

案例编号	不孝或孝顺状况	当事人角色	老人年龄	是否有劳动能力，财产情况	供养模式	儿子或媳妇信仰情况
D	父子打架，父子相继自杀	儿子与父亲	58 岁	有劳动能力，有财产（现金）	自立	非基督徒
E	媳妇不孝顺婆婆（婆媳均为基督徒）	婆媳	66 岁	有劳动能力，有财产（现金）	自立，并帮儿子、儿媳种地	基督徒（不常去教会）
F	媳妇由不孝到孝（婆媳均为基督徒）	婆媳	72 岁	有劳动能力	自立	基督徒（唱诗班成员）
G	非信徒媳妇埋怨传道人公公常去教会，不去种地，也不帮忙带孩子	媳妇与公公	75 岁	有劳动能力	自立	媳妇原来不信教，因头痛祷告，之后逐步成为基督徒

　　从笔者所不完全列举的以上事例中，真正涉及养老的只有 A、B 两例，其中 B 涉及基督徒；C、D 分别是非信徒媳妇、儿子与父母的冲突；E、F、G 均涉及基督徒，其中 E 例为基督徒不孝顺的事例，F、G 为由不孝到孝顺父母的例子。从上表中 7 个案例来看，并非每个基督徒媳妇都在孝道上做得比非基督徒更好，她们中有两例并不孝顺，但由于她们是基督徒，因而因其信仰身份不时受到人们的私下指责，也受到教会传道人的批评，成为基督徒中的反面教材。另外两例（F、G）中基督徒媳妇均经历了从不孝到孝顺的转变过程，这是需要引起重视的。

　　换言之，成为基督徒确实并不意味着一定孝顺，生活中无信仰者转变为基督徒需要一个过程，也需要以接受教会的治理①作为前提，这也与案例相符：不常去教会、不接受教会治理的基督徒在孝行上与非信徒相比并无明显差异，而教会的唱诗班、鼓乐队等核心成员却在孝行上有明显的差异，比非基督徒、普通基督徒在孝行上做得更好。

---

　　① 教会的治理情况参见本书第十二章。

第二节　谁在孝顺？

当然，李村仍有不少孝顺的例子，但不可否认不孝已经不再受到人们的公开指责与干涉。C 例中张伯母所在的宗族是个大宗族，尽管宗族成员在人生仪礼上仍维持"礼物往来"，但张伯母健在的兄长及子侄辈无人干涉其受子女虐待之事，谁也不愿意得罪人。

那么，谁还在孝顺，为什么孝顺呢？

对比发现，一般来说，50 岁以上的媳妇比较孝顺自己的公婆；男人当家的家庭，媳妇比较孝顺；教养较好的家庭中，子女比较孝顺。

为什么 50 岁以上的媳妇孝顺呢？这是因为她们仍然受着传统思维及生活方式的影响。传统的婆媳关系，强调婆婆的权利，而媳妇是处于被压制的较低的地位，故有"多年的媳妇熬成婆"之说。对于 20～40 多岁的已婚妇女，尤其是近 10 年嫁过来的媳妇来讲，她们受市场经济的影响更大，个体自我意识与自我权利膨胀，她们看待公婆的眼光过于功利，以衡量老人能否为自己带来利益为标准来判断老人的价值。由于城乡二元分割体制中土地及农产品贬值，加之公婆没有财产，自身也不能创造新的价值而往往在媳妇眼中成为"无用的人"。再加上由于农村已经实行"三十年不动地"的政策，也即"减人不减地，增人不增地"（当然留有小块的机动地供村里做微调①），这样土地其实变相成为村民的私有财产，个别不孝之子甚至盼望父母早日过世以便把这些土地留给自己。

男人当家的家庭。在这种家庭中，媳妇为什么孝顺，似乎是不证自明的道理。表面上看来，这是男权、父权思想严重，妇女地位低下的传统中国社会的通则。但实际上，无论在传统社会还是当代的李村，更深层的原因在于能当家的"有头有脸"的男人为了维护自己的面子而不允许不孝等事情出现。当地有头有脸的家庭，一方面有足够的资金供给老人的日常生活及医疗费用，另一方面，他们不愿意在事关孝道的事情上让人说三道四、丢人现眼。

---

① 自 1998 年以来，尽管在已增添了媳妇和孩子而急需增加土地的不少村民要求下，李村试图调整土地，但由于几户既得利益者的干扰，李村的土地一直没有得到调整。

父母教育或自身素质高。一般来说，父母家教比较好的家庭其子女比较孝顺，这也是颠扑不破的真理。家教的好坏与学历及文化程度没有关系。李村地主之子李淼孝敬母亲的例子值得称颂。如果做功利的衡量，那么李淼自出生起从父母那里得来的只有"地主子女"这一身份，这一身份使本来聪明、上进的他无缘初中，也终身未娶，但他并未放弃孝敬母亲的责任。60多岁、身体不好的他，还得在村里建筑队打工以挣钱养活自己和80多岁的母亲。

当然，其他在外念书及工作的子女对父母都比较孝顺[①]，一方面是因为他们"知书达理"，是有面子的人；另一方面，他们长年在外，很少和公婆生活在一起的媳妇和公婆之间的冲突很少。

另外，即使父母不孝、家教不好，但受过教育的孩子，也可以培养起善心。李村已有孩子指责父母对自己的爷爷奶奶不孝。

第三节　社会转型下的不孝

从事关养老的 A、B 两个例子中，我们可以发现，不孝媳妇的出现很大程度上是由于市场经济主导的经济利益决定一切的价值观的影响，她们不孝顺、不愿意给公婆看病，甚至认为公婆浪费粮食的深层原因在于农民生计的艰难，这造成了底层生态的恶化。此处所言底层生态的恶化，是指农村被城乡二元体制剥夺得一无所有，[②] 处于最底层的农民在艰难的处境中为了蝇头小利及节省资金，甚至不惜剥夺老年父母残存的"财产"。而有些老人在得病后选择自杀或放弃治疗的原因也在于害怕高额的医疗费给儿女增加负担。

由于市场经济的到来，妇女自身也解放出来并加入了劳动力市场，这

---

① 关于正式教育程度与孝道观念之间关系的研究，参见叶光辉、杨国枢《中国人的孝道：心理学的分析》，重庆大学出版社，2009，第 128～133 页。

② "根据世界银行以及其他信息来源的说法，中国的农村居民平均收入不到城市居民平均收入的1/3（1∶3），1992 年的时候两者之间的比例是 1∶2.4，1985 年的时候两者之间的比例是 1∶1.7。据一份估算显示，如果考虑到包括诸如教育和医疗保健在内的政府服务的话，城市居民比乡村居民优越 6 倍。"参见 Josephine Ma，"Wealth Gap Fueling Instability"，*South China Morning Post*，December 22，2005。

使其发现了自身的经济价值。随着妇女经济地位的提升，妇女在家中的地位自然也提升了。当这些曾经的打工妹为人妻时，功利的衡量成为她们的惯习。面对没有生养自己的公婆，作为媳妇、过于追求自己权利的她们，自然难免与公婆发生争执。①

不孝行为，不能单单从中青年村民的道德行为来理解。经济、社会、文化的转型与变迁乃是更为根本的原因。

就经济转型而言，沿用阎云翔的话说，"无情的市场逻辑"已经把老年农民剥夺干净，经济资本的丧失，加之父权的式微，致使老年父母在面对儿女时处于弱势地位。传统上，农民世代积累土地以及耕作的农具、房屋，这些均作为父母主导的财产，可以分给儿女。握在手中的财产及财产处理权，致使老年农民并未处于劣势。子孙中的特别不孝者会被家长逐出家门。

就李村而言，由于河南农村已经实行"三十年不动地"的政策，自1998年以来，当地的土地一直没有调整，实行"增人不增地减人不减地"的政策。"三十年的有效期"，意味着基本把土地的长期使用权交付给承包的农民，从法律上讲，他们可以在不改变土地耕地用途的情况下来使用土地，但在耕种土地增值甚少的情况下，不少农民开始把土地挪作他用。由于基层政府的溃散，这些行为没有受到干涉。这样，越来越多的年轻人看到了土地隐含的经济利益。如果土地等也算父母的财产的话，那么，在没有其他正式和非正式制度保障父母这点财产权的情况下，仅仅追求自我权利的"无公德的子女"可能不仅仅是不孝而是慢性虐待父母以获得土地的使用权②（因为所有权名义上属于国家，而由集体保管）和房屋的所有权。

就社会转型带来的影响而言，剥夺农民、农村、农业的城乡二元分割的社会制度，已使农民的生活处于充满社会风险而疲于应对的社会处境中。"虚空的农村"与"空虚的主体"，成为当代农村的典型特征。不孝的行为应该放在此种语境下来加以理解、解释，并对症下药尽力阻止不孝行为的蔓延，尽可能

---

① 婆媳矛盾在中国是一个永恒的主题。据调查，家庭纠纷中婆媳纠纷占54%，参见乔健、潘乃谷主编《中国人的观念与行为》，天津人民出版社，1995，第353页。

② 关于中国农村土地所有权的研究，参见何·皮特（Peter, Ho）《谁是中国土地的拥有者？制度变迁、产权和社会冲突》，林韵然译，社会科学文献出版社，2008。

从社会体制上"救救老人"而不是单纯基于道义对子女进行谴责。

就李村而言,"打工经济"的出现,甚至使子女与父母之间出现了经济交换关系。2004 年左右,由于农忙时节家里人手不够,一对老人要求两个未婚的儿子回来帮助家里干农活,结果无一人肯回来。父母只好许诺在家每劳作一天,发工资 50 元,才有一个儿子愿意回来。随着"打工"经济的兴起,作为生产和生活共同体的家庭已经瓦解。大部分未婚子女的收入都超过父母,子女的收入由子女留存。父母绝对经济权的丧失,也意味父母在家庭中当家地位的式微。加上子女更熟悉城市生活,他们的人脉更广,而父母对急剧变迁的世界缺少了解,父母的生活经验难以应对子女的生活困境,也难以为子女的事业发展提供资金及人脉,所以,父母的权威地位急剧衰落。宗族组织及宗族观念的式微和个体的独立使宗族难以对违反传统伦理的行为进行有效干涉,甚至连干涉之举都没有。外在约束的缺席,致使只追求权利而不承担义务的"无公德"的自我更加膨胀。

就文化或社会思潮而言,20 世纪以来打倒宗族、走出家庭的思想,深刻地影响了国人父子关系的变迁。拉长视角,我们可以看到父子关系的急剧变迁。在驳斥天主教时,明末的士大夫许大受认为天主教于"父子大亲","但目为彼男彼女生此男此女而已",此乃"捐本"。① 300 多年之后,1919 年鲁迅发表了《我们现在怎样做父亲》一文,认为:父母"生出子女,对于子女当然也算不了恩。——前前后后,都向生命的长途走去,仅有先后的不同,分不出谁受谁的恩典","只是前前后后,都做一个过付的经手人罢了"。思潮的变化间接影响到每一个人。尽管李村的农民不曾读过鲁迅的这篇文章,但当鲁迅此文发表 90 年后的李村部分农民对着父母说出"谁让你生我呢"这样的话时,与鲁迅所言"生出子女,对于子女当然也算不了恩"何其相似。② 在"生育"更多是个体主动选择的当今社会背景下,生育即便"算不了恩",但抚养及教育之恩却是不能抹杀的。③ 即便

---

① (明)许大受:《圣朝佐辟》,引自郑安德编辑《明末清初耶稣会思想文献汇编》第 5 卷,北京大学宗教研究所,2003,第 137 页。

② 笔者并非意在指责鲁迅。鲁迅此文在当时具有重要的意义。但在社会语境极为不同的今天,我们应该反思父子关系的问题,而不应该是非鲁迅之所是非鲁迅之所非。鲁迅:《我们现在怎样做父亲》,《新青年》1919 年 11 月 1 日 6 卷 6 号。

③ 何怀宏:《"父亲"的背影》,《文化纵横》2009 年第 4 期。

在李村，生儿也不仅仅为防老，亲情关系不容否认，父子关系及孝道应当得到重新考量。

　　就李村而言，社区舆论几乎不起作用。社会的急剧变迁，使老人的社会经验无法适应当今生活，他们的言论也只会使子孙辈觉得他们迂腐。年青一代，则更为异质化，生活经验的差异致使他们之间也难以有共同的价值导向，更多的事情在他们看来越来越"说不清"。"说不清"的原因，在于这是一个变动不居的时代，各种价值观充斥，没有一种取得大家认同的价值观。由于在不同的城市打工、从事不同的工种，不同的生活世界使同村年轻人之间的联系也减少，甚至成为"熟悉的陌生人"，每年春节期间的短暂相聚并不能使他们相互熟悉起来。在一年的大部分时间里，这些年轻人是城市生活的配角，家乡生活的缺席者。他们的缺席和价值观的不同，使农村的公共舆论难以形成。而年轻媳妇之间的交流，更多的是穿衣打扮的互相攀比和各种家长里短的闲言碎语。她们嘈杂的话语，主导了当地年轻妇女的生活时尚。加上她们是不孝角色的承担者，她们之间更多的是互相抱怨公婆的无用，以及自己不孝顺公婆的小聪明，这种公共舆论只能是"以不孝为能事"的畸形的公共舆论。

　　根据学者的研究，中国伦理学是"示范伦理学"①，因此，"中国式伦理，在很大程度上依靠'榜样'"②，而榜样的示范性，不仅造成媳妇之间互相攀比不孝之能事，也造成老人对儿子、儿媳孝道期望的降低。极端的例子最能表现这种境遇下的伦理关系：

　　　　大宏是单亲家庭中的长子。他以好吃懒做、不能吃苦著称，常常更换工作，所赚的工资又大多消耗在吸烟、赌博上，结果，打工十余年并无余钱。眼看同龄人都娶妻生子了，其父才着急为儿子相亲。见了介绍的几个女子，大宏都不满意，最后看中的是一位好看的女孩子，但此女孩喜欢喝酒、赌博。尽管此女子对结婚的要求远远超出大宏的家庭水平，但为了让儿子高兴，大宏的父亲还是竭尽全力或去下

①　王庆节：《解释学、海德格尔与儒道今释》，中国人民大学出版社，2004，第247页。
②　赵汀阳：《身与身外之物》，黄平主编《乡土中国与文化自觉》，生活·读书·新知三联书店，2006，第254页。

煤窑或借钱或贷款尽力满足，但最终还是没有成功。超越笔者想象的是，当笔者问大宏的父亲是否考虑该儿媳可能会不孝顺时，大宏的父亲说："不孝顺？现在有几个媳妇孝顺的？到我老的时候，不能动了，到时候给我口饭吃就行了。我们村里有一家老人死了，儿媳妇不让把老人尸体停放在堂屋①，说堂屋是他们小两口的，那你有啥办法？等我死的时候，不让我停在堂屋也就算了，这事不稀罕。只要他们俩能过好就行了。"

儒家伦理考虑的是儿媳的人品与家教，希望儿媳能帮助自己的儿子勤俭持家、勤劳致富。上例中，父亲牺牲自己的幸福与尊严，考虑的只是自己儿子的幸福，对儿媳的期望很低，只希望其在自己年老体衰时给一口饭吃。这是社会氛围影响下的令人无奈的现实。尽管此例比较极端，但老人的话的确代表很多老人的看法，从中可以看出家庭伦理的溃败，以及人们对家庭伦理的期望越来越低。② 家庭伦理如是，遑论其他伦理。在调查中笔者发现伦理底线一再被突破，只能让人感叹："没有最低，只有更低。"

小结与讨论

如前所述，孝道态度可以分为孝知、孝感、孝意，孝知和孝感引发孝意，孝意推动孝行。研究表明，传统社会中孝道的推行与威权因素、情感因素、交换因素、宗教因素相关。③

就威权因素而言，宗族制度及家长的权威能够确保宗族内的个体抑制私的一面，防止己/自我的膨胀。④ 随着经济、社会、文化的转型，个体从

---

① 传统上，老人去世后，尸体应停放在老家的堂屋里完成葬礼的一些重要仪式。1990 年之前，父母居堂屋，已婚子女居厢房，如今，老迈的父母多居住在厢房。堂屋的居住权也是权力的表征。堂屋居住权的变化，预示着代际权力与父子地位的变化。关于年老父母居住安排与孝道的关系，参见叶光辉《年老父母居住安排的心理学研究：孝道观点的探讨》，叶光辉、杨国枢：《中国人的孝道：心理学的分析》。
② 老人期望的降低以及从中年开始准备独立养老，在阎云翔研究的下岬村已是普遍的情况，参见阎云翔《私人生活的变革》，第 181～208 页。
③ 叶光辉、杨国枢：《中国人的孝道：心理学的分析》，第 114～117 页。
④ 儒家强调克己复礼。自我克制和慎独是对君子的要求，常人难以达到。

宗族、家庭中解放出来，被拖入市场经济的大潮中。伴随宗族的弱化、父权的式微，家庭成员成为独立的个体，甚至是无依无靠的个体，他们要么更加依靠自我，要么寻求团体的依靠。更加依靠自我的个体，如果没有内在道德律或外在力量的制衡，必然导致自我的膨胀。自我的膨胀导致的只能是不孝。

就交换因素而言，伴随着农村在市场经济体系中的被动地位，家庭经济重要性衰落，老人生活经验与现代社会背离，李村老人能够给子女提供的财产、生活经验微不足道。

而学校和意识形态的无神论教育，致使民间信仰在李村年青一代人中间坍塌，民间信仰以及《劝孝词》中的宗教因素不再具有震慑力，世俗工具理性急剧增长。

在如今李村的非信徒中，情感因素成为影响村民孝道观念的重要因素。孝顺与否，完全取决于子女与父母的感情以及子女的意愿和能力。这也是孝道伦理一再被突破底线的原因。

既然随着家庭结构的变化，威权因素不再，父母所能用来与子、媳交换的东西又几乎没有，那么，孝道能否得以践行，完全取决于情感因素和宗教因素。由于媳妇与公婆的矛盾是必然的，所以，除非儿子能完全当家，否则情感因素也难以维系对父母的孝。是故，对李村普通村民来讲，只有信仰虔诚的民间信仰者与基督徒较强调维系孝道。由于民间信仰者宗教身份不突出，而且常跑庙会的人数极少且组织性差，而基督教发展迅速且组织性强，所以，基督教充分显示出其在推行孝道伦理上的功用与潜力。

问题是，宗教因素何以能影响或推动孝行？研究发现，宗教对于孝知、孝感、孝意这三个事关孝道的态度都有影响，关键是对尽孝的意愿——孝道行为的动力——产生了影响。同时，我们必须注意其推动的是何种孝道，即孝道的内涵是否发生了改变，发生了何种改变。

第九章
群际比较与神圣维度下的基督徒孝行

第一节 "唯恐羞辱了耶稣的名"：基督徒
孝顺之道的来源与动力

当笔者问起"基督徒为啥比较孝顺呢"？教会负责人说："神的儿女，就得与世人不同，世人不孝顺，但咱作为耶稣的门徒，作为神的儿女就应该孝顺，应该分别为圣，遇到不孝顺的，我们就劝告她。"她接着说："要是不孝顺，作为神的儿女，到时候见到主的面你说咋说来？再个说，基督徒是光明之子，你是神家里的人，世人都盯着你，你不孝顺，世人知道了，肯定说，你看看'某某是信主的，也不孝顺'，不仅丢人，还羞辱了耶稣的名。你看看，上帝真是奇妙，他安插这些不信的人，让世人监督基督徒的一言一行。"

我们且看李村教会历史中有关基督徒孝道的一则例子。贴在教会南屋的墙上的题为《神在 2001~2003 年所行的六件新奇事》的一段文字很有意思，摘录如下：

第四件新奇事

当神使我们教会满足的时候，需要复兴我们的灵命，就接着①仆人到我们教会，将神的训词、圣言、圣语教导我们（约 16：8~11）："为罪、为义、为审判，自己责备自己。"让我们从罪恶中分别出来，做

---

① 应为"借着"。

神的圣洁子民，因我们都是悖逆之民。当时很多信徒都被圣灵光照，心被灵感，个个在神人面前陈明了自己的罪行，多数信徒都是不孝敬父母，众人在神面前立约说，神若怜悯我们、听从我们的所求，就定于2003年3月6日至8日开复兴会三天，使圣灵的明证、人的凭证一同彰显出来，荣耀神的作为和奇妙，果真神又一次行了奇事和异能。当时，有眼失明的、被鬼附的、不能行走的等各样病症和有极大难处的，神都一一医治和成全。当复兴会第一天，各种见证都带到神的面前，神不但医治我们肉身上的疾病，更医治了我们灵性上的疾病。复兴会上，信徒表明了自己孝敬公婆的实际行为，第二日，参加人数估计有两千人左右，无不述说：神的奇妙和他大能的作为，使外邦人也感到稀奇。

如前所述，信主之后，由于李村教会对罪的强调以及对于忏悔的要求，信徒逐步有了新的自我。更是由于"神的仆人"的卡里斯玛魅力，他到教会"将神的训词、圣言、圣语教导"信徒，要求信徒"为罪、为义、为审判，自己责备自己（约16：8~11）"。按照教会的记载，"神的仆人"要求信徒"从罪恶中分别出来，做神的圣洁子民"，于是，在"圣灵"的感动下，信徒"个个在神人面前陈明了自己的罪行，多数信徒都是不孝敬父母"。在此情况下，教会打算召开复兴大会，"使圣灵的明证、人的凭证一同彰显出来，荣耀神的作为和奇妙"。结果如何呢？"复兴会上，信徒表明了自己孝敬公婆的实际行为"。信徒行为的改变，被归结为神的奇妙和大能。不仅如此，信徒孝敬公婆的行为对社区也产生了大的影响，即"使外邦人也感到稀奇"。

这是教会治理的典型过程：要求认罪悔改—罪与忏悔—自我更新—行为改变—影响社区。

在当前农村公共空间缺乏的状况下，教会给人们提供了诉说婆媳不和、儿女不孝的空间与场域，也给教会传道人提供了按照基督教教义治理基督徒心灵与伦理的平台。

2008年8月27日，"神的仆人"再次来到第二教会讲道，会众齐读撒迦利亚书8章之后，"神的仆人"说："为得着天国的福分，咱们要与世人有分别，言语行为都要讨神的喜悦，凡事都要谢恩。"正是这种"要与世人有分别"的要求与愿望，使得教会加强了对信徒的治理。为了更好地使信徒彰显、荣耀神，教会里的精英编写了《管理喉舌十二则》，贴在墙上供信徒学习，这首带谱子的诗歌，由唱诗班学会之后带领大家共同唱诵，内容如下：

    1. 当弃绝虚谎的言语，说诚实的话。

    2. 当弃绝污秽的言语，说清洁的话。

    3. 当弃绝毁谤的言语，说造就人的话。

    4. 当弃绝论断的言语，说劝勉人的话。

    5. 当弃绝怨渎的言语，说感恩的话。

    6. 当弃绝辱骂的言语，说与人有益的话。

    7. 当弃绝暴戾的言语，说和平的话。

    8. 当弃绝挑起争端的言语，说使人和睦的话。

    9. 当弃绝咒诅的言语，说祝福的话。

    10. 当弃绝矜夸的言语，说荣耀神的话。

    11. 当弃绝谄媚的言语，说规劝人的话。

    12. 当弃绝戏笑①的言语，说端正有用的话。

    类似的治理术，保障了李村基督教教会有效地推行"与世人有分别""荣耀神"的包括改进信徒家庭伦理实践的做法。社会心理学的研究表明，个体在群体中的思想与行为往往与独处时不同，独处时，原有的自我很难被打破，而群体可激发其自我，也可摧毁其相对独立的自我。基督教会一方面要求信徒承认自己的罪，要求其谦卑，逐步打碎基督徒的旧自我，另一方面，也在培养基督徒新的自我，并不断在群体活动中强化其新的自我。家庭伦理的改变只不过是其治理效果之冰山一角。当然，教会的治理术并未在信徒中取得同样明显的效果，对普通信徒影响有限，但对教会的传道人和100多名使命团成员影响深远。②

———————————

① 当为嬉笑。

② 关于教会的治理及其效果参见本书第十二章。

第二节 孝道伦理的再造：以灵诗《孝双亲》 为中心的讨论

前面论述基督徒自我观的建构时，曾大量引用基督徒的灵歌，那是因为灵歌在塑造基督徒自我过程中的重要性无论如何高估都不为过。基督教仪式中大量唱灵歌，甚至连祷告也是以程式化的类似灵歌的语言来进行的，灵歌对基督徒自我观的型构、维系、强化起到了重要作用。唱灵歌可鼓舞士气，可对信徒进行教育，也可使信徒的意义系统不断得到强化与升华。唱歌是形塑基督徒集体团结感的重要因素，唱诗对李村基督教会独特的场域的塑造起着独一无二的作用。豫剧、曲剧等李村共享的传统戏剧以及韵文形式的民间文艺对李村民众道德的型构具有重要意义，其劝善教化之功功不可没。那么基督教的灵诗能否在塑造李村基督徒自我观的同时塑造出其道德观念并为其道德实践提供动力呢？

我们可以用实际的例子来说明。调查中发现，基督徒很乐意宣传基督的爱，向笔者提供了很多入教前对婆婆不孝顺而信仰基督教之后改变态度的例子（参见第六章表格）。[①] 2008 年 8 月笔者亲历了一位基督徒的葬礼，在丧者家门口，基督教会的圣乐团演奏了富有当地特色的灵诗《孝双亲》。在圣乐团声泪俱下富有感情的《孝双亲》朗诵中，基督教会对在场的人们进行了再教育，号召人们孝敬父母。

灵诗《孝双亲》内容如下：

> 弟兄姐妹，应当孝双亲，世人难报爹娘的养育恩。老年人好操心，说话行事你们要当心，世上哪有爹娘待儿亲[②]，哎，世上哪有爹娘待儿亲。

---

① 在河南新乡的调研中，李顺华也发现，有些不孝敬公婆的农村妇女在信教后改变了对公婆的态度，一位基督徒说："要是站到人的立场上，肯定不会跟他（公公）去说话"，"你一信主，有神，在神里面，多少天天听道嘞，你不多少要明白些嘞"。参见李顺华《神圣化与基督徒的身份认同》，北京大学博士学位论文，2007，第102～103 页。

② 当地语法习惯，意为"世上哪有人比爹娘待儿女更亲"。

弟兄姐妹，从小长成人，一时一刻操碎了娘的心。盼望儿长成人，儿生疾病吓坏了娘的魂，还埋怨自己没有操好心，还埋怨自己没有操好心，哎，还埋怨自己没有操好心。

弟兄姐妹，应当孝父母，父母的恩情，咱们要记在心，她养你受辛苦，打开冻窟①洗屎布，双手痛的疼痛又入骨，哎，双手痛的疼痛又入骨。

弟兄姐妹，咱们想一想，老年之人还有几年光，转眼间白发苍苍，口喘气断身子埋路旁，再想行孝哪还有爹和娘，哎，再想行孝哪还有爹和娘，哎，再想行孝哪还有爹和娘。

弟兄姐妹，咱们想起父母看见了咱自己，世上都有儿和女，你的儿女不孝，你的心可满意？好像热身子掉在冷水里，哎，好像热身子掉在冷水里，哎，好像热身子掉在冷水里。

弟兄姐妹应当孝双亲，爹娘下世可不要再孝顺，扎纸扎烧金银白搭工夫，枉花金银，自己犯罪得罪了真活神，自己犯罪得罪了真活神。

弟兄姐妹，千万要谨慎，主的命令咱们要记在心，去旧人换新人，不要犯罪，要传福音，爱国爱教荣神益人，爱国爱教荣神益人。

从表面上看，这是基督教在宣传儒家的伦理，但实际上，《孝双亲》中已充满基督教的观念，如其第六和第七段说："爹娘下世可不要再孝顺，扎纸扎烧金银白搭工夫，枉花金银，自己犯罪得罪了真活神"，"主的命令咱们要记在心，去旧人换新人，不要犯罪，要传福音，爱国爱教荣神益人"。

我们知道，儒家的孝道传统是生养死葬，"生，事之以礼；死，葬之以礼，祭之以礼"。基督教要求基督徒在父母死后"可不要再孝顺"，不允许基督徒烧纸，将"扎纸扎烧金银"的行为看成"犯罪"，可见在基督徒那里孝道的理念内涵已经被部分置换。当然，不允许烧纸，提倡"厚养薄

---

① 当地方言，指冰窟窿。

葬"是符合现代文明的要求的。① 但是，这至少提醒我们，在强调基督教有利于社会道德重建时，我们传统文化的部分理念可能会被置换。

基督徒的伦理不仅局限于劝子女孝顺，也对家庭伦理做了全面的要求。灵诗《全家爱》涉及了父母、子女、公婆、儿媳、丈夫与妻子各个角色的人伦关系：

> 为父母的应当爱儿女，万不可因她怒，比她更不义，只要你按主道，让主养育她，讲道理为表率，人人都夸你。
>
> 当儿女的应当孝双亲，爹操劳，娘受苦，才把你养成人，羊跪乳，鸟反哺，还报养育恩，人比鸟有智慧，更当孝双亲。
>
> 为公婆的应当爱儿媳，万不可说她是金钱买来的，只要你待她好，当成亲闺女，你就是说错了，她也心欢喜。
>
> 当儿媳的应当孝公婆，万不可说公婆没有生养你，你知道你丈夫是他亲生的，为娶你受劳苦也是很多的。
>
> 当丈夫的应当爱妻子，万不可胡打乱骂找是非，你知道你家中，也有姐和妹，到婆家，人打她，你可依不依。
>
> 当妻子的应当爱丈夫，大小事要商量，并且要顺服，谦卑又忍耐，蒙神多祝福，听主话，神赐福，全家都得福。

可以发现，这首《全家爱》中，只有第一段和最后一段能发现基督教的痕迹，其他段落并没有引入神圣的超越之维度。

当然，这首《全家爱》中，仍有一些新的因素，最明显的莫过于频频出现的"爱"字——"爱儿女""爱儿媳""爱妻子""爱丈夫"。对传统中国人来说，"爱"是一个不容易说出口的字眼，更何况要出自农村中老年妇女之口。但对基督徒来说，"爱"并不陌生，因为正是基于对人类的爱，上帝

---

① 杨凤岗认为："中国基督教，在与儒家思想相结合后形成了儒家风格的基督教，它既保留了许多儒家传统的价值观，又对其不合时宜之处做了扬弃。中国基督教重视家庭的价值，这对于西方建立在个人主义基础上的基督教是一种匡正。"他"非常看好儒家与基督教深入结合后产生的新特点"，认为"这可能是未来中国宗教和宗教学研究贡献给全人类的财富"。参见《交流消弭误解　对话增进了解——访美国普度大学中国宗教与社会研究中心主任杨凤岗博士》，《中国民族报》2008 年 9 月 17 日。

才派遣他的独生子来到世间道成肉身，采取了人的形状，并替人类受死。因此，在教堂里时常会听到乡村基督徒说"上帝爱我""耶稣爱我"这样的字句。正是借助于基督教的话语体系，"爱"成为当地乡村基督徒常用的字眼。而对于非信徒来说，对父母应该孝顺①，对儿女、儿媳、妻子、丈夫的伦理要求就是"好"，"待人好与不好"是传统的标准。但在李村基督徒当中，"待人好"与"爱"成为并行不悖的日常话语体系的一部分。

可以看出，《全家爱》将"爱"转化为伦理规范，并用"爱"这一伦理规范重构了五伦关系，"孝"也被涵盖在"爱"这一伦理规范之下。"伦者，所以别也"，传统的伦理规范，就是对不同角色范畴的区别对待，"父严、母慈、子孝、兄悌"，是以，各个角色都有不同的伦理规范，各安其位各行其道。但是，在基督教"爱"②的规范下，在"圣爱"的笼罩之下，在"圣爱"与"人爱"之间的巨大反差与对照下，人与人之间"爱"的差异就微不足道，是故，《全家爱》将家人之间的人伦关系统合在"爱"这一基督教的术语之中。尽管基督教的十诫也特别强调处理父母的关系，中文圣经也将"honor your parents"翻译为孝敬父母，但儒家与基督教在处理子女与父母伦理关系的要求上存在不少差异，最大的差异在于，基督教是在引入上帝的维度下处理人世间的伦理关系，而儒家尤其是现今完全世俗化的乡土儒学是在世俗维度下处理人伦关系的。在祖先崇拜变成一种世俗的纪念仪式时，在风水、梦的信仰等观念式微之时，父母与子女的关系完全变成一种生育与被生育、养育与回报（生子养老）的世俗关系，在传统的信仰世界与宇宙观坍塌之时，完全基于世俗的人伦关系难以维系。③

在乡土社会形成道德规范上，基督教可起到表率作用，关键问题是要

---

① 孝顺包含孝敬和顺从。顺从父母这一传统孝顺观的要求，在当下的乡村已经难以见到。

② "信、望、爱"是基督教所说的"神学三德"。圣经说："现今存在的，有信、望、爱这三样，但其中最大的是爱。"（《格林多前书》）在奥古斯丁那里，爱的绝对重要性得以充分凸显，参见孙尚扬《利玛窦与汉语神学》，《中国民族报》2010年5月11日。

③ 阎云翔（《私人生活的变革》，2009）、郭于华（《代际关系中的公平逻辑及其变迁——对河北农村养老事件的分析》，2001）、陈柏峰（《代际关系变动与老年人自杀——对湖北京山农村的实证研究》，2009）等都强调传统信仰的坍塌对孝道的影响。郭于华曾在河北省村庄搜集到北方农村十分流行的《劝孝词》，这首《劝孝词》仍强调"不孝之人世上有天打雷劈也是真"，其内容转录如下："自古亲恩报当先说起亲恩大如天要知父母恩情（转下页注）

对其道德功能得以发挥作用的组织形式进行研究，最大限度发挥其功能。值得注意的是，我们不能一味强调基督教的道德功用，而忽视其对中国传统文化置换的另一面。尽管有些置换是符合当前进步潮流的，但我们至少必须洞察发生置换的事实而不能视而不见。

第三节　道德保障机制的重新考量

对个体的道德要求，若无制度支持，必然流于口号和形式而无法落实。面临群体内外的压力和监督，基督徒往往能落实基督教的道德要求。加入基督教意味着成为基督徒群体的一员，而基督徒是一个小群体，对群体成员要求比较高，做盐做光、为上帝做见证以及分别为圣的渴求，使得他们能较好地落实基督教的道德要求。对基督徒以外的群体来说，成为基督徒就贴上了标签，非基督徒会以他们眼中对基督徒群体的印象来看待基督徒，所以，在乡村，成为基督徒就必然面临外群体的压力与监督。如若基督徒不孝顺父母，非基督徒言谈之间就会造成舆论压力，会说："某某还信教呢，连亲爹亲娘都不孝顺。"有基督徒认为，外群体的监督是上帝的安排，是上帝有意借世人来监督他们。

基督教的讲道、见证、礼拜等运行体制保障了其道德规范的推行。作为一种宗教信仰，基督教的核心之一是相信上帝的存在，对神的敬畏这一超自然的维度也是保障基督教伦理落实的重要因素。当然，我们并不以

（接上页注③）大听我从头说一番十月怀胎担惊怕临产就是生死关九死一生逃过去三年哺育乳汁干生来不能吃东西食血脉当饭餐白天揣着把活做到晚怀里揽着眠右边尿湿放在左左边尿湿放右边左右两边全湿净将儿放在胸膛间偎干就湿身受苦抓屎抓尿也不嫌孩子脱衣她不睡敞着被窝任意玩纵使自己身有病怕冷也难避风寒孩子睡着怕他醒不敢翻身常露肩夏天警惕蚊子咬白天又怕蝇子餐又怕有人来惊动惊得强醒不耐烦孩子喜娘也喜孩子哭啼娘不安这么拍来那么哄亲亲喃喃蜜还甜手里擎着怀中抱掌上明珠如一般娘给梳头娘洗脸穿衣曲顺小肘弯小裤小袄忙来做冬日棉来夏衣单不会吃饭使嘴喂惟恐儿孙受饥寒惦记冷来惦记热结记吃来结记穿娘痛孩子心使碎孩子小时不知难长大成人往回想恩情难报这三年……养儿望防备老养儿不知报娘恩手拍胸膛仔细想知轻知重知为尊何人与你将妻娶何人与你过的门花费银钱那一个操心劳力是何人为人不把亲恩报头固脑何为人不孝之人世上有天打雷劈也是真为儿若有别的意诚望劝儿动动心。"郭于华录自河北，时间：1996年3月20日。参见郭于华《代际关系中的公平逻辑及其变迁——对河北农村养老事件的分析》，《中国学术》2001年第4期。

为，为了重建伦理必须借助包括基督教在内的宗教，但我们可以从基督教伦理得以落实的案例中发现并尽可能重构伦理的制度支撑和保障机制。

不存在纯粹的真空中的道德，道德观念必然受到社会现实的影响，我们必须为伦理设计制度保障使其得到落实。否则，若伦理如一滩水没有自己的实质内核而可以随容器、其他液体的加入而变换，那么伦理道德必然成为社会现实的因变量，随社会现实而一变再变。如果伦理底线一再降低，那么所谓的伦理底线其实也就是没有底线，这是很可怕的事。因此，为伦理提供制度支持是迫在眉睫之事。换言之，道德是制度培养出来的，而非单纯依靠善端而自然萌发的。若没有包括奖惩在内的有效制度保障，善端也会遭到扼杀。

第十章
孝道的延伸——传统葬礼与基督教礼仪的冲突与交织：理念与符号视野下的考察[*]

如前所述，葬礼与祭祀仪式是儒家孝道的应有之义。基督教传入后，面临中国人葬礼与祭祀上在传教士看来带有"偶像崇拜"的仪式，传教士采取或宽容或严厉的措施改变中国信徒的葬礼以尽可能彰显基督教的色彩。在李村，教会不仅在讲道中对信徒进行教育，不允许信徒烧纸、跪拜，还将这一要求编入《孝双亲》。《孝双亲》第六段要求基督徒在父母死后"可不要再孝顺"，将"扎纸扎烧金银"的行为看成"犯罪"，由此可见两种文化在葬礼仪式程序上的冲突。现实中，两种葬礼上的冲突也层出不穷。

基督教与中国本土文化之间的冲突与融合，一直到现在仍然没有停止，但这是以一种相对温和的方式，甚至可以说是以一种不为人注意的方式，作为一股潜流默默地、慢慢地与中国传统的文化产生着冲突、融合。当人们注意到的时候，基督教和中国文化都已发生了不可思议的变化，这时要追寻其变化的过程就变得极为艰难，因为好多东西是以基本上不被人们察觉的速度慢慢发生变化，很难捕捉。但是尽可能勾勒其变化的过程、轨迹，又是一件令人神往的事情。立此存照是必要的，也是急需的。佛教

---
* 本章部分内容已发表，此处增加了部分内容，并对原有内容做了改写与调整，特此申明。原文参见李华伟《理念与符号：基督徒的文化认同与乡土文化变迁的模式——以豫西李村基督徒在葬礼上的冲突与调适为例》，《中国农业大学学报（社会科学版）》2008 年第 1 期。

中国化的过程，因年代久远，史料匮乏，有很多细节已经不可考，我们看到的只是其简单的过程和结果。对基督教来说，勾勒其变化及其与中国文化互动、互相影响的过程，则尤显迫切。

基督教在华传播的过程，就是基督教与中国文化尤其是宗族中丧葬、祭祀仪式的交锋、冲突、融合的过程。以前大多数学者的研究，仅停留在对两种文化之间的关系之宏观研究，没有对文化进行进一步细化，限制了研究的深度。从理念与符号的观点看，基督教与中国文化都有各自的理念与符号，两者之间的冲突与调适，应该得到更深层次的开掘。自天主教明末入华以来，基督宗教与儒教在葬礼、祭祀仪式上的冲突至今绵绵不断，① 应该得到充分的关注。而理念与符号的观点可为我们探究这一问题提供有效的透视结果。

引言　理念与符号观点简说

理念与符号这一对概念被用到宗教研究上，应属林治平在《理念与符号——一个思考基督教与中国文化社会的模式初探》一文中首倡。林治平借用记号学探讨理念与符号的概念，并参考政治符号理论，将这一理论用到宗教研究上，并"计划试从（一）基督教的理念与符号在西方发展形成的过程；（二）从理念与符号的观念探讨中国反教运动、教案形成诸问题；（三）从理念与符号的观点来探讨中国基督教本色化的问题；（四）从理念与符号的观点探讨基督教在华宣教问题"②。林治平已就反教及教案问题作了探讨，他对上述理论架构的努力，给我极大的启发。

虽然并不是任何理念都有符号与之对应，但作为文化重要部分的仪式是可以分为内在理念与外部符号的。理念是观念的、不可见的东西；符号是可见的，它可以是静态的存在，也可以是动态的一个或一系列行为。

理念与符号是互相依存的。理念选择符号来表达、来显明或者说彰显

---

① 关于明末清初葬礼的交织，参见〔比利时〕钟鸣旦《礼仪的交织：明末清初中欧文化交流中的丧葬礼》，张佳译，上海古籍出版社，2009。

② 林治平：《理念与符号：基督教与现代中国学术研讨会论文集》，台北，宇宙光出版社，1988，第124页。

自我，长期得不到彰显的理念必然湮没无闻。失去理念或者说理念只为少数人所知的符号，尽管可能随着生活惯性仍存，但已走上衰亡、消失之路，一旦受到其他力量的攻击，极易走向被丢弃的命运。当然人们也可以赋予其新的意义（理念），这一新的理念只要得到人们的承认，符号自然可以延续下去。

一个仪式中，理念可能不止一个，而是一系列，每一个理念都有一个或数个与之相应的符号，随着其中某些理念的失落，对应的符号也被丢弃，或者被赋予新意。这样，仪式的内在理念或者符号，就慢慢发生了变化。

只有内在理念与外在符号都很明确且两者相符的仪式才是正常的、稳定的，符号之混乱、无序，显示出理念之混乱。除非找到理念与符号相合之道，否则仪式必然全部或部分衰落。

理念与符号二者是独立的，但存在对应关系。理念有强弱之分，符号也有强弱之分，如此，理念与符号有以下几种情况：

1. 强理念　强符号　正常状态（繁盛）

2. 弱理念　强符号　非常状态

3. 弱理念　弱符号　正常状态（消亡）

4. 强理念　弱符号　非常状态

	正常状态（繁盛）	非常状态	正常状态（消亡）	非常状态
理念	强（+）	弱（-）	弱（-）	强（+）
符号	强（+）	强（+）	弱（-）	弱（-）

理念与符号之间的关系有以上几种情况。我们可以假设，在起初，一个仪式的理念与符号是繁盛的正常状态，也即理念与符号都处于强的状态。随着时代的更迭和社会条件的变化，理念已经变弱，符号由于惯性仍然处于强的状态。渐渐地，由于相对应的理念失落，部分符号也变弱了。这时有两种可能性：其一是这一仪式处于消失的状态，永远沉寂于历史的长河中；其二是这种仪式的理念或者符号得到加强，变成非常状态，最终重新成为强理念与强符号的状态，即正常的状态，这样，理念与符号处于

协调状态，仪式得以完全高效的运转。

随着理念失落，由于惯性的原因，仪式可能继续举行一段时间。但如果长期没有内在理念的支撑，终究没人再主动举行仪式，或者即使举行仪式，由于没有内在的认同，仪式必将无可挽回地失落。

但必须注意一点，在仪式失落之时，可能有人将新的理念赋予原来的符号，使得理念与符号重新成为匹配的状态，并正常运作。所以，如果我们看到不同时期的相似或完全等同的符号，我们必须注意这一符号所承载的理念可能已经被置换过了，可能已经与原来的理念有天壤之别。

在述说了理论之后，我们必须结合文化实践来探讨这一问题。故而，本章以下部分以李村基督徒的葬礼为例，探讨两种葬礼的冲突及其对中国乡土文化的渐进影响。为了弄清李村基督徒在葬礼上所采取策略的根据与来源，我们必须回顾历史上基督教界对中国信徒葬俗的意见。

第一节　基督教内对中国信徒葬俗的意见①之变迁

1704 年《教王禁约》："凡入天主教之人，或在家里，或在坟上，或逢吊丧之事，俱不许还礼"；"如天主教之人，或说我并不曾行异端之事，我不过要报本的意思，我不求福亦不求免祸，虽有如此说话者亦不可"。②从以上引文可以看出，18 世纪早期的罗马教廷不许信徒在吊丧之时还礼，中国重视礼尚往来之事，不还礼，会被视为对人的不尊重，这是中国人很难容忍的。天主教对信徒婚丧之事的干涉，极易引起非信徒极大的愤怒，往往引起极大的争端。

19 世纪下半叶，反洋教揭帖中有许多关于天主教信徒临死之时，传教士到信徒（主要是天主教徒）家中做终傅礼，民众对此有种种的猜想。神

---

① 为了探讨当代中国乡村基督徒葬礼所受教会方面的历史影响，梳理基督教内对中国信徒葬俗的意见，尤其是民国时期教内对这一问题的看法就尤为必要。尽管当代李村基督徒的仪式实践与这一宏大的叙事没有直接的关联，这些意见仍然有着不可忽视的、内在的、潜在的影响。

② 陈垣：《康熙与罗马使节关系文书案》，〔意〕马国贤《清廷十三年——马国贤在华回忆录》，李天纲译，上海古籍出版社，2004，第 169～170 页。

父做终傅礼时，往往让死者的家人避开。这一行为，加上信徒因为贫困信教，接受外国传教士的金钱这一事实，成为中国士人对天主教神父的行为进行猜想的根据，也成为中国大众接受这一看似合理猜想的理由。这种行为被谣传成传教士来挖取中国信徒的心、眼，做金子或者卖去配药。① 而家属之所以允许传教士这样做，被想象为入教时信徒拿了传教士的钱无力归还，只好听之任之。② 产生这种猜想的理由在于外国传教士很有钱，而且很大方，而中国人认为洋人好利，舍得给钱一定是为了赚得更多的钱。加之，当时的中国人对天主教终傅礼的不理解，不理解为什么外国人要不远千里来到中国而且还给人钱，所以不免猜疑，认为外国人的眼不能用于炼银子，所以才来到中国，这样的设想似乎暗示着鲁迅先生批判过的中国人的自大心理。

1913 年"中华续行委员会"成立，之后曾向华人牧师征求关于祭祖的意见，结果表明大部分人仍然持一种严厉的态度。在收回的 34 份问卷中，问及于葬丧仪式或祭祖时是否容许中国信徒在棺木、照片或墓前鞠躬、跪拜或献祭时，29 人表示反对，其余 5 人表示接纳鞠躬。不过所有人均表示没有制定任何基督教的仪式来取代传统的丧礼。③ 1918 年，第六届续行委办会公布了调查结果：一年前向全国教会领袖④发出 923 份问卷，收回 264 份（来自 15 个省，隶属 24 个不同教会）。其中，"137 人认为基督徒在举行葬礼时，除了静默及悲伤外，一切仪式均应革除；有 61 人同意可在遗体前站立默哀；另有 63 人接受在遗体前默哀及鞠躬；只有 3 人表示可向父母亲的遗体跪拜，2 人认为近亲的遗体亦可跪拜"⑤。从中可以看出华人牧师

---

① 王明伦：《反洋教书文揭帖选》，齐鲁书社，1984，第 200 页。
② 苏萍：《谣言与近代教案》，上海远东出版社，2001，第 69 页。
③ 邢福增、梁家麟：《中国祭祖问题》，香港建道神学院，1997，第 66～67 页。
④ 似乎包括华人牧师和外国牧师，两者人数和比例以及这两个群体所持观点有待查明。资料最终来源是 1918 年"中华续行委员会"第六届续行委办会会议公报，以英文发表，名为 "Report of the Special Committee on the Chinese Church in Proceeding of the 6ᵗʰ Annual Meeting of the China Continuation Committee"，Shanghai，1918，pp. 32-33，转引自邢福增、梁家麟《中国祭祖问题》，第 67～68 页。
⑤ 邢福增、梁家麟：《中国祭祖问题》，第 66～68 页。

中基要主义①的观点占了很大的比例，在我看来，其主要原因是这样的：华人牧师及其家庭大多为信仰基督教付出了代价，这种人生经历使得他们在这一问题上采取严厉的立场。

诚静怡在 1926 年发表的《本色教会之商榷》一文中，提出中华全国基督教协进会应研究的几件事，第六条就是研究我国教会中之数种礼俗，包括礼拜、圣诗、丧葬及结婚等礼节。② 同年，王治心在《本色教会的婚丧礼刍议》中考察了儒家文化关于丧和葬的原意，批判了近世丧葬礼的迷信，提出"采取两方面的精华，改良中国崇尚虚文之弊，益以基督教的精神，而规定一种适当的丧礼"，他建议分四阶段：讣报戚族、陈户开吊、成服领帖、出殡安葬，在每一阶段均有适当礼法要求。③ 但是仔细阅读几条建议，发现这些建议其实只是对城市基督徒有用，根本没有考虑到农村基督徒的实际生活情况，如他建议印讣闻、尸体旁边堆积鲜花、悬死者照片，这在广大农村很难实现。在我所调查的李村，2000 年以来葬礼上才开始悬挂死者照片，遑论以前。当然王治心本来就是提意见，希望有人共同探讨，但是响应或者批驳这一倡议的并不多。

基于基督教的理念与中国葬礼的实际，基督教届对信徒葬礼提出了许多的意见与操作要求，对基督徒的葬礼产生了或多或少的影响，可是历史的细节已经难以考察。为了考察这些要求在基督徒的具体生活中究竟是何种样态，我们必须将之放到一个具体的时空背景中。

第二节 李村葬礼的一般模式

李村人强调老人去世前那一刻，眼前的亲人越多越好。发现老人医治无效，孝子会凑近前去听听老人还有何交代或者是否还有气息。等到老人已经没有呼吸，家人就号啕大哭，哀悼亲人的亡故，并开始安排葬礼的诸

---

① 至于中国的基要主义，问题很复杂，限于学力，恕不论述。当今基督教中灵恩派的盛行，也是很复杂的问题，可参见黄剑波《"四人堂"纪事》，2003。

② 诚静怡：《本色教会之商榷》，张西平、卓新平编《本色之探：20 世纪中国基督教文化学术论集》，中国广播电视出版社，1999，第 263 页。

③ 王治心：《本色教会的婚丧礼刍议》，张西平、卓新平编《本色之探：20 世纪中国基督教文化学术论集》，第 481~484 页。

种事宜。

李村葬礼大致经过以下几个程序。

（1）给老人换寿衣。老人过世后，要由儿女给老人擦身，之后换衣服，都是单件，这些衣服是在专门的寿衣店中买的。换好衣服后，把老人抬起放在两张板凳架起的门板上，脚朝向门口。老人刚去世，一日三餐，照常供饭。

（2）后代子孙戴孝。一般是在头上缠一条白布，布端根据与死者的关系染成各种颜色，一般是这样的：儿女辈孝布纯白，孙辈黄色，玄孙辈红色，出殡时拿的哭丧棒上纸的颜色也与此一致。儿子披麻戴孝，头戴白色粗布折成的孝帽，一直披到肩上，腰缠麻绳，鞋面全部附上一层白布，趿拉着鞋。其他人的鞋子，根据与死者辈分远近，分别缝上大小不等的一片白布。

（3）设灵开吊。其实也就是等着亲属过来看最后一眼，即吊孝。由于有丧者的远房亲属到来，所以会安排在院子里垒起灶台请厨师做饭。同时请来响器班子，在门口吹奏哀乐。门口专门摆上一张桌子，由一人负责管账，一人负责辨认亲属，看到亲属来了，就示意响器班子吹奏哀乐，里边的孝子听到哀乐响起，就开始号啕大哭，准备接应他们哭灵。在凭吊期，已经安排风水先生去看风水，亡者墓穴的大致位置是早已经明了的，在其父母亲脚下（墓的下方，当地一般是头顶西北的五龙山，脚朝向东南），请风水先生主要是看在哪一具体位置从哪个方向开挖比较好，看好了就安排同族旁系的年轻人去挖墓穴。

（4）烧马。一般在埋葬前的晚上，把用纸和高粱秆扎好的纸马拿到大门口，在纸马身上披上老人穿过的一件衣服，在纸马周围放上柴草，准备点燃。这时候，死者亲属披麻戴孝来到门口，列队跪下，等到点燃柴草，亲属开始哭成一片，叫着"我的某某（称呼）"。随着大火烧起来，主礼者拿起一根棍子朝着纸马中间一棍子打下去，家属的哭声达到顶峰。大概持续两三分钟，哭声减弱，只有孝子、孝女还在地上跪着，大声痛哭，喊叫着"我的娘你怎么忍心丢下我不管"。这时，已经停止哭泣的死者本家的亲属开始按主事人的要求或者约定的习惯，去搀扶自己该搀扶的亲人。

（5）入殓、出殡。烧马次日，择吉时入殓。将死者连同席子一起放入棺材。待放好后，也不急于盖棺，先放着等远房的亲属来吊孝，再看最后一眼。等到准备出殡，就开始盖棺，盖棺时，主事者先在棺内撒一些铜钱（垫背钱），由死者儿子去摸，试试能否摸到这些撒下的铜钱。据说摸到的就有福。之后，就要盖棺了。盖棺时，晚辈亲属全体跪下，失声痛哭，从此阴阳两隔。

午饭过后，准备出殡。主事者把准备好的公鸡①拴住双腿，放在棺材盖上，据《周礼·春官·鸡人》载："凡祭祀、面禳衅，共（供）其鸡牲。"面禳是指四面皆禳，禳者是专指驱邪除恶的祭祀，可见自春秋时起，遇避恶之祭就用鸡做牺牲了，由此也可看出，古礼还依稀存在于当地人生活中，所谓"礼失求诸野"。

出殡的场面最为宏大，死者的远亲、近亲，按照自己与死者的关系戴好孝，听主事人的安排。大部分人先来到大门口，在大门口按照规矩排好，等到孝子护送着棺材出来，将棺材放在门口的凳子上，稍事休整。看到棺材，众人开始号啕大哭。等到过一会儿哭声渐稀，就抬起棺材来往墓地进发，这时哭声一直不断。出殡队伍一般是这样安排的：前面是族内的年轻人打着"帐子布"（由两根竹竿挑起的挽联），主事人手里拿着篮子，边走边撒纸钱，然后是吹响器的，然后是棺材，棺材后面是孝子抱着老盆，孙子扛着柳幡（柳树枝上挂着白纸条），紧跟着的是死者的其他亲属，一路号啕大哭。一般女性家属在后面。

到村口，棺材要停下来。这时，有些与死者同辈或辈分稍长的亲属就可以回去了。他们一定要把头上戴的孝布取下来，放在水里湿一下，据说不这样做家里也会接着有人去世。

（6）下葬。抬着棺材来到墓地，先放在旁边，看看怎么放下去合适，同时由风水先生用罗盘测一下，确定下葬时棺材摆放的具体位置。待棺材入土后，孝子们手拿铁锹，往坟墓内填土，而其他人则跪着大哭。孝子摔老盆。等坟墓圈好了，把老盆放在坟墓的前方（脚的朝向），把哭丧棒插在坟头，按照风水先生的指示把柳幡插在坟边，这时有一个孝子把从家里

---

① 断气时未抬到外间，要用公鸡。《林县民俗志》上说："若断气时未抬到外间草铺上，称'隔梁断气'，需要买一只活公鸡，出殡时随葬抬出放之野外。"参见李金生主编《林县民俗志》，黄河文艺出版社，1988。

带来的装汤饭的瓶子摔碎，之后把瓶子挂在柳枝上。

（7）"做七"、百日与周年的祭奠。当晚由子孙来送饭，带上香、铂、饭去坟上祭奠，之后第三天的中午要把蒸好的饺子带到坟上祭奠。然后就不来了，直到第七天再来（"做七"），以后逢"七"儿女都要来，五七、百日比较重要。之后就是一周年和三周年，一般要在这一忌日待客，这和喜事差不多，只是饭菜很简单。当日中午，儿女要到坟上去，带上香、铂、食品，到坟上烧纸、放鞭炮。即使后代不富裕，不愿意花费，这一日不待客，也要带上香、铂、食品，到坟上烧纸、烧花圈和女儿带来的纸扎的宝塔、金山、银山，烧纸的同时放鞭炮，儿女也要大哭一场，但是已经没有以前那么悲戚。三周年以后，忌日就不需要专门祭祀，只是和其他已去世的亲属一样，在上坟时统一祭祀。

第三节　交织的葬礼：历时视角

李亦园先生从 1941 年偃师县东平村中基督徒丧礼上的冲突入手，认为"近代中国文化的变迁可看作是异质化了的文化与统一的社会互相作用的表现"①。李亦园先生所用的资料是《河南偃师县的田野纪实》，当时村中有两家受洗，死者是一位老太太，她的长媳（寡居）、次子、次媳及两个孙子都信奉基督教，而且"信奉虔诚，生活习惯几乎完全改变传统的做法"。老太太临终前吩咐儿孙按照基督教葬礼办，但是她娘家是大户，也很固守传统习俗，所以就引起极大的冲突。舅父带着一大帮人把孝子、孝媳打了一顿。由于冲突，出殡被迫推迟一天。出乎意料的是，次日的出殡没有遇到阻拦，完全按照基督教葬礼举行。丧葬队伍经过娘舅家门口时，送葬的人都很害怕，结果却比预想的要好，娘舅家的人在门口设八仙桌，按照传统的方式进行路祭，双方倒是相安无事。②

与李亦园先生看到的那个村落中基督教居于绝对弱势的情形不同，③基督教在李村教堂周边村落发展迅速，已经影响到乡村民众日常生活，民

---

① 李亦园：《宗教与神话》，广西师范大学出版社，2004，第 202 页。
② 李亦园：《宗教与神话》，第 199～201 页。
③ 现在这个村子基督教的情况，应该有了很大的变迁，值得回访。

众对基督教的态度已经有了很大的变化。

当被问到丧礼有何不同时，一位信主的老太太说："任何人都不跪，耶稣的儿子谁都不跪。去世封墓之后不看，不过七不过百日，正月上坟挂纸，不叫摆供。"可是问题并没有这么简单，尤其是碰到家中有人信教有人不信时，信徒怎么处理才能既符合自己的信仰，同时又不像李亦园先生提到的偃师县的例子那样引起很大的冲突，确实是一个关乎信徒信仰与家庭、宗族协调的重要问题。由于笔者长期对此地进行追踪调查，所以，我们可以简单勾勒十几年内的几起葬礼及其反映出的文化变迁。

90 年代初，一位女信徒的母亲过一周年忌日，按照当地的风俗，女儿要找人做纸扎送到坟上去。她很矛盾，因为她觉得这有违基督教信仰，可是娘家的兄长都不信耶稣，她也不敢违背风俗，可风俗在她看来是迷信，有违自己的信仰。经过内心的挣扎，一周年忌日当天她还是拿着花圈、纸扎回到娘家，把这些送到母亲的坟上，一顿号啕大哭。回到家里，她开始祷告，说："我这是犯罪。"面对上帝与母亲、兄长、亲属，她首先选择了后者，明知是"犯罪"还要这样做，宁愿"犯罪"之后再忏悔。这一方面说明当时基督教的发展还处于开始阶段，还没有深入人心，另外也说明了当时家人、传统风俗的压力。

2002 年暑假，笔者参加了调查地一位伯母的葬礼。她的五个儿子及五个媳妇中，只有二儿子及其媳妇是不信主的，其他四对都是信主的。卧病在床的她曾对儿子们说过这样的话："我知道你们信主，我死后，你们不跪，也就算了。"

李村老人死后出殡时，儿子应该双膝跪下大哭。出殡时，四个信主的儿子，蹲在地上大哭，而那一个不信主的儿子跪在地上大哭，但是他是单膝着地的。他舅舅看到后，对准他的腿窝一下把他没跪的那条腿踹得跪在地上。按理，跪拜双亲，尤其是在丧礼上，应该双膝着地，而他单膝着地，显然不合规矩，娘舅那一脚踹得他无话可说。而对另外四个信主的外甥蹲在地上大哭的做法，娘舅并未干涉。这件事使笔者意识到基督教对丧葬仪礼的极大冲击及人们对基督教的逐步认同。

从 20 世纪 90 年代初到 2002 年，10 年之间，发生了巨大的变迁。伯母的儿子在他们母亲的葬礼上可以不跪，娘舅默许。这一默许，意味着基督教逐步为村民们所认同。

2005 年 8 月笔者访问赵牧师，问起基督徒与普通村民在葬礼上有没有发生过冲突，他介绍说："一般发生的不多，但也发生过，那一般都是宗族势力大。有一家按照基督教葬礼办，人家不叫进坟地。"笔者问怎么处理的，他回忆说："最后，那一家拔坟（另择坟地）。那都是大宗族，极个别。"笔者问这是哪一年的事，他说："这都是十几年前的事，现在宗教政策贯彻普遍，没事。"赵牧师是全县唯一的牧师，又是县三自会的会长，认为这是宗教政策贯彻的结果，而实际上基督教自身实力的慢慢增强，逐步为越来越多的人认同是这一变化的最根本原因。

但是，基督教葬礼的仪式为人们所知，并不意味着基督徒葬礼上的冲突不复存在。2008 年 8 月底笔者亲历了一位基督徒葬礼中两套并行不悖的仪式。由于死者的大儿子不信教而小儿子信教，且两个儿子都坚持自己的主张，是故这位基督徒的葬礼上传统仪式与基督教仪式并存，而且传统仪式居于主导地位。在仪式的每一个环节，如入殓、火化、接灵、出殡等，都由唢呐班和教会圣乐班分别按照自己的仪式处理。

2010 年底，李村另外一名基督徒的葬礼则是采用单一的基督教仪式。去世的这位基督徒生前因心脏有病而入教，其大儿媳信教，二儿媳、三儿媳均不信教。但因为其老伴是基督徒，力主按照基督教仪式举办，所以，他的几个儿子、儿媳都没有反对。葬礼看似和谐，但笔者听到五服内的非信徒反映葬礼太寒碜、不像话。询问得知，变迁中的基督徒葬礼尚未形成固定的程式，连红白理事会的理事都不知如何处理，还要请主家问问教会方面再临时协调。因为仪式简化，攒忙的人少，所以主家没有起火做饭。而教会来的圣乐队和圣诗班均就地取材利用主家的灶台和材料自己动手做饭，自给自足。五服内的非信徒搞不清主家是否管饭，犹豫是否需要自己回家开火做饭，而管事的也拿不定主意，故而显得混乱、没有规矩。

第四节　"假孝"与"真孝"——葬礼背后的灵魂观与孝道观之冲突

当被问及基督徒为何举行不同于传统的丧礼时，一位整日在李村教会看门的老太太谈起了基督教对灵魂的看法，她说："人的肉体和灵魂是分家的，灵魂好比衣服，人睡觉的时候不穿衣服，（所以）不能见人，早晨起来才穿上衣服见人。"一位 50 多岁的男信徒说："人有肉体和灵魂两部分，死后，肉体在坟墓，不信主的灵魂到地狱，地狱有很多层，好人一层，恶人一层，你看那电视上人在地狱多是苦，犯啥罪在哪一层，偷人家的一层，杀人的一层，吃也吃不成；信主的，灵魂被上帝接走了，就在上帝身边，生活在伊甸园中，吃啥有啥。"问他吃啥，想了一会儿，他接着说道："在伊甸园，生活通美来，吃圣灵果，喝圣灵泉里的水，唱赞美诗。"

谈到葬礼，李村教会看门的老太太显得兴致很浓。她说起对非信徒葬礼的看法，提到烧纸马的行为，老太太唱起了顺口溜："假孝子泪纷纷，扳倒纸马你报娘恩，你把你娘诓出门，喊到马上叫众人扪（音，意思是"打"）。"可以听出来，老太太对烧纸马——这一当地人相沿已久的习俗——进行讽刺，称这种行为为"假孝"，也正是通过对这种行为的批判，确立了基督徒葬礼行为的"真孝"。但是，无论如何都是在孝的前提下述说这一问题的。

谈到葬礼，我问老太太："要是一家人中，有人信、有人不信，葬礼怎么办？比如老人信，儿子和媳妇不信，咋办？"老太太说："那听孩子们咋说，要是说按照教会的规矩办，教会里就去人，要是按照世人规矩办，教会也不管。"老太太解释说："教会的规矩是管活不管死"，"如果说是老婆婆升天、老了，给娘家说通，娘家答应按照教会规矩办，教会就安排"。

老太太说，基督徒死后要是儿子们愿意按基督教的葬礼办，教会就派人去，"要砍（树枝做成）一个十字架，一个雪花柳"。问及谁拿十字架，老太太说孙子拿。2005 年 8 月再次在教堂里看到老太太，再次聊起这一话题，详细追问，才明白，若孩子们请教会出面为过世的老人办葬礼，教会就派人去帮忙做一个十字架、一个雪花柳，我原以为十字架是白色的，因为当地葬礼尚白，没想到仔细一问才知道十字架是红色的，是用木头做成，然后刷上红漆。① 见我诧异葬礼上的十字架是红色的，老太太解释说：

---

① 插在地上的那头不刷。

"那是耶稣的血，避邪。"略微停了一会儿，她说："升天不借十字架不行。你看唱那戏里，杜永在地上画一个十字架升天去了。"她老伴听了说："啥，那都不一回事。"

笔者问老太太基督徒葬礼与一般人的葬礼有何不一样，她说："不叫烧，不叫跪，鞠躬，在教会里开追悼会，纸钱、压纸、阴阳先（生）、老公鸡都没有。"问临终有没有祷告，她说："有，一般人一断气身子慢慢变硬，信主的，祷告后身子就变软了，然后入殓。"问到出殡时的具体情况，老太太说："号队鼓队在前，教会的大白旗也在前，后头是人家亲戚。一般信徒送出村就回来了，牧师长送到坟上。"

与长期流行的传统葬礼相比较，还是能看出基督徒葬礼所做的变革与对传统葬礼的承继关系，以及基督教在寻找生存空间的同时保持自己特征、宣扬自己力量时所采用的策略。十字架，由死者孙子拿着，这和一般人葬礼上柳幡由孙子拿着相对应；长子原来手捧老盆，在基督徒葬礼上则捧着父（或母）的遗像；哭丧棒变成了雪花柳。

2005 年 8 月 27 日笔者见到了赵牧师，就基督徒葬礼与非信徒葬礼的异同这一问题访问了他。用赵牧师的话说是大同小异，"最大的不同是不焚纸，孝子不跪，照样穿孝衣、照样哭，还有就是不信的要土①，说带回去好了啥的，信的没有这，那是偶像"。

确实如此，可以说葬礼上，制度性的东西不会变，比如五服制可能在历史的长河中有了不少的变异，但人们生活中仍有这一制度的遗存，办丧事时仍按照这一制度来。在基督徒的葬礼上，基督徒还唱灵诗，老太太当时唱了一段："平安享永远的荣华富贵，世界不是你的家，你只是做客旅，天堂是你永远的家。"老太太还给我解释道："人活不过百岁，一般人不过八九十（岁），待在世上时间短……"

听到"客旅"②两个字，我是很惊讶的，也许正是看到我的惊讶，老太太作了解释。从这简短的诗歌中，可以看到老人信了基督教之后对死亡

---

① 即从坟地带土回家。

② "客旅"两个字，绝对不是一个足不出户的老太太所能想出来，或者能够从书中看到而后运用的（老太太并不识字），据我的猜想这是她在教堂听布道或者与教友交流时学来的。客旅，出自《以弗所书》2 章 19 节："这样，你们不再作外人和客旅，是与圣徒同国，是神家里的人了。"

和死后世界的看法。无疑老太太的思想是基督教的，然而从中也似乎可以辨析出佛道天堂观念的深层影响。① 不管怎么说，人不可能超越自己浸润其中的文化，总是从自己原来的文化来理解、看待其他文化或事项的，要求每一个农村的基督徒都对基督教有很深的体认，要求他们完全摆脱实用的、功利的世界观，是很难的。但即便这样，异质因素的进入，仍慢慢地改变着当地葬俗，两种葬俗的异同见下表。

葬礼类别	葬礼上孙子职责	葬礼上长子职责	拿哭丧棒（哀杖）否	是否烧纸	是否穿孝服	是否跪拜
一般葬礼	孙子背柳幡（由柳枝上挂白纸条做成，柳幡插在坟前）	长子捧老盆（有遗像的话，由其他子捧）	众人拿哭丧棒	是	穿	是
基督徒葬礼	孙子拿十字架（由树枝做成刷红漆，十字架插在坟前）	长子捧遗像	拿雪花柳	否	穿	否

小结 理念与符号：从葬礼看基督徒的文化认同与乡土文化变迁的模式

　　丧葬礼俗的变迁与基督教葬礼的本土化并不是本章关注的重点，本章关注的是基督徒葬礼上的冲突及其对当地社会结构的影响。葬礼是社区的公共事件，基督徒葬礼与传统葬礼的不同之处自然会引起村民的关注与议论。

　　毋庸置疑，基督徒葬礼上的花费较传统葬礼要低。若单纯从经济角度考虑，贫困的人和"不孝"的人更愿意采用基督教葬礼仪式以节省花费。但是，葬礼是孝道的延伸，是孝道在公众面前的展示，是故，一些人即便在父母生前不孝，在父母死后却大肆铺张大办葬礼。②

　　针对葬礼上可能出现的冲突，教会采取"管活不管死"的策略，即根

---

① 郭于华在调查中发现中国天主教徒对天堂的理解也具有务实的意味。参见郭于华《死的困扰与生的执著》，中国人民大学出版社，1991，第186页。
② 这是儒家容易培养虚伪人格的明证之一。

据死者子女的意愿决定是否为死者举办基督教式的葬礼。换言之，是否举办基督教意义上的葬礼完全取决于死者儿女的态度和意愿。如果基督徒去世，而其儿女愿意按照传统葬礼举办，教会并不干涉。可以看出，在葬礼的举办上，教会并不具备主导权。只有在死者儿女邀请教会时，教会才会出面前去帮忙。问题的复杂性在于，只有当老人的子女都同意按照教会仪式办理时，传道人才能施展权威，指导葬礼仪式的程序；如果老人的子女既有主张按照基督教仪式举办者，也有主张按照传统仪式举办者，此种情况下，教会传道人的权威以及基督教的仪式能在多大程度上体现出来，端赖老人子女中①何种主张居主导地位。

回溯历史，我们看到李亦园在 20 世纪 40 年代发现的基督徒葬礼上两种并行不悖的仪式，在 70 年后的今天仍在李村上演。这说明，即使基督徒人数增多，即使基督徒对当地社会结构产生的影响更大，也并未能使基督徒的亲属们都认同其理念与仪式。葬礼上的冲突并不会随着基督教影响的加大而自行消失。基督教葬礼仪式对社区的冲击，反而激发了部分人在父母去世后采取传统葬礼仪式的愿望。

中国传统葬礼仪式有一套自己的理念与符号，尽管传统葬礼重视仪式胜于重视理念，但理念仍存。这些与基督教不同的理念，维系着传统葬礼的仪式符号。因葬礼背后的灵魂观不同，葬礼上的冲突在所难免。加之葬礼是子女孝道的公开展示，所以，为了显示自己的孝，为避免邻居因基督徒葬礼仪式的简化、寒碜而议论、说闲话，一些村民甚至不顾父母临终前举办基督教式葬礼的意愿而有意采取传统葬礼仪式。职是之故，在可预见的未来，葬礼上的冲突，葬礼上出现两种并行不悖的仪式结构仍是在所难免的。

从葬礼的冲突与交织，我们可以进而探究基督教对乡村社区文化变迁的影响及其发挥作用的机制。

1. 基督教的理念与符号

基督教的理念，特别是本章讨论的为当地人所接受的基督教的理念，主要就是"不拜他神""罪与救赎""爱"。当然这些理念不一定都有符号与之相对应，"不拜他神"这种理念体现在当地基督徒的行为中主要就是

---

① 若死者为女性，其娘家兄弟或侄子们的权威及主张则具有主导地位。

不烧纸，不跪拜除耶稣外的任何人或神；"罪与救赎"主要体现在十字架上，即人的罪为耶稣所担当，也就是当地基督徒所说的"承认自己有罪，信耶稣，信靠耶稣就得救"；"爱"，体现在信徒为社会服务，关怀他人。

民国时期，有些基督教内人士已经认识到基督教之内在理念与符号的区别，宋诚之认为两者关系是"仪式者，精神之寄托，精神者，仪式之内在，是二者互为表里，不可偏废者也"。这里宋诚之所说的仪式类似本章所说的符号。方豪在一篇文中说："民国二十八年，教会以我国民智日开，国人今日之于祭祖，已纯为民间之一种仪式，而无复有迷信思想，遂弛其禁。"① 方豪的看法，已经涉及中国文化理念与符号的关系问题，已经明确地提到祭祖的理念（观念）与符号（仪式）之间的不匹配，或者说注意到祭祖的观念已被置换的问题。

2. 中国本土文化的理念与符号

中国本土文化，或者说在没有受到近代西方文化侵入以前的中国文化，其基本理念是"孝"与"忠"，表现在社会结构上是家与国，这里的家可以理解为家庭和宗族。家庭和宗族的外在符号有堂屋、神龛，祖祠、祖坟，以及动态的祭祖仪式等。历史上，家庭是国家的基础，甚至可以说是具体而微的国家，是国家稳定的保障，家庭的理念也是国家的理念。家庭与国家有着相互的支撑关系，家庭撑起了国家，国家也为家庭的存在提供支持，国家不仅提倡"孝"，而且为其提供制度保障，《大清律》直接规定了家庭与宗族葬礼上的礼节，违者处以刑罚。② 在现代国家，这些显然是个人的私事，国家不可能也不会加以干涉。

像其他仪式一样，中国历史悠久的丧礼经历了强理念、强符号的状态和弱理念、强符号的状态。当然，所谓理念的强弱，区分是相对的、具体的，不可以一概而论。

李村本土文化的一些理念（当然这也有形成过程）已经在衰落，理念之无存，符号虽凭惯性而存，必不能存之久远。

试以葬礼为例加以说明。在亲人过世后，李村的民众会举行一系列的

---

① 方豪：《论中西文化传统》，张西平、卓新平编《本色之探：20世纪中国基督教文化学术论集》，第193页。

② 沈之奇：《大清律辑注》，法律出版社，2000。

活动，包括供饭、烧纸马等。李村的民众只是按照上一代的样式、规矩来办，问到为何要这样做，只有个别人能说出其中的道理。不管他们解释得怎样，终究是给出了解释。至于为何下午下葬，没有人能够说明白。为何要在棺材里放摸背钱，大部分人只会说："这样好。"为什么这样好，没有人能说出理由。

这些失去理念或者说理念只为少数人所知的符号，可能随着生活惯性仍存，但已经走上衰亡、消失之路，一旦受到其他力量的攻击，极易被丢弃。

一些传统的习惯只在少数几家保留，大部分人已经不再遵守这些习惯。原有的一些禁忌，李村民众真正遵守的也不多。比如，李村民众认为打春时分，女的到别人家不好，家里来男的好；① 家里新丧父母，到别人家也不好；"女人不许到坟上"；"大年初一忌睡觉"；等等。只有个别老人遵守。能对为何这样做出解释的人更少，这些禁忌已经式微，没有违禁后果的宣扬，② 李村民众更加不理会这些禁忌。李村大部分人，对别人仍遵守这些禁忌表示不理解，将之视为过于细致或迷信。

这些禁忌适用于李村所有的民众，即使年轻人自己不信，但慑于父母的压力，虽不情愿也是不得不从。基督教的传入，进一步消解了这些千百年来形成的禁忌的神秘性，基督徒不仅不守这些禁忌，而且有时还公开指责这是迷信，无意或有意地借用了官方话语。

在中国祭祖仪式上，西方传教士曾质疑中国人给祖先摆放供品的行为，问中国人："他会吃吗？"这恰似当头一棒，打在中国信徒的头上，使得他们猛地一惊。虽然不曾使得中国人放弃祭祖行为，但疑问的种子至此播下，中国人开始带着这一问题来思考自己以前的行为。虽然祭祖不是个人行为，不是个人能够决定去还是不去的，但他们至少开始反思以前的行为，明白原来还有人不祭祖，明白自己生活之外有着与自己不同的世界。

使我诧异的是，在调查中，我问一位老年男性信徒为什么不再祭祖，

---

① 有村民解释说，这是因为"日头没出来，妇女就到别人家，会压住人家的运气。出了日头就没事了"。这其实是对特定时刻的信仰，女性属阴，春分时刻正是阳气上升的时刻，外头（非家人）女人的到来被认为压住了阳气的上升，压住了家人今年的运气。

② 对禁忌与民俗传播及现代社会部分禁忌的丧失之研究，参见万建中《解读禁忌——中国神话传说和故事中的禁忌主题》，商务印书馆，2001，第305～326页。

他说："你摆点供品有什么用，他会吃？"这一问题，现在也被中国信徒用来反问祭祖的人，而且理直气壮，以实用的态度，甚至可以说是以"理性"或者观察到的事实，来树立自己行为的合法性。

3. 李村基督徒的文化认同与乡土文化变迁

基督教与中国本土文化的关系问题，其实就是作为外来宗教的基督教与中国文化之间的张力程度问题。过于强调基督教对中国本土文化的顺从，就可能消融到本土文化中去，失去自我的特色，最终隐匿于无形；反过来，过于强调基督教自身的特色，就容易引起基督教与中国文化的冲突，遭到本土的强烈抵抗、拒斥，最终可能被拒之门外。这两种情况在基督教在华传教史上都不乏先例。如何保持两者的张力，使得基督教既能保持自身的特色，又能为中国人接受，确实是基督教在中国传播的一个重要问题。

基督教与中国文化融合的过程，学者经常使用本土化、本色化两词，这两个词是外来语的汉译，学者使用时有自己的偏好和界定①，这种理解和界定的不一致造成了一些混乱，本书不拟对此进行重新界定，也不拟划分融合的阶段，而采取本土化的说法指称基督教与中国文化融合的过程。

基督教本土化过程中，基督教徒不仅借助基督教来质疑传统文化，他们往往还用基督教来附会和解释一些现象，甚至赋予乡土文化以新的意义。

成年男人有着凸出的喉结，这是生理现象，基督徒却用圣经故事来解释，说这是因为当时夏娃已经吃完了苹果，亚当没吃完，刚咬一口，咽到喉咙里，这时上帝回来了，所以男人的喉结就大。

---

① 中国学者当中讨论这两词的主要著作见王晓朝《基督教与帝国文化》（东方出版社，1997，第 274~275 页）和卓新平的《宗教理解》（社会科学文献出版社，2000，第 3~5页）。卓新平提出本色化（indigenization）可从两个层面来理解，即 acculturation 和 incul-turation，前一词卓新平译为文化披戴，后一词卓新平译为文化融入。王晓朝并未将之分阶段，前一词在他那里被译为文化适应，后一词被译为本土化，王晓朝引用孔汉思的观点认为本土化（inculturation）就是真正的本色化（indigenization），两人在 inculturation 一词的理解上基本达成一致。卓新平认为，acculturation 是本色化的初级阶段，"指基督教对某种本土文化的表层适应，如在宣道和崇拜礼仪中，使用当地的语言、风俗、习惯、服饰、音乐、艺术，在教堂建造和教会机构的建设布局上使用当地的建筑样式和风格等"（《宗教理解》，第 4 页）。这两个阶段的划分是必要的，有助于更好地认识这一过程，但这两个过程其实并非截然可分的，两个过程中都存在互动，即使在第一阶段也并非简单的适应。另外还有本地化的说法，可参见钟鸣旦《本地化》，光启出版社，1993。

他们以此说明基督教的合理性，这个故事我在不同地方听到过两次。我不知道谁第一个讲这个故事，这个故事又是如何传播的。我尚未见到西方基督徒以此来解释男人的喉结，如是，则是中国基督教的独创了。

更加有意思的是，我的调查地的一位老太太，赋予李村习俗以新的意义（理念）。李村有这样的习俗：孩子刚生下来不久，一般要到外婆家里去住，回来的时候，都要放在外婆家门口的牛槽里滚滚。但对于为什么要这样做，没有人能说清。有一日遇到一位老太太，她给我讲耶稣的故事，她说："谁不知道天上有一个神？那就是耶和华，他有一个独生子耶稣，那是神让一个没结婚的闺女怀孕，将耶稣生在马槽里。那可不是人生的，那是神借人生下耶稣。孩子在外婆家里住，回来那时候都放在牛槽里滚（动）滚（动），都不知道是啥意思，那是从耶稣生在马槽里来的，人就只能在牛槽里滚动（因为神才在马槽里）。"

在原有的理念失落之时，这一理念乘机而入，假如这一理念得到更广的传播，人们只知道这一理念，那么文化的内涵也就发生了极大的变化，理念已经被置换了，这也是乡土文化变化的规律之一，只是这次用来置换的是基督教的资源或者说理念。

第十一章
孝道伦理的交融与限度

第一节 对孝的积极表述与实践缺位

回到李村周边村落孝与不孝的几个事例，我们就发现，尽管基督教会对信徒进行治理，并要求信徒忏悔自己的罪与悖逆，尽管"大复兴"中，"信徒表明了自己孝敬公婆的实际行为"，但现实生活中我们仍能发现有基督徒与世人一样不孝顺的例子。这是为何呢？这又说明了什么？

仔细比照不孝事例中的当事人和教会的治理，笔者发现，教会治理的效果最明显地体现在传道人及处于第二等级的使命团①，对不常来教会的那些信徒来说，并无非常直接、明显的效果。李村教会针对信徒形成了三级治理，并要求各入各的轨道、分类治理。很明显，教会的传道人和使命团成员已经形成了新的自我，并不断强化这一新的自我、新的生命——属灵生命，那么是不是说基督徒践行的伦理仅仅止于传道人和使命团呢？显然不是。正如"神的仆人"转述其他教会领袖对其的反问——"全县50多个教会，难道就你们属灵，我们不属灵？"——所表明的那样，通过对比李村教会和邻乡的教会，笔者发现，李村的教会在全县比较特殊，开展的属灵运动比较多，对信徒的要求也很严格，分类治理的效果也很明显。前述不孝例子中的几位基督徒，全为邻村教会的信徒，他们属于另外一个县，但是因为离李村教会很近，所以偶尔会去李村教会。但是教会小组的设置是根据行政区划来进行的，所以他们的小组不属于李村教会，他们也

---

① 使命团，是李村教会以原鼓号队成员为基础吸纳了参加教会活动的积极分子而组成的团体，约50人。

没有被专门纳入李村教会的治理。

当然，要想取得治理效果，前提在于信徒愿意接受并前来接受治理。对于李村教会来说，传道人加上使命团、唱诗班、其他积极分子，总人数已经达到150余人，几乎占教会总人数的一半。这些人及其信徒亲属的带头作用，对信徒的心灵习性产生了巨大的影响。值得注意的是，传道人、使命团、"神的军队"① 全为女性，而中年女性正是媳妇角色的承担者，所以，这些人的率先垂范，对扭转信徒孝道伦理的话语与实践起到了关键作用。

前文从经济、社会结构、社区舆论三方面，分析了不孝的原因，所以，要想遏制不孝，必须从这三方面对症下药。从基督教所能发挥作用的方式来看，基督教无力改变经济、社会环境，所能起作用者仅仅是营造一个践行伦理的信徒群体，并力图在社区做盐做光，为社区成员孝敬父母的行为做出表率。在一个信徒与非信徒杂居的村庄，基督教的影响是潜移默化的，要从长时段才能看出其深远意义。

第二节　顺从父母还是顺从子女？——信徒在子女婚姻上的无力

尽管教会对使命团及"神的军队"具有明显的治理效果，这些群体的自我已经按照教会的要求建构起来，其新自我带来了伦理的改变，但对于使命团的子女——第二代信徒——教会的权威却大打折扣。原因还是在于外部大环境。打工经济的出现，使子女成为"生活在别处的陌生人"。远在外地的信徒子女面临的是陌生的环境与新异的生活方式，父母的生活经验已不能为他们提供参考，父母也无法对他们的日常生活进行干预。父母的生活经验无法传递给下一代，其权威不再如"打工经济"兴起前有效。

对年轻打工妹的父母来说，他们最担心的就是女儿在外面"受骗"或"学坏"。临行前，他们叮嘱最多的就是告诉女儿，不要在外面找男朋友，

---

① "神的军队"，为李村教会对教会骨干成员的称号。在李村教会，"神的军队"共分为三队，第一队即使命团，第二队以原唱诗班成员为基础，第三队是2009年新成立的，每队大约50人。

担心少不更事的女儿遇到欺骗感情之事。考虑到以后的生活保障，大多数父母愿意在家乡附近为女儿寻找一个婆家，当然，这是传统的婚嫁模式。

2008年底，和教会一位远房亲戚通电话时，她要求笔者寒假回家时"劝劝其女儿不要在外面找朋友"。她告诉我，女儿在打工地和对象已经认识一年了，家里不同意女儿嫁到外地。① 聊完家常之后，亲戚告诉我，他们其实不愿意女儿和对象继续往来，但女儿心意已定，她无法说服女儿，所以，她要求女儿把对象带回来让家里看看，甚至打算女儿回来之后，就不让她再去打工地，好了断这段感情。春节前夕，女儿带着男朋友回来了，但父母为了避嫌，并没有让女儿把朋友带到家里，而是安排女儿的男友住在镇中心的招待所里。之后，我的远房亲戚认为女儿的男友个头太矮，而且办事不够稳重，极力反对女儿和男友继续往来。但是劝说毫无效果，母女双方争执不下，父母与女儿的冲突愈演愈烈。在送走男友之后，女儿不吃不喝，躺在床上不起来。知道无法用理性来说服女儿，处于两难之间的父母，害怕女儿寻短见，不知如何处置。僵持月余，女儿非要去原地打工，那就意味着她还要和男友在一起，亲戚无奈，只好请教会的传道人前来祷告，并请她劝说女儿，女儿最终还是不听。教会传道人临走前宽慰这位忧心忡忡的母亲说："这件事若是神祝福的，神就让他们在一起；若不是神祝福的，去了之后也不会在一块。"亲戚从此稍稍心安，唯在家祷告祈求上帝看顾其女儿。

2000年以来，随着打工潮蔓延至当地，此类事情时有发生。父母为何不敢行使家长权威？其女儿何以能如此倔强一意孤行呢？当地此类事情为何最终都是以父母的失败而告终呢？这些问题值得深思。

当地另一基督徒家庭也出现过类似的事情。因不看好女儿在外交往的男友，母亲干涉女儿的感情，结果女儿因生气而害了一场病，至今神志不清，父母也悔恨不已。子女摸准了父母更心疼自己的心理，加之村里类似事情的示范效应，使笔者的亲戚心在泣血。她说："我后来明白人世上的努力不可能改变女儿。"所以，她只有更加恳切地向上帝祷告。

---

① 这是一位相熟的亲戚，笔者在教会的长期调查多得力于她的帮助，笔者也因此与其家庭关系很好，远远超出了按照血缘亲属关系的来往频率。否则，按照农村的习惯，家里的私事是不会告诉我的。

按照儒家伦理，婚礼要采用六礼——"纳采、问名、纳吉、纳征、请期、亲迎"。尽管自近代以来，婚礼大变，"父母之命，媒妁之言"已不再是婚礼的常态，但在儿女婚礼上，父母仍有一定的权威。尊重父母意见也是孝道的应有之义。但是在城乡二元分割的社会背景下，父母与子女的生活世界分离，父母的生活经验难以应对社会的变迁，其权威大减，在儿女婚姻上的话语权也极其微弱。社会转型自然是大势所趋，父母牺牲子女幸福包办婚姻的历史已经过去，但事情走向了另外一个极端——牺牲父母。在子女婚姻上，父母顺从儿女是整个社会的氛围，基督教亦难以改变。

第三节　婚前性关系与计划生育

李村周边村落里婚前性关系业已大大增加。提及未婚先孕的现象，教会的传道人常常感叹道："你看看社会败坏成啥了？人人都陷于罪中不能自拔，这是末世的征兆。"生活在世俗世界中的基督徒，是否能对婚前性伦理起到好的移风易俗之效呢？我们先看笔者所调查到的一则材料：

> 秀，教会使命团的成员之一。其在外打工的三儿子，在外和邻村的姑娘发生了关系。得知女友怀孕之后，三儿子打电话向母亲求助，母亲就要求三儿子带女友回家先把孩子生下来。邻村的这个女孩，害怕自己在村里招来议论，不敢回村，就一直住在男友家中，生下孩子之后，两人领了结婚证，补办了婚礼。2009 年春节时，教会举行全家集体赞美，这个新媳妇已经和婆母一起登台唱赞美诗。尤其值得一提的是，秀告诉我，这个新媳妇非常孝顺，对她关心备至。

教会传道人几次表达了对这样的事情的不满和无奈，她还警告自己的干女儿（教会里的司琴员，已订婚）说："你可要注意，要是未婚先孕，我可不给你主持婚礼！"当我问及"教会是否能阻止信徒未婚先孕事情的发生"时，传道人说："现在这世道老是败坏，教会哪里能管得住？你看看丑不丑，还没结婚，孩子都有了。凡是出现这种情况，教会一律不给主持婚礼。"目前，教会所做的也仅止于此。

乡村基督徒与儒家伦理

每逢宗教节日，李村教会都会在外面的墙上贴上"爱国爱教，荣神益人"的对联。笔者一直想当然地以为，教会能带动信徒带头做好计划生育。春节期间，当我在亲戚家中陪他们闲聊时，一位来串门的信徒讲起了她去县里领结婚证，并给六岁的大女儿上户口的事情，笔者非常震惊。

笔者的震惊，一方面在于对超生或未婚而生育家庭的罚款是计划生育干部收入的重要来源，所以，乡里为鼓励各村做好计划生育工作的积极性而设奖举报。很多村子里一旦有计划外生育，就会马上被举报，而举报者都是邻居或同族之人，这在不少村子里屡有发生。[①] 另一方面，新中国成立后，国家颁布婚姻法，把婚姻纳入国家治理的范畴，在此影响下，当地也已树立了领了结婚证才是合法婚姻才能保障妇女权利的观念，以举办婚礼为结婚标准的传统规范反而被抛弃。法律的约束已经远远超过习俗或习惯法的约束力，此种情况下，要使女性仅仅以婚礼作为婚姻合法的标志而不要求正式的结婚证殊为不易。除非女方本人及其父母对男方特别信任，否则，无人以习惯法来抵抗国家法律。此例中，为了躲避计划生育，第二代信徒（她不常去教会，常年与丈夫及婆母在外地开饭店）直到大女儿六岁需要上学时，才去县里领取结婚证并到公安部门给小孩子上户口。这位信徒的母亲是使命团的成员，同时也是村里带领小组祷告的成员之一，她对此事如何看呢？聊天中得知，她对女儿的行为很支持，对女婿及女儿婆母的勤劳很赞赏，我的远房亲戚也表达了对男方的赞赏。可见，这种情况下，完全是传统的规范在起着保障婚姻的作用，并且是以违反国家法律的方式起作用。大女儿已六岁，而父母无结婚证却维系良好的感情及家庭，得益于传统习俗的约束力；无证而生子，未受到处罚，得益于其与邻里、村人的良好关系。

调查发现，对于计划生育，教会并没有过多的提倡或干涉。李村教会的神学，都是传道人自己从圣经及解经书上得来的，他们大多是被动地因应社会变迁，没有从教义上探讨过这些问题。从现今李村教会情况来看，要求李村教会引领当地社会思想恐怕不可能。信徒的计划生育观念没有受

---

① 具体个案可参见第十三章中相关部分。

到李村教会的任何影响。

小结与讨论　道德话语与道德实践的界限

在信徒不孝顺时，村民往往指责说："某某是信主的，还不孝顺？"这时村民使用了道德话语。而对于基督徒趁到外地打工之际生孩子以躲避当地的计划生育，却从无人指责说"基督徒，还躲避计划生育？"这是为何呢？道德话语为何止步于计划生育？

不仅非信徒无人以道德话语指责信徒的躲避计划生育行为，教会传道人也并未像要求信徒防止未婚先孕那样指责信徒不遵守计划生育。这是为何？

为树立自己的合法性，教会自觉地号召信徒遵守"国法"（即便在"旷野生活"与基层政府部门关系紧张时也是如此①），而计划生育作为基本国策已经写在村里的墙上，教会为何不要求信徒遵守这一国策从而"与世人相区分"呢？

在李村访谈时，教会传道人说："你不让他生，到时候他老了，谁照顾？"在此，"不孝有三，无后为大"②的逻辑得以凸显。③

尽管繁衍众多是上帝的命令，④但李村信徒并未因此将圣经教导作为自己躲避计划生育的借口和证明自己躲避计划生育合法性的理由。我们注意到，李村基督徒强调的是遵守中国的"国法"，而"国法"、家法等都是传统的观念。李村基督徒的用语，说明他们还是在传统的观念上来看待法律与国家政策。而在传统意义上，生养后代尤其是男孩，不仅是养老的需

---

① 如"神的仆人"在 2008 年 8 月 27 日的讲道中说："天国的子民要分别，信徒要在律法上没有瑕疵，在国法上更是要遵守。"

② 出自《孟子·离娄上》。原文为："不孝有三，无后为大，舜不告而娶，为无后也，君子以为犹告也。"

③ 此前，在北京门头沟区桑峪村调查天主教时，笔者与几个朋友专门就"天主徒如何看待计划生育"这一问题请教了一名文化程度稍高的天主教友，该教友回答说："按照圣经，生养众多这是上帝的要求也是上帝的赐福，但计划生育是国家政策，教友也得遵守，否则到时候中国人太多，怎么办？"调查时间：2006 年 8 月，调查人：李华伟、曹荣（曹荣时为北京师范大学民俗学博士研究生）。

④ 这也是西方教会反对堕胎、反对中国计划生育的主要理由。

要，也是对父祖应尽的义务。至今，在李村村民的观念中，按时致祭、扫墓仍是子孙应尽的义务,① 因此，千方百计躲避计划生育在李村是普遍的行为。

对于非信徒来讲，躲避计划生育是应该鼓励的行为，他们并不把此与道德联系起来，所以也并未用道德话语来指责信徒躲避计划生育的行为。

翻阅笔记本、搜寻记忆，笔者发现李村有不少基督徒躲避计划生育的例子，如笔者的房东阿姨，她是教会唱诗班的成员。为了生第二个孩子，房东把大女儿送回娘家抚养，但第二个仍是女儿。过了几年，房东终于生了一个男孩，为躲避计划生育的罚款，房东把小儿子的年龄多报了两岁。但是，如今面临高中学籍上的年龄问题，房东又费尽周折，托付传道人的亲戚到派出所恢复了自己小儿子的原有年龄。房东阿姨的弟弟，为了躲计划生育，在外打工两年，直到儿子一岁多才回来。房东、其弟弟、其婆婆等几个家庭全都是基督徒，都没有觉得躲避计划生育和基督教有何矛盾或不合之处。

为改年龄，房东请传道人的亲戚帮忙，前后送礼花费两千多元。在此过程中，无论房东还是传道人都未觉得送礼行为与基督教有冲突或不合之处。笔者发现，在其基督徒身份不被特意提及时，他们处理这些事务时并未想到自己的信仰，也并未考虑躲避计划生育、送礼等行为与信仰有何关系。追寻基督徒自身的行为逻辑，笔者发现，当前李村基督徒的道德话语与实践止步于计划生育、送礼等行为之前，仅在孝敬父母上有明显的效果。

---

① 在李村，不去上坟，会被宗族内外的人耻笑，因为只有断后的人坟上才没有人去看，才会很荒凉。农民自幼受这种教育，有这样的观念：上坟时节谁家坟上没人挂纸，就证明这家绝了（绝了，即没后代，李村叫绝户头）。

第三部分

五伦之外：
交往规范建构中的
李村基督徒

五伦之内，受儒家伦理影响的村民按照差序格局来处理相互之间的关系。在处理五伦关系方面，基督教可以与儒家伦理发生对话与互动。但是儒家无处理五伦之外关系的规范，基督教如何与之互动，基督教能否引入新的伦理规范？在市场经济运行的今天，抽象体系和专家系统成为信任的重要机制，基督教能否为仅仅基于信仰、互不相识的基督徒之间的信任关系之达成提供可能？基督徒之间的信任关系呈何特征，有无可能走出群体发展出普遍信任，基督徒对重建乡村社会信任、公共参与乃至整个社会交往规范的可能贡献何在？这是需要研究的重要课题。

第十二章
领袖的治理术与基督徒
群体身份的建构

福柯认为，自基督教以来，"对自我的照看（epimeleia heautou）本质上转变成了牧人（pastor，即牧师）的职责，即对他人的照看（epimeleia tōn allōn），就此而言，从基督教接过自我培养的那一刻开始，自我培养就以某种方式促进了牧领权的实施"①。由此，我们必须探究教牧人员对信徒个体自我以及群体身份的塑造。

第一节　传道人：基督徒群体的强有力塑造者

一　卡里斯玛型宗教领袖的特征

韦伯认为，卡里斯玛型宗教领袖不是来自官方或外在秩序的任命，而是"完全通过在生活上确证其力量"，"他的神圣使命必须'证实'自己为其信奉者带来幸福"。② 当地教会领袖之所以能在李村教会树立自己的权威，正是通过"在生活上确证其力量"。

韦伯还认为，卡里斯玛"为了完成使命，必须摆脱此世的牵绊，必须自外于日常的职业及日常的家庭义务"，对于有计划的、理性的赢取钱财"总是觉得有损品格而加以拒斥"，否则，"一旦对于日常经济的关注占了

---

① 《福柯文选》第八部分："自我技术：从伦理到政治"，译者：李康，校者：王倪。
② 〔德〕韦伯：《支配社会学》，康乐、简惠美译，广西师范大学出版社，2004，第267~269、279页。

优势，卡里斯玛的活动便濒临危险"。① 2008 年 8 月 24 日讲道中，讲道人反问道："第一神的教会现在成了啥？老仆人眼前认的干儿子、干闺女很多，家里鸡蛋一筐又一筐，这叫啥？"通过深入的了解，笔者发现，老仆人的贪腐正是造成其卡里斯玛人格丧失的主要原因。

按照韦伯的说法，卡里斯玛"本质上根本就不是一种恒常性的'制度性'组织"，"纯正的卡里斯玛支配无法抵挡住最终无止境地开放家庭的建立与经济赢利的潮流而于焉告终"，② 这对我们很有启发意义。

二 教会传道人权威的形成及其圣俗生活

1. 神的仆人

"神的仆人"是三个教会对第一教会负责人的尊称，这一称呼已有数十年之久。在许多信徒的记忆中，从他们信教以来这一称呼就存在。这一称呼体现出第一教会负责人的权威地位。

"神的仆人"在三个教会中的独特地位，来自其积累的丰厚的属灵资本。采访中"神的仆人"对我说："三个教会从教堂打地基到以后的修建，我都去了，都二三十年了。"提到"神的仆人"，信徒们说："人家为神家的事，真是没得说。每天半夜两三点都起来祷告，看圣经。咱信心老是小，（与仆人相比）差远了。"几个传道人常说："神的仆人每天都是两点钟起床，灵修从没有间断过。"

苦修、祷告的例行化、日常化，使"神的仆人"积累了属灵资本，赢得了信徒的信任，树立了自己的权威。属灵资本的积累，使信徒对他信任有加，他的言论很容易得到信徒的响应，他所采取的措施、对教会以及信徒的"治理术"极易得到信徒从上到下的支持。据笔者从 2003 年 1 月以来对第二教会的调查，尽管不属于第二教会堂委会的成员，而且第一教会与第二教会是独立的两个教会，但"神的仆人"在第二教会中具有深远的影响，第二教会负责人完全是根据"神的仆人"的要求在第二教会推行与第一教会类似的治理历程。2007 年以来，在经过一段"抗拒"之后第三教会也被纳入了同样的治理实践。

---

① 〔德〕韦伯：《支配社会学》，第 265～266 页。
② 〔德〕韦伯：《支配社会学》，第 266、269 页。

在李村教会听讲道的过程中，"神的仆人"不断提到"停止二十年的传道人""从属世转向属灵"等，这只是教会例行化的治理实践之冰山一角。我们且从笔者仅见的例子中管窥一二。

据信徒讲，以前教会讲道时台下只有老年人在听，"看着讲台就像唱戏一样……只有叶子不结果子"。为挽救教会，"神的仆人"祷告说："主啊，你可怜这一群孤儿，二十年前，我把你孩子领到大河滩，主啊，求你给我两年时间，我再培培土施施肥。"如今，三个教会有七个军团、三个使命团，有老年队、弟兄队，"走上轨道"。一位信徒告诉我："圣经中的轨道很多，圣经中有十夫长、百夫长等等，没法完全按照圣经的轨道来，咱教会这使命团、老年队、弟兄队都是根据圣经来的。"各入各的轨道、分类治理是"神的仆人"对教会及信徒的治理策略。

"神的仆人"在第一教会中着力培养了两位得力助手——"神的使女"。在"属灵争战"中"神的仆人"退居幕后，"神的使女"及堂委会成员在前，按照"神的仆人"的指示进行争战。争战中创作并流行于第一教会的一首灵诗表达了信徒对"神的仆人"与"神的使女"的祝愿：

> 我愿神的仆人平平安安，忠心耿耿带领争战。愿神的仆人彼此相爱，齐心协力看守葡萄园。主啊，你如此奇妙，你看天空那飞翔的大雁……河流潺潺又一年。愿神的使女平平安安，忠心耿耿参与争战。愿主的弟兄彼此相爱，齐心协力看守葡萄园。

"属灵生活"是李村教会自2003年以来实行的转型，这是按照"神的仆人"的要求推行的。在论证"属灵生活"的合法性以及"属灵教会的诞生"时，"神的使女"在讲道中说：

> 为啥说属灵生活的路是对的？仆人七八岁就开始信主，按照圣灵的引导过生活，咱们背离主，他为咱们祷告，希望咱们回转。慢慢，我一个人转出来了，现在其他人也转出来了。旧瓶不能装新酒，是吧，必须从里到外都是新的，这也就是咱们属灵教会的诞生。

——2008年8月24日礼拜（第一教会第一使命团讲道）

"神的仆人"七八岁开始信主生涯，以及"按照圣灵的引导过生活"，为其积累了灵性资本，是其得以树立权威的基础，也是"属灵教会"运动得以推行的基础。

第一教会第一使命团 2008 年 8 月 24 日在第二教会的礼拜讲道时，结合《马太福音》引申说：

> 你看看这么大的信心，啊，祈求就得着。仆人也为咱们祈求，仆人没有因着咱们的背叛丢下咱们，而是切切实实为咱们祷告，一直坚持了七年，等到了咱们的回转。去第三教会第一次（他们）不接待，堂委会去还是不接待，仆人去了一次又一次，最后一星期仆人又去了。8 月 24 日借着律会、严肃会第三教会悔改了。现在三个教会还是有名无实，仆人的祷告让三个教会得到恩典。耶稣对百夫长信心的称赞："耶稣听见就希奇，对跟从他的人说，我实在告诉你们，这么大的信心，就是在以色列中，我也没有遇见过。"耶稣说："照你的信心，给你成全了。"神的仆人总是顾惜教会，还怕早了、晚了、热了、冷了。

在李村教会南屋的墙上，2004 年写下的文字资料，外围有一副对联："永生大道神掌握，真信耶稣全得着"，横批为"属灵教会和新妇装配准备好被提"。在笔者 2008 年及 2009 年初调查时，教会讲坛前面挂着内容如下的横幅："耶稣降临及新教会的建立"。按照"神的仆人"及教会内使命团成员的说法，李村教会的特色就在于信徒能过属灵的生活，他们反问笔者道："你看看，全县其他教会松松散散，就咱教会有这么多人来聚会，这都是耶稣的能力，人哪有这能力？"

正如"耶稣降临及新教会的建立"横幅所昭示的那样，强调耶稣每日的临在以及末日的审判、强调新教会的建立，是李村教会的特色，这也是"神的仆人"着力塑造的。"神的仆人"在属灵资本支撑下的强有力的自我对信徒具有决定性的影响。

2. 第二教会负责人

请看 2003 年调查时，信徒讲的一个故事：

　　我们的负责人叫某某，她比我大一轮（12岁），今年快50啦，你问人家是咋知道恁多神的事，那都是神给她的。她小学三年级就不上了，识字也不多。开始学《圣经》时，她一手拿着字典，不认识就查字典，硬是把《圣经》读完了。起初，她男人对她说："别逞能了，字都不认得几个，还想看这个？"后来，她不是硬把《圣经》看完了吗？这都是神给她的。

　　　　　　　　　　　　——2003年对李村教会某信徒的访谈

　　故事讲述人是以一种极其神秘的语气给我讲述这个故事的，字里行间充满了对她们负责人的敬佩与尊重。乡村妇女在一般人眼里就是"家里人"，是操持家务的，得不到其他人的尊重，一生也很难有什么成就（能算得上成就的也许就是相夫教子，日后孩子出人头地）。然而，基督教为她们提供了施展才华的广阔空间。这些负责人要主持基督教日常活动，要登台布道、宣讲、领唱赞美诗，带领大家祷告，安排节日庆典活动等。她们在这些活动中展示了自己的才能，显示了自己能干的一面，不仅让自己的男人刮目相看，也使旁人另眼相观，满足了被尊重与成就感的需要。

　　第二教会的负责人，正式的学历只有小学三年级，但十多年的讲道、祷告经历使其视野远远超过小学文化程度的农村妇女。其信教经历，用她自己的话说就是："原来信，病好了又不信了，隔了五年又信。"访谈中亲戚告诉我，教会的负责人有一段时间因为教会事务太忙而顾不上家里，感觉对不住家里，就开始有意把事务交给其他人，自己想抽身退出，但不久就生病，她觉得这是上帝对其退缩的惩罚，"神不答应"，因而继续投身教会事务。我们且看其在2008年8月27日礼拜结束后的祷告：

　　耶稣，神啊，从你拣选我以来，我跟随着你。因为你的心大，宽容我们无知的过犯和愚蠢，你可怜老年的、病残的，可怜缺乏信心的、丧失信心、灰心的。耶稣，主啊，你把他们抱在怀里、扛在肩上，你爱你的儿女过于爱你的生命，你是我们效法的榜样。主啊，几个病号完完全全交付给你，许愿千条万条，恐怕做不到，求你饶恕我们的罪，愿你在他们身上成全。耶稣啊，你让使命团的工作声声色色开展起来，能合乎你的旨意。我们要捍卫真智慧，保护教会。四队、五队进入轨道，上帝啊，耶稣，老年队老了，你聆听他们的祷告，让他们树立起表率；弟兄队你让他们发展壮大，做好准备迎接耶稣。祝福仆人在回家的路上平平安安，耶稣你与他们同在。"我们在天上的父：愿人都尊你的名为圣。愿你的国降临。愿你的旨意行在地上，如同行在天上。我们日用的饮食，今日赐给我们。免我们的债，如同我们免了人的债。不叫我们遇见试探。救我们脱离凶恶。因为国度，权柄，荣耀，全是你的，直到永远。阿门。"

这种不打草稿、出口成章的祷告，极富韵律，这种语言才能是教会锻炼出来的，也是教会工作所需要的。程式化的语句，便于传道人记忆及随意组合以便脱口而出。就第二教会负责人而言，她并非一开始就抛弃了旧自我一心一意敬奉上帝，而是病好之后就不再信教，再次生病之后才"完完全全交给了耶稣"，她经历了波折才逐步成为教会的负责人。长久地与教会勾连在一起的生活成为其自我规训的例行机制，其被规训了的自我已经习惯了以教会或信徒为中心的生活。

2009 年 1 月 30 日（正月初五）参与教会事务时，笔者听到教会负责人与使命团成员谈论其腿伤，教会负责人说：

> 你不知道啊，初二从教会出来，走着走着不会走了，腿根本就动不了，某某和某某把我架回家，初三到城里拍片子，你看看也没咋管，该去教会还去，这不就好了？后来一想，这其实也是神的美意。你看看，初二，我当家的，非要把亚伦（其孙子）撇在家里，看我腿不方便，才把孩子带走了，你想想，要是我腿好，把孩子放在家里，我哪里还能去教会？神啊，真是奇妙。

可以看出，第二教会的女传道人已完全以教会为家，其自我是以教会事务为中心的。

第二节　领袖的治理术

一　塑造魔鬼：树立群体边界

在涂尔干看来，"任何分类最初都是在群体或集体相互分离的过程中出现的，都是在群体差别的基础上对各种事物、事件和事实的制度性安排。因此，分类不能划归为个人能力的范围，相反，它的实质乃是集体思想"①。而原始分类，就是神圣与世俗之间的分类，这也是宗教得以确立的基础所在。神圣与世俗、洁净与不洁、道德与不道德、神与魔鬼等二元图式形成对应关系。尽管同在神圣或超自然之列，魔鬼则被建构为神的对立面。

霍弗发现，"群众运动不需要相信有上帝，一样可以兴起和传播，但它却不能不相信有魔鬼"②，这实为精辟之语。

在李村教会的实践中，为了加强对信徒的治理与规训，教会负责人不断强调魔鬼对教会及信徒内心的干扰、破坏，而且不断把"魔鬼"具体化，而"通常一个群众运动的强度跟这个魔鬼的具体性与鲜明程度成正比"③。

在"大争战"④中，教会传道人把争战的对方称为魔鬼或者受魔鬼驱使的人。2008年8月24日周日，由仍处于"旷野生活"⑤之中的第一教会的两位"使女"讲道，传道人说，在争战中，"邪灵告到县里、省里。5月20日神从根基上把敌人拔除。你看看，他们都是魔鬼，魔鬼借着人来阻挠"。在讲道的第三节，"使女"祷告说："感谢无所不在的上帝，教会经历的事情证实了你的存在，你撒的种子能在我们教会发芽，愿你保守你的教会，使我们在争战中能胜过撒旦，彰显你的大能和慈爱。"突出了上帝与撒旦的对立。

2008年8月27日在第二教会讲道时，使女说："争战的时候，魔鬼急

---

① 渠敬东：《缺席与断裂：有关失范的社会学研究》，上海人民出版社，1999，第280页。

② 〔美〕埃里克·霍弗：《狂热分子：码头工人哲学家的沉思录》，梁永安译，广西师范大学出版社，2008，第120页。

③ 〔美〕埃里克·霍弗：《狂热分子：码头工人哲学家的沉思录》，第120页。

④ 第一教会内部分裂中双方的斗争，被信徒称为"大争战"。

⑤ 教会内部分裂、争战中，教会大门被锁上，"神的仆人"带领信徒在教会外边空地上礼拜，这段经历被信徒称为"旷野生活"。

着把仆人下到监里，这都是魔鬼的计谋，借着姊妹打电话叫神的仆人去，想借机捏造假见证，那些人都急着打他。结果仆人没去，他们的计谋落了空，这都是神的恩典，经历着神。某某嫂子梦中还祷告与魔鬼争战，真是，神是让外邦代替你的生命……""神的仆人"也是同样的逻辑，他提及争战时说："堂委会失败，七个代表冲上去。魔鬼让他们闹，其实，也是神借着让他们闹，来试探我们。"

2008年8月27日，"神的仆人"说"这场争战，对准撒旦"。2008年9月3日律会，三个教会的执事42人上台举行大赞美，"神的仆人"为他们祷告说："因着我们的赞美，神啊，你释放你的第一教会；因着我们的赞美，你保守你三个教会的合一；因着我们的赞美，你捆住那壮士、那魔鬼；因着我们的赞美，神啊，你可怜你荒凉的居所。"

教会以圣经为依据来强化魔鬼的破坏是上帝预知、预定的观念。2008年9月3日律会中，弟兄队（三个教会弟兄合在一起）14人所献的诗是启示录2章8～11节，部分内容如下："你要写信给士每拿教会的使者，说：'那首先的、末后的、死过又活的，说：我知道你的患难，你的贫穷（你却是富足的），也知道那自称是犹太人所说的毁谤话，其实他们不是犹太人，乃是撒旦一会的人。你将要受的苦你不用怕。魔鬼要把你们中间几个人下在监里，叫你们被试炼……'"

正是通过把对方归为"撒旦一会的人"与"魔鬼"，形成了正义与邪恶的对立阵营，这种正义与邪恶的对立更易激起信徒的强烈情绪，使信徒把自己看做正义的一方，看做完成神圣使命的一方，在对立中，信徒强化了我群的团结意识。①

祷告中，李村教会强化了魔鬼的存在这一观念，并更强化了对所信仰的超自然者的依附与渴望。如律会中常用的祷告："求你在真道上造就他们，击败魔鬼、捆住那壮士。主啊，（求）你扩大他们的人数"；"主啊，你做我们的元帅，带我们冲破魔鬼的大门"。

---

① 因为"在所有团结的催化剂中，最容易运用和理解的一项，就是仇恨"，"仇恨可以把人从他的自我快速卷走，使他忘记自己的幸福和前途，不去嫉妒他人也不会自顾自己。他会变成一颗匿名的粒子，渴望跟同类汇聚融合，形成一个发光发热的集体……基督宗教的爱所无能为力的事，可以靠一种共同的仇恨去做到"。〔美〕埃里克·霍弗：《狂热分子：码头工人哲学家的沉思录》，第120页。

2008 年 8 月 31 日圣餐礼拜讲道中，使女提到，在转入属灵教会时，被全县其他教会讥笑，其他教会说："你们属灵，我们就不属灵？"这时，"神的仆人"说"不属灵就属魔鬼"。在他们的观念中，"魔鬼"与上帝、耶稣是截然对立的。

圣经还原主义更强化了神与魔鬼的对立，在讲解撒迦利亚书第 8 章时，"神的仆人"说："神对以色列所说的，也是对我们所说的……我们转入属灵也就是属神，不属灵就是属魔鬼，咱哪一个没有经历风风雨雨，咱教会上星期的使命团都做了见证。神对以色列的慈爱，咱们教会也经历了，神恩典那时候的人，也恩典现在的人，神是不变的。"以神的永恒、以教会史、以圣经的证据，李村教会负责人强化了神与魔鬼的对立。

"魔鬼"[1] 从反面限定了神圣空间的边界。这在 2008 年 8 月 24 日祷告中体现得尤为明显：

> 亲爱的主，感谢主，你是为我们而受苦，你为我们献上身体，你的深恩厚爱我们难以报答，求你饶恕我们的过犯，求你亲自分别为圣，求你在我们四周安营扎寨，让我们摆脱魔鬼的缠绕。

其实，不仅是争战之中，在教会例行祷告及活动，甚至信徒日常生活中，都会把魔鬼一词挂在嘴边。在灵诗《五更歌》的第一段[2]，表达了信徒信主后从"魔鬼管辖"中挣扎出来受到主的恩典的欣喜。正如灵诗《信心是力量》[3] 所表达的信徒心迹那样，在属灵的历程中，信徒不断面对属灵与属世的挣扎，信徒把属灵的历程当做与魔鬼搏斗、战胜魔鬼的过程。

以下是祷告的惯用语：

---

[1]　有关魔鬼在中国基督教中地位与作用的研究，参见王媛《魔鬼带来的契机：乡村天主教与民间信仰关系研究》，中国人民大学硕士学位论文，2008；有关魔鬼在道教及民间宗教中的功能，参见〔英〕王斯福《帝国的隐喻：中国民间宗教》，赵旭东译，江苏人民出版社，2008，中文版序，第 2 页。

[2]　一更来，全家人须在灯下，劝劝儿劝劝女，在（再）劝劝他妈，自从咱信了主恩点（典）更大，从今后不受魔鬼关下（管辖）。

[3]　灵诗《信心是力量》："凭信心走天路，胜过魔鬼仗，信能救我到底，信能上天堂。"

主啊，你知道来到你面前的人，有病的你医治他们，有罪的你赦
免他们的罪，是魔鬼你驱除……主啊，你知道我们的软弱，你知道我
们的缺乏，你随时指引我们，使我们得着源头活水。阿门。

——2008 年 8 月 27 日周三"神的仆人"讲道

主，有罪的你赦免他们的罪，你除掉撒旦和魔鬼的拦阻，让我们
按你的旨意行。

——2008 年 8 月 24 日礼拜结束之后李村教会的
负责人所做的最后的总祷告（节选）

耶稣啊，愿你的宝血遮盖我们的罪，有病的你让他们得医治，有
罪的你让他们得赦免，魔鬼你把他赶走，有疑难之事你一一决断，愿
你进入我们当中。

——2008 年 8 月 31 日圣餐礼拜中"神的仆人"祷告（节选）

领圣餐就是领受耶稣的身体、宝血，耶稣舍己是为了救赎我们，
设立圣餐是为了纪念主为我们受死。主啊，有罪的你赦免，有魔鬼你
驱赶，主啊，你把我们分别为圣。

——2008 年 8 月 31 日圣餐礼拜祷告（节选）

上帝，你是大能的主宰。耶稣，你是观察我们的神，求你保守我
们，虽在荒凉的居所，你救我们大家脱离魔鬼的干扰。主啊，凡是缺乏
的你都帮扶他们；讲的时候，让你的灵充满仆人，把我们分别为圣。

——2008 年 9 月 3 日律会第一次祷告（节选）

从这些程式化的语言，我们可以看出，魔鬼在形塑基督徒自我观与群
体身份方面居功甚伟。不仅中国乡村基督徒如是，[1] 西方基督徒尤其是 18
世纪的卫斯理宗也明显具有这一特点。[2]

如果有外部的敌人或者魔鬼，那么李村教会传道人就会指出来，只要

---

[1] 吴梓明、陶飞亚、赵兴胜、刘贤：《圣山脚下的十字架》，汉语基督教文化研究所，2005，
第 157 页。

[2] "卫斯理教徒那里的撒旦，则是寄居于灵魂之中、从躯体脱离出来的一种力量，它通过内
省被人们发现，或者呢，它像是一个与阴性的基督之爱相对立的阳性形象，浮现在群众
的歇斯底里中。"〔英〕汤普森：《英国工人阶级的形成》，钱乘旦等译，译林出版社，
2001，第 29 页。

有了"魔鬼的标签",就有了边界的标示,李村基督徒更容易团结起来一致对外,这在李村教会内部的"大争战"中表现得尤为明显。若无外在的魔鬼,那么如18世纪的卫斯理宗一样,李村的基督徒就会追求内心的反省,往往把属世生活中的干扰因素贴上魔鬼的标签。在信徒日常生活中,笔者经常听到信徒说:"你看魔鬼把某某害成啥了?这也怪某某,要是她自己信心大,魔鬼就无法作怪。"这样的言语,比比皆是。2009年律会中午吃饭时,笔者正与传道人在屋中聊天,看到一熟悉的信徒痛哭流涕,嘴里说着"我有罪",寻求传道人的帮助,传道人拉着信徒的手祷告说:"撒旦你退去,主啊,你让撒旦离开。"和亲戚(基督徒)聊天,问起刚才那位信徒是怎么回事,她告诉我说:"都是魔鬼。她想来律会,来了,又心想孙子没有人照顾,魔鬼专趁你软弱这时候进到心里。"律会结束之后,在回去的路上,一位信徒突然昏倒在路上,第二教会负责人赶紧抓住信徒的手为她祷告说:"主啊,你可怜她,你彰显你的大能,让撒旦离开。"同时,安排其他信徒请医生。

2009年1月,教会内部的分裂暂时结束,第一教会离开"旷野"回到了原来的教会,之后每次活动之前都要由信徒念"神的教会宣战宣判"。"争战"这一历史记忆渗透入李村教会的每一位信徒心中。但神与魔鬼这一分类图式,却被建构为集体记忆渗透在时间的建构中,"并通过社会化的形式……转化为一种声音,在日常活动的特定场域内产生回响",并不断得到表述与再生产。[①]

二　属灵历程:属灵运动与群体身份的塑造

霍弗认为,"行动是促进团结的媒介"[②],他进而指出,"信仰可以为行动组织好和装备好人的灵魂。以下这些特质都足以让人在任何行动领域坚定而无情地迈进:自信拥有唯一和独一真理,从不自疑;感觉自己受到一

---

① 渠敬东:《缺席与断裂:有关失范的社会学研究》,第291页。
② 霍弗认为,"所有群众运动都会利用行动作为促进团结的一种手段。一个群众运动之所以要散播和鼓励斗争,除了是为了整垮敌人,也是为了撕下追随者身上的个人特殊性,让他们更完全地融于集体中"。他补充道:"没有撕去自己特殊性和分化性的人会难以投入行动","一个行动人会倾向于齐一性"。参见〔美〕埃里克·霍弗《狂热分子:码头工人哲学家的沉思录》,第149~150页。

股神秘力量支持，不管这力量是上帝、命运还是历史法则；绝对相信自己的敌人是邪恶化身，必须予以粉碎；乐于泯灭自我和为义务献身"①。我们且看李村教会的属灵运动之进程。

1. "大复兴"

"大复兴"，是李村教会普遍采取的活动方式。与教会日常活动的区别在于，"大复兴"是集中时间过一段"属灵"生活。李村教会北屋的墙上对"大复兴"有着详细的说明，举行"大复兴"活动是李村基督教会的既定方针。其对"大复兴"的界定是"归回生命，恢复良心"。在以下情况下举行"大复兴"："弟兄缺乏时需要爱、需要复兴。纷争、嫉妒、恶言等都是需要复兴的象征。"获得复兴的方式是："这称为我名下的子民，若是自卑祷告，寻我的名，转离他们的恶行，我从天上垂听赦免他们的罪，医治他们的地（原文如此，意义不明。——笔者）。只有神的真正儿女，才能复兴，罪人需要回转。"至于为什么要复兴，教会解释道："因为时后（应为时候）到了，要从神的家起手。因为罪的缘故，我们需要复兴。"

2. 从属世到属灵

在解释从属世到属灵的必要性时，第一教会使命团的一位成员说：

> 20 年，按照名来说，咱教会是活的，其实是死的，没有属灵的生命，在外面看青枝绿叶，你不知道内在里已经败坏了。教会 20 年的动乱，20 年中教会没有人走正路，陷入世俗化、社会化之中。后来，神可怜咱教会，感动"神的仆人"，让仆人替我们教会祷告，这样，咱们（教会）才从属世到属灵，又到天国运动，这都是按照圣经的轨道行。
>
> ——2008 年 8 月 24 日礼拜第一使命团讲道

按照轨道行，既是"神的仆人"所提出的要求，也成为三个教会传道人自觉、自发的要求，在 2008 年 9 月 3 日祷告中，第二教会的传道人说："主啊，你让我们各按各的轨道。" 2008 年受难周，一位男信徒说："回想

---

① 〔美〕埃里克·霍弗：《狂热分子：码头工人哲学家的沉思录》，第 150 页。

七年工作，为罪为义，审判自己，责备自己，四次回转，两次洁净之礼，归道，连小孩子都会体贴神，从属世转向属灵，从属灵转向新妇装配，从新妇装配转向奥秘教会，形成老年队、青年队、弟兄队、儿童队。"可以看出，普通的信徒也对教会的治理与教会的运动深有感触。实际上，教会的历次运动，教会的日常治理，都或多或少刻印在信徒身上。承受教会治理越深刻的信徒身心上所留下的印迹也越深，他们就是被教会成功塑造的信徒。作为承受教会治理并被归到轨道上的信徒，其自我受教会领导人影响也越深，换言之，其自我并非其固有的自我，也非具有个体特异性的自我，而是通过"为罪为义，审判自己，责备自己"的过程，被塑造成了带有基督徒群体烙印的齐一的自我。

历次教会活动，尤其是律会，提供了三个教会在一起互相参照、比对的机会，强化了教会领袖的权威，也强化了基督徒集体的齐一的自我感。2008 年 9 月 3 日律会后回家的路上，笔者问一位基督徒："上午'神的仆人'说教会大门被关闭是他的罪，啥意思？"信徒回答说："他没罪，他是把信徒们的罪揽到自己身上，担当了信徒的罪。"由此可见，在这三个教会中，"神的仆人"在某种意义上颇为类似人子耶稣——起着人与神沟通的媒介之作用。每次的教会活动，都对信徒产生或大或小的影响，这种影响是每个信徒都能感觉到的。在 2008 年 9 月 3 日律会后，几位笔者熟悉的信徒在聊天，我听到其中一位说："看今天律会讲道的意思，教会是还要转（变）的。"至于教会要怎样转，几位信徒也没有搞明白，但教会的治理术之功用是毋庸置疑的。

至于这些运动的功效，2008 年 8 月 31 日圣餐礼拜中传道人做出了回答，他说：

> 经过天国运动，我们已经胜过罪。耶稣代我们受苦。感谢神替了我们的生命、过犯，主流血为我们担负了罪……祷告不敢靠自己，乃是奉耶稣基督的名。

3. 旷野生活与信徒群体的"净化"

李村教会不仅将旷野生活解释为"神的安排"，而且将之合理化为上帝的考验和安排。① 对那些信仰不坚定离开教会的成员，教会在讲道中予以合理解释，给他们贴上"假信"的标签，并认为这些人的离去早在上帝的计划之中，如下面这段讲道：

> 太8：11~12："我又告诉你们，从东从西，将有许多人来，在天国里与亚伯拉罕，以撒，雅各，一同坐席。惟有本国的子民，竟被赶到外边黑暗里去。在那里必要哀哭切齿了。"本国的子民反而不信，必要哀哭切齿……2006大规模属灵争战的时候，多少人弃绝耶稣。奉行五年工作的人，只有借着赞美来过属灵生活。真是"天大地大没有耶稣的恩情大"……仆人的预言应验了。天国是应该真正接受的，若不悔改，神就从外边招收信徒，本国的子民，要被赶到外边黑暗里去。你看看咱们教会对使命团的派遣，就是为了更好的传耶稣的道。
>
> ——2008年8月24日的讲道

由此可见，教会所经历的旷野生活，反而帮教会"筛选"了成员，借机清除了部分"搭便车者"，纯化了教会成员。在这一段讲道的叙述中，两千多年前的圣经语言指涉了现实，信徒并不能都进入天国——这一关注现实的指涉使信徒警醒。传道人也借此强化了圣经的权威、教会的权威、传道人的权威，并借此教导信徒悔改，若不悔改，"神就从外边招收信徒，本国的子民，要被赶到外边黑暗里去"。同时，将此节经文与教会使命团的成立联系起来，为使命团的成立赋予了意义。

三 各自入各自的轨道，分类治理

教会不仅通过与外在及内在"魔鬼"的斗争树立了群体的边界，也通过一次又一次的运动"撕下追随者身上的个人特殊性"，建立了对群体的治理规范，使"他们更完全地融于集体中"②。不仅如此，教会还通过对群

---

① "……是上帝考验咱。咱五年的工作，属灵的生活以及旷野生活，都是按照神的旨意行的。在旷野里有粮吃，三个教会都浇灌着，都是神的安排。"——2008年8月24日教会讲道
② 〔美〕埃里克·霍弗：《狂热分子：码头工人哲学家的沉思录》，第149页。

体内部的分类治理，树立了榜样、确立了标杆，使内部井然有序。

2008年8月24日礼拜讲道中，讲道人说："如今，咱们三个教会有七个军团，三个使命团，有老年队、弟兄队，慢慢转向主，走上轨道。"笔者深感惊讶。礼拜结束之后，笔者向在教会中的熟人询问教会何时成立使命团及"军团"？熟人也记不清准确日期，但告诉我这是去年的事。在对第二教会负责人进行访谈时，她的同伴告诉我，第二教会的使命团是2007年8月24日成立的，共有12人，取效法耶稣十二门徒之义。除此之外，为了便于举行每月一次的律会，三个教会还在各个教会内选出了律会的代表。此后，每月一次的律会赞美礼拜时，就形成了这样的先后顺序：教务委员、律会成员、堂委会民主代表、使命团负责人和三个使命团的队长、七个"威武而展开旌旗的军队"、七个军队的队长、教会执事、老年队、弟兄队这样的赞美顺序。

尽管李村基督徒存在极大的齐一性和相似性，但"任何相似性都要借助认同和排斥的双重力量而获得"[①]。为了加强对教会成员的治理，教会传道人把教会成员进行分类、分组，分别治理，在教堂礼拜时这些不同类别的成员有自己专门的坐席区。坐席区的区分标示着不同类别的信徒的差异，而差异正是中国传统所强调的秩序之基。

不仅坐席有别，不同类别的成员，在正式礼拜时，衣服也不同。以第二教会为例，其"威武而展开旌旗的军队"第一队由原来的鼓乐队转化而来，在礼拜以及正式的基督徒仪礼上着绿色的军乐队之服装，第二队大多由唱诗班转化而来，着蓝色的准军装。这种外在的明显标示，易于区分各类信徒，也将他们置于其他人的监督之下。[②] 在信徒看来，更重要的监视者乃是上帝，在大赞美及律会等场合，信徒经常唱的诗就是诗篇121：

　　我要向山举目，我的帮助从何而来？我的帮助从造天地的耶和华而来。

　　他必不叫你的脚摇动，保护你的必不打盹。保护以色列的，也不

---

① 渠敬东：《缺席与断裂：有关失范的社会学研究》，第291页。

② 霍弗指出，"知道自己被持续监视，群体中每一个成员会热烈遵守行为与思想守则"，参见〔美〕埃里克·霍弗《狂热分子：码头工人哲学家的沉思录》，第154页。

打盹也不睡觉。

保护你的是耶和华，耶和华在你右边荫庇你。白日，太阳必不伤你；夜间，月亮必不害你。

耶和华要保护你，免受一切的灾害。他要保护你的性命。你出你入，耶和华要保护你，从今时直到永远。

在基督徒看来，作为全知、全能、全善的存在，上帝不仅与信徒同在，不仅可以赋予信徒信心，也在监控着信徒的所思所想、所作所为。在上帝与世人的监控下，李村的基督徒维系着各自的轨道。

"各入各的轨道，分类治理"是教会所全力推行的治理策略。教会的传道人一直强调各入各的轨道，"上轨道""归队"是他们每次大小聚会都要重申的。第二教会负责人不仅以"今天咱们都是轨道的人"来强化信徒的集体意识，也以"若不归队就要犯罪""不成群就要挨打"来警醒信徒以重申群体的分类治理之路。2007年8月，第二教会把原有的鼓乐队、唱诗班转换为第一队和第二队，此外，从2008年圣诞节开始正式召集第三队的成员。在2009年2月3日的律会中，第二教会的负责人特意强调要求第三队的每个成员都自备红色的上衣，尽管有几位第三队的信徒由于没有红色的衣服对此私下嘀咕几句，但她们还是按照要求全部换上了红色的衣服，也许她们自身并不明白为何要穿统一的衣服，但都顺从负责人的要求。统一服装正是教会领袖治理教会的重要手段，当穿红色上衣的一群信徒按要求坐在自己的坐席区域时，其群体身份就显现出来了。当第三队到台上献赞美诗时，第二教会负责人特意强调这是自2008年圣诞才开始召集的"小羊"，并请"神的仆人"亲自为她们祷告、祝福，第二教会负责人也送上自己的祷告，希望这些"小羊""离开家庭世俗行走吧"。

四 树立榜样："新时代的工人"——使命团

2006年教会被迫关闭时，不少信徒观望或不再参加礼拜，而留下来的人——或按照教会的说法，"奉行五年工作的人"——则更加努力工作。此时，为了更好传扬基督教，教会成立了使命团。使命团，是教会分类治理、树立榜样的重要举措。

1. 教会领袖对使命团的期望与评价

教会对使命团有着很高的期许，传道人说："教会对使命团的培训，就是要以耶稣的事为事，以耶稣的心为心，摆脱家里的拦阻。"[①]

参加每月一次三个教会律会的信徒都是使命团的成员。2008 年 9 月 3 日律会中，"神的仆人"在讲道中强调：

> 耶稣那时候派使徒出去传道都是两两出去，咱们使命团马上要四个四个出去传道，你们都是新时代的工人。咱们地方小，没让都来，参加律会的都是使命团的，否则，哪个教会也盛不下。使命团就是神的军队，是灵命走在前面的人，圣灵急剧增加的时候，就是要传道。

在讲解马可福音 16：19~20[②] 及彼得后书 3：9~14[③] 时，"神的仆人说"：

> 神一直关怀咱这三个教会的生命，咱们要悔改，要走神的路……路加福音 4：18~19 说："主的灵在我身上，因为他用膏膏我，叫我传福音给贫穷的人。差遣我报告被掳的得释放，瞎眼的得看见，叫那受压制的得自由，报告神悦纳人的禧年。"咱们该怎么做呢？第一，咱们也应该传福音，耶稣传道，咱也开始；第二，医治有病的、被魔鬼附身的人，耶稣的路咱们也要走；第三，要击碎邪恶势力的捆绑。

2008 年 9 月 3 日，第二教会负责人为第一神教会使命团的 12 人祷告：

> 主啊，她们经过 21 个大波浪，若没有她们，第一神教会就难以保

---

① 2008 年 8 月 24 日的讲道。

② "主耶稣和他们说完了话，后来被接到天上，坐在神的右边。门徒出去，到处宣传福音。主和他们同工，用神迹随着，证实所传的道。"

③ "主所应许的尚未成就，有人以为他是耽延，其实不是耽延，乃是宽容你们，不愿有一人沉沦，乃愿人人都悔改。但主的日子要像贼来到一样，那日，天必大有响声废去，有形质的都要被烈火销化。地和其上的物都要烧尽了。这一切既都要如此销化，你们为人该当怎样圣洁、怎样敬虔，切切仰望神的日子到来。在那日，天被火烧就销化了，有形质的都要被烈火熔化。但我们照他的应许，盼望新天新地，有义居在其中。亲爱的弟兄啊，你们既盼望这些事，就当殷勤，使自己没有玷污，无可指摘，安然见主。"

存。她们为了新基督教会的诞生付出了心血，她们是新时代的工人，第一使命团相当于敢死队，神啊，你祝福第一使命团，叫他们站得稳、立得住。你让使命团他们成群结队出去，去除掉罪。

2008 年 9 月 3 日，传道人为第三使命团祷告：

> 第三使命团也是耶稣的精兵，击打在磐石上永不动摇，至死忠心永不改变。在你面前的祷告不敢靠自己，乃是奉耶稣基督的名。

在这些表述中，"新时代的工人"出现了数次，这是对使命团的定位，也为使命团成员赋予了使命感和荣誉感。"神的军队""敢死队"等称呼更是对使命团的深切期望，使命团成员也以此为荣。这些称号，也成为使命团成员自我定位、自我认知的参照。教会成立使命团，正是出于挑选精英集中培训、树立榜样的目的，传道人要求使命团成员"以耶稣的事为事，以耶稣的心为心，摆脱家里的拦阻"，集中于"耶稣的事"，也即主要以传道为中心，这也是"新时代的工人"的含义。

"敢死队""至死忠心永不改变"等均是革命话语，这一随手拈来、张口就来的革命话语，在乡村基督教教会布道、祷告之中并不罕见，可见基督教在乡村社会发展借用的不仅有传统的乡土资源，还有革命话语。

2. 使命团对集体身份的表述

> 主啊，你让我们各按各的轨道行，靠着你，我们冲破黑暗的权柄，大山挪开，小山挪移，不属于你的你禁止进入你的圣所，四周愿你的使者安营扎寨。
>
> ——2008 年 9 月 3 日，使命团队长代祷
>
> 主啊，我们爱国爱教，荣神益人。现在正是收割庄稼的时候，你把每个村庄都变成表达你的村庄。
>
> ——2008 年 9 月 3 日祷告
>
> 咱们也要忘记背后，努力向前，使命团就是主操练咱，让咱刚强，做主的兵。

第十二章　领袖的治理术与基督徒群体身份的建构

——2008 年 8 月 27 日祷告

从这些祷告的表述中，可以看到使命团成员已经形成"我们"或"咱们"这一集体意识，并对自己做了明确的定位——"主的兵"。而"爱国爱教，荣神益人"既是对自己合法性的表达，也是对自己的要求。

在 2008 年 9 月 3 日的律会中，使命团成员两次献了下面这首灵诗：

> 站起来，站起来，神的儿女们。站起来，站起来，我们这群人，警醒吧，祷告吧，努力吧，我们是神爱的人，得着圣灵向四方走去，哪里需要就在哪里扎根，不求那属世的生活、安逸的家，一个心愿：抢救灵魂。

这首使命团频频传唱的灵诗中，对"我们"使命的表述更为直白——"抢救灵魂"。

五　不断"筛选"与基督徒"恐惧的心灵"

教会在属灵运动之外，还不断强调上帝对信徒的筛选。2008 年 8 月 27 日（周三）早晨 7 点半，"神的仆人"在讲道中说：

> 撒迦利亚书 8 章 6 节①，讲的是谁得平安？并不是每个信主的人都能得到平安，谁得平安呢？余剩的民。耶稣来就是造就咱守诫命，胜过文士、法利赛人。并不是每个信主的人都能得到平安，只有少数余剩的民得平安，耶稣留下一部分就是为主做见证。我们现在三个教会后退一步，主要就是不让信徒犯罪，造就的就是余剩的民。

不能获得得救确证的恐惧一直存于李村信徒的心中，教会对"熬炼"及"余剩的民"的渲染，进一步加深了信徒孤零零面对上帝时的恐惧感。自新教改革以来，尤其在加尔文宗那里，上帝"如此令人敬畏地高高在

---

① 撒迦利亚书 8：6："万军之耶和华如此说：到那日，这事在余剩的民眼中看为希奇，在我眼中也看为希奇吗？这是万军之耶和华说的。"

上，他乃是超乎所有人类所能祈求与理解的。在上帝面前，人类孤零零地站立着"①。对于新教信徒，"没有任何人，甚至是教士或教会，能够帮助他；从那'心灵的最幽深之处'，他都直属上帝。在如此的情况下，人类只是服从于上帝以实现其意志的工具，人类不过是依其天职（calling），努力地想要在尘世之中建立起上帝的王国罢了"②。

正是基于信徒"心灵的最幽深之处"的恐惧，李村教会开始了对信徒的治理。如2008年8月24日礼拜结束之时李村教会的负责人所作的祷告："万能的上帝……使命团和老年队、弟兄队的工作交给你。主，你负他们的责任，使他们不羞辱你的名"；以及2008年9月3日律会之时"神的仆人"说："我不负责任，已经把你们交给耶稣。"这使得信徒直接面对耶稣。也正是由于信徒对能否得救存在恐惧心理因而拼命按照教会的教导来做，教会的治理才取得了预期的效果。教会的治理效果在以下的讲道中得到了确认：

> 太8：14治好彼得岳母的病。彼得的岳母得了啥病？热病，用咱那话说就是发烧。你看看咱们教会是不是也有热病？过节时人多得人挨人，节后人就少了，忽冷忽热，七年的工作医治了咱们忽冷忽热的病。
>
> ——2008年8月24日的讲道

第三节　普通信徒：超世的生活与在世上斗争

在2008年8月24日的讲道中，传道人要求信徒：

> 一方面过超世的生活，另一方面在世上斗争，过入世的生活，在家中、世俗中调和好，做盐做光能将家里的一切处理好。

---

① Bendix, Max Weber, *An Intellecture Portrait*, New York, 1962, p. 159.
② 〔美〕杨庆堃：《韦伯 中国的宗教 导论》，〔德〕韦伯《中国的宗教》附录一，广西师范大学出版社，2004，第340页。

第十二章　领袖的治理术与基督徒群体身份的建构

——2008 年 8 月 24 日讲道①

　　对于像使命团成员那样纯粹的基督徒②而言，参与教会事务的愿望与日俱增，其宗教行为的卷入性程度很高。第二教会每星期三、六、日礼拜，但第一教会额外增加了星期五，使命团一周集体祷告四次。因为家里忙，有姊妹提出去掉星期五，但马上遭到其他姊妹的反对，几位姊妹几乎异口同声地说："不敢减少。"

　　在使命团的带动下，教会这一神圣的场域不断得以重塑。使命团成员以外的信徒，浸染教会场域日久，也受到群体氛围的影响。2008 年 9 月 3 日律会后回家的路上，笔者听到身边两位信徒彼此勉励说："听出来，现在又转（折）了。可不能掉队，得跟上。"以下这首普通信徒常唱的灵诗也反映出其对圣俗生活的看法：

　　　　求你使虚假和谎言远离我，远离我。使我也不贫穷，也不富足，赐给我需用的饮食，赐给我需用的饮食。恐怕我饱足不认你，说，耶和华是谁呢，耶和华是谁呢。又恐怕我贫穷就偷窃，以致亵渎我神的名，以致亵渎我神的名。我求你两件事，在我未死之先，不要不赐给我。③

　　灵诗《我只要耶稣》也反映出信徒树立的全新的价值参照体系：

---

① "今年 2008 年救恩祝福临到我们，但是这还需要一定的条件，啥条件呢？就是要过人世超世的生活。咱们教会 20 年之久在世上挣扎，从属世转到属灵，这一步不容易，但是我们使命团做到了，大部分转过来了。5～7 章告诉人们如何在世上行事为人，6～7 章耶稣告诉我们还要过超世的生活。一方面过超世的生活，另一方面在世上斗争，过人世的生活，在家中、世俗中调和好，做盐做光能将家里的一切处理好。太 7：13～14 过窄门，'你们要进窄门。因为引到灭亡，那门是宽的，路是大的，进去的人也多。引到永生，那门是窄的，路是小的，找着的人也少'。永生的门是窄的，所以咱们要努力、要警醒。"——2008 年 8 月 24 日，"神的仆人"之讲道

② 借用方文教授的说法，参见方文《学科制度和社会认同》，中国人民大学出版社，2008，第 111～112 页。

③ 根据箴言 30：7～9 改编的灵歌。

　　我只要主耶稣，别无所求，有他的同在，平安无忧愁，人生的真
快乐，藏在主爱里，得着了基督，得着万有。

　　我只要主耶稣，别无所求。因他的慈爱，永远长存，人生的真价
值，全在主爱里。十字架救恩，创造成终。基督徒真有福，耶稣与我
们做朋友，得真理得自由，平安喜乐在主手，勇敢走天路，哪怕人讥
讽。不贪恋世界，只要耶稣。

　　超世的生活只是理想类型，尽管在属灵运动中每个个体基督徒都被感
染，其自我都得到进一步的形塑，信徒也根据教会要求，时常进行自我反
思与自我审查，但其作为审查对象的自我一直在属灵的生活与属世的挣扎
之间摇摆。自我审查与灵肉分离，[1] 以及逃离属灵自我是信徒中常见的现
象，但通过忏悔与祷告以及群体的帮助，其自我能得到有效的治理。教会
常进行的禁食祷告、自我锻炼、自我审察等活动，都促进信徒对自我的治
理，使之逐步去个体化并向群体自我靠拢。

小结　基督徒群体身份的塑造

一　集体仪式、历史记忆与群体边界的建构

　　受洗是成为基督徒群体一员的象征性仪式。但是在李村基督徒看来，
认罪、悔改，象征着旧自我的死亡和新自我的诞生，带有教会群体烙印的
属灵的个体新生命的成长才是最重要的。圣餐礼，则是对群体成员身份的
确认和与基督联系的巩固。洗礼、圣餐礼、见证、讲道等集体活动中创造
的共在情景和仪式实践，[2] 强化了个体基督徒对群体的归属感和对其成员
身份的认知，巩固了集体认同。分类治理、筛选、树立榜样等治理术，也
促使信徒通过社会范畴化、社会比较过程，强化了群际区分及群内认同，
树立了群体身份边界。

　　属灵运动以及旷野生活的历史，融进教会历史记忆中，不断得到重

---

① 自我审查、灵肉分离是现代人格的两大特征，参见流心《自我的他性》，第 102～103 页。
② 方文：《学科制度和社会认同》，第 139 页。

述。对集体的英勇过去和辉煌历史的表述和宣扬，激发了集体荣誉感，加强了集体凝聚力。

二　同一性中的差异

基督徒群体并非一个完全去个体化的群体，基于属灵资本的差别，李村基督徒内部可以分为三个群体①：传道人、使命团、普通信徒。这三种群体的自我有别。传道人具有强烈的自我意识，他们的自我在重塑的同时，也对其他基督徒的自我进行重塑，他们的治理术对基督徒自我的形成与维系、强化具有重要的意义。使命团是传道人从信徒当中挑选出的可作为教会内部全体基督徒榜样的代表，使命团的成员在基督徒群体中起着中流砥柱的作用，他们是传道人树立的标兵，也是普通信徒学习的榜样，他们与教会活动的联系更紧密，其自我几乎完全融入集体当中。对普通信徒来说，他们面临更多的是向使命团学习的愿望以及在尘世生活的挣扎，为靠拢使命团，他们努力抛弃旧自我，每次集体活动中积极否定自我，但在集体活动以外的时空，在离开了教会的时候，他们被否定的旧自我往往会冒出头来，因此，他们经常游离于否定自我与自我之间。对普通信徒来说，如果参加集体活动频繁，在教会的场域中浸染已久，他们中的部分人会逐步成为使命团的成员；而如果参加教会活动不够频繁，其旧自我往往占上风，可能成为"主日基督徒"甚或退出教会。

---

① 此处的划分具有类型学的意义，但这是理想类型（ideal type）意义上的划分，并非每一个现实社会中的基督徒都可以纳入这一如此清晰的绝对划分中去，特此说明。

第十三章
社会交往规范变迁中的李村基督徒

第一节　社会交往规范的变迁：
差序格局的式微

一　纵向宗族关系的式微与横向姻亲关系的凸显

新中国成立后，国家借助国家机制和底层的社会动员，发动贫雇农这些宗族边缘的人群，对农村社会结构进行了翻天覆地的调整。作为传统社会中间阶层的中农（包括部分被划为"富农和地主"的中农）之大家庭观念和大家庭组织形态——宗族，不仅在合法性上受到挑战，而且其存在的基础——坟田、墓地受到破坏，其维系机制——祭祖、逢年过节及人生仪礼时举行的礼敬长者之仪式都被废弃，因而，宗族受到极大的冲击，仅保留在人们的观念中。改革开放之后宗族的恢复，曾引发人们对其是否能与现代社会相适应的争论，但是实际上，宗族的恢复，只是仪式上的恢复，宗族的重要物质基础——土地已不复存在。北方宗族的式微尤为严重，"事件中的宗族"①也只能维系两代人之间的关系，祭祖也只祭祀三代，五服的观念只体现在纯仪式性的葬礼上。

更为重要的是，市场经济影响下的功利逻辑已经使宗族内部的交往向功利性的方向发展。"人情冷漠"是李村村民的普遍感受。宗族内部的关

---

① 赵力涛：《家族与村庄政治：河北某村家族现象研究》，北京大学硕士论文，1997；亦可参见赵力涛《国家权力与村庄中的家族》，李永新主编《北大寻思录》，中国社会科学出版社，2003。

系，只能维系在同胞兄弟之间，叔伯兄弟之间的关系基本功利化。尽管人民公社时期基本抹平了贫富差距，但改革开放之后，宗族内部的贫富差距拉大。1982 年，李村实行联产承包责任制，以户为单位进行生产生活，"各顾各""各过各的"。除了在灌溉及收割、播种时，宗族内会合作以外，各家在生活上展开了一轮新的竞争，"各过各的，谁也不管谁"慢慢成为生活的准则。在李村贫富差距拉大的情况下，族内成员家庭遇到困难，常见的情况并非兄弟互帮或族内相助，而是自己的族人与他人一起"看笑话"。

差序格局和传统人情，"要求个人按照自己在社会关系中的位置来决定参与人情往来的方式，任何人不得因为私利而破坏这种规则"[①]。然而，在市场经济的冲击下，人情往来和礼物交换中，功利的、私利的考量逐渐代替了"按照自己在社会关系中的位置来决定参与人情往来"的规范。"人情世故"中礼物的分量越来越重，这样就逐渐把宗族内家庭困难者甩离人际往来的网络。质言之，宗族内功利性的人际往来和传统的人际往来并存，前者有愈演愈烈之势。

在新中国成立之前，和附近的村子一样，李村举家族之力供养学生，中举的士子则反馈宗族和乡邻。如今，供养读书的学生成为单个家庭的事情和沉重的负担。[②] 加之 1997 年之后大学实行并轨制，开始收费，同一时间，国家调整产业结构，大量的工人下岗。读书无用论开始在乡村蔓延。1992 年以来实施的市场经济战略，使打工经济逐步影响到远在内陆的李村，很多家庭看到打工所带来的效应，遂默许小孩子辍学打工。供孩子上高中的家庭陷入贫困，尽管平时没有得到兄弟的照顾，但他们对兄弟姐妹之间的互助仍怀有期待。然而，当李村考入大学的学生向其近亲报告考入大学的消息时，基于功利理性算计的亲戚却说出了"现在那么多人下岗，

---

① 王德福：《人情的公共性及其功能》，http：//snzg2007. bokee. com/viewdiary. 47008174. html。

② 这在农村地区属于普遍现象。参见《从"读书改变命运"到"求学负债累累"》，《南方周末》，http：//www. infzm. com/content/40934/1，2010-01-27；更严重的，如"因读书之故，一家五口如今只剩了一家三口"，这是一个下岗职工家庭三个大学生难以改变命运的故事，参见《失去资助之后的李冬梅：盼着熬到尽头》，《南方周末》，http：//www. infzm. com/content/41428，2010-02-09。

上大学也没用"的话。

在强调以男性为中心的父系权力的宗族式微的同时，以姻亲为纽带的横向关系得到发展。传统社会中，"嫁出去的女儿泼出去的水"，嫁出去的女儿成为"别人家的人"，对娘家的社会地位及日常生活没有大的影响。嫁出去的女儿，处处受公婆的限制，没有回娘家照顾父母的自由。由于当时的未婚姑娘并不能如今日这样把自己的劳动转换成金钱，出嫁前不能靠自己劳动养活自己，出嫁时父母还得贴上"嫁妆"，因此，新中国成立前，不少地方的女孩子被称为"赔钱货"，这也是重男轻女思想的来由与维系机制之一。如今，打工经济的兴起，不仅使女儿在娘家的地位提升，其在婆家的地位也得以提升。近来，婚后女儿与娘家的联系日益密切。①

随着新婚妇女在家庭中重要性的上升，以及只追求个人权利而没有道德义务的社会氛围的形成，不孝的媳妇愈来愈多，但奇怪的是，"不孝的媳妇"回到娘家却变成了"孝顺的女儿"。"不孝媳妇却是娘家的孝顺女儿"，这一悖论引人思考。这一现象不是李村独有的，也不是北方特有的现象，研究发现，在浙东"在父系家庭制度中，作为父亲家庭的非正式成员，不承担赡养父母和家计责任的女儿，越来越多地在娘家的经济和家庭福利等方面扮演重要角色"②。

二 宗族内功利化的交往逻辑

人际往来中，期望得到回报的功利性交往增加，这在宗族内部亦是如此。李村已经有多起兄弟之间因贫富差距或其他经济矛盾，而造成兄弟反目的事例。大学生花费大、就业难等因素，使亲戚互助供养大学生的传统遭遇困境。在李村，尽管宗族内交往日趋功利化，但人们对"同胞兄弟"之间的互助仍抱有极大的期望。然而，李村的几起事例，说明兄弟之间的互助也难以维系：

① 张卫国：《"嫁出去的女儿泼出去的水？"——改革开放后中国北方农村已婚妇女与娘家日益密切的关系》，黄宗智主编《中国乡村研究》第7辑，福建教育出版社，2010。
② 唐灿、马春华、石金群：《女儿赡养的伦理与公平——浙东农村家庭代际关系的性别考察》，《社会学研究》2009年第6期。

李村有一青年考上了一所农业大学，但由于家庭困难，他暑期到砖厂打工也难以凑足学费，念及大学就业的艰难，他几次欲辍学打工补贴家用。他的父亲弟兄5个，其父排行老大，其二叔、三叔均通过自己打工挣了不少钱，但却不肯出资帮助他。他大学第一年开学时，只有四叔、五叔各给了200元。其二叔、三叔把大量资金用在盖房上，以给自己挣面子，显示自己富裕，眼看其濒临辍学却从未相助。

李村另一青年考上大学，尽管其家境尚可，但基于传统的交往观念，他仍期望其较富裕的三叔予以象征性的资助，但结果其三叔并没有任何表示。与其三叔交好的村民为不相助的行为加了说明，他说："又不是咱家的孩子（考上了），人家的孩子考上了，人家有父母，不用咱操心。"

当村民与考上农业大学青年的叔叔聊天时，其叔叔说："上农业大学以后能弄啥？回来翻坷垃？"这些话，很快传遍了李村。由于大学含金量的贬值，以往的宗族互助或者全村互助的场景不复存在。与其他事务一样，宗族内成员变成了"一群围观者"而非"救助者"。

面对考入大学的学生，村民马上就理性地算计付出与回报，他们最关心的问题是"毕业之后能分配啥工作？""毕业之后能到哪里工作？""毕业之后，能给自己带来什么？"

理性的算计，让村民变得功利起来，其行为更注重当下效果而不考虑长远之计。打工潮兴起之后，考虑到读书改变命运的艰难，李村的很多村民都鼓励孩子出外打工挣钱。

村民的交往规范正在发生变化。李村的一位老人告诉笔者，他的父亲曾在20世纪60年代初资助侄子和五服以外的族人去读中专。此类资助超出五服之外宗亲的行为，在如今的李村已经难以寻觅。谈及村落里的礼物往来及日常交往，李村的这位老人经常感叹"现在的人只顾眼前，目光短浅"。

与村里受冷落的大学生交谈，他们告诉笔者，在他们毕业后找到工作而且待遇还可以时，其亲属及邻居的态度改变了许多。如今，村民以能否为自己办事作为是否交往的准则，笔者调研时的房东常说"穷在闹市无人问，富在深山有远亲"。

在笔者去调研时，不少村民也问及笔者毕业之后能干啥，他们说："你要是当个领导，我们也跟着沾沾光。"一次，在与熟悉的村民喝酒之际，他们也劝笔者考公务员，当我说准备考江浙等省的公务员时，他们劝我要么考中央的要么考省里的公务员，他们还给笔者举了反面的例子——"说起来，某某在青海做那么大的官，可是家里人有啥事帮不上忙，有啥用？你看看他回来也没几个人理他，喝酒都找不着人。"

人情的功利化①，不仅体现在婚丧嫁娶之中礼金的攀升，更重要的表现是以礼金的多少而非在差序格局中关系远近而决定是否发生礼仪往来。在宗族内人生礼仪活动中，五伦中处于同一亲疏关系的大多会支付同等数额的礼金，但由于五伦之外其他关系如同事、同学等往往提供优厚的礼金，李村婚礼上的礼金逐步水涨船高，渐渐变得没有规律可循，只有各人根据亲疏关系的远近和小范围内的协商来确定礼金的数额。尽管如此，即便由于家庭困难，宗族内或亲戚关系近的人提供的礼金少，主家也不能不收，否则，主家会落下"贪财"的名声。但近年来，随着社区舆论的衰微和"越轨者"的冒险，李村已经发生几起根据礼金多少而非亲疏远近来决定礼仪往来的事情。

村民礼仪往来，一则巩固亲属关系，二则提供物质与精神互助。如今，互助性质消失。人生仪礼交往，逐渐功利化，婚礼中男方宗族内成员只攒忙不送礼的规矩，逐渐得到改变，而婚礼的改革则以金钱为旨归。村民一方面私下批评某人"跟风""没规矩"，一方面感叹说，"规矩是人制定的，慢慢就变了"。

阎云翔指出，费孝通的差序格局，不仅是指横向的人际关系格局，更是指传统社会尊卑有序纵向的社会等级结构。② 这个讲究尊卑上下的差序格局靠四个基本机制来维系，"从伦理规范、资源配置、奖惩机制以及社会流动诸方面，一代又一代人不断再生产着尊卑上下的等级差异，并由此

---

① 阎云翔通过对东北村落的研究发现了同样的现象，他发现，当地已打破亲缘关系，而以个体之间的友谊为基础建构个人关系网，而在本地道德小世界中走后门现象突出，人情中情感与道德因素丧失，公众生活的退化及人情的功利化促使人们从宗教中寻求精神慰藉。参见阎云翔《私人生活的变革》，上海书店出版社，2009，第45~46页。

② 阎云翔：《差序格局与中国文化的等级观》，《社会学研究》2006年第4期。

形成了我们的传统社会结构——差序格局"①。随着伦理规范、资源配置、奖惩机制以及社会流动诸方面的变迁，尽管李村的差序格局仍存，但已受到巨大的冲击。

三　"异化的面子"与扭曲的社区评价体系

在当地，盖房是一种风气。② 第一轮建房潮发生在 20 世纪 90 年代初，青砖垒成的平房取代了泥土结构的瓦房；第二轮建房潮开始于 2000 年左右，主要是盖楼房，而且，不惜大兴"高台之风"——台基越砌越高。无论哪种房子，村民大多倾其所有，甚至不惜举债。由于资金原因，也有不少房子，从打地基到封顶花费了多年的时间。这是村民最大的支出，为即将成婚的儿子盖房是最大的压力和动力，但建筑材料价格的上涨，使举债成为常事，村民借债的对象是亲戚和同胞兄弟等亲属。

村民告诉我，因盖房而引起的争端遍及盖房的每一个家庭。村民说："一般来说，邻里之间关系本来都挺好，十家有八家都是因盖房子闹别扭"，"你看看，都不会和四邻说话，跑很远去和别人（居住比较远的村民）玩"。之所以因盖房而起争端，从表面看来，是因为李村的贫富差距开始彰显，富裕的人家开始盖房，但后来盖房的邻居往往想盖高一些或因上次邻居盖房遗留的问题而起争端，因此争执之事势所难免，甚至发生了两家各请一些邻村青年各拿刀剑、棍棒怒目相向的事件。从根本上来说，在市场经济的冲击下，随着自私的"无公德的个体"的出现，传统的交往伦理和规范已经支离破碎。

与其他乡村事务一样，攀比、压住别人、超过别人，成为追求的目标。村民羡慕的对象，并非城市里的白领，而是村里发了财的人。挣了钱，回来盖房、装修房子，在这样一个小世界、小地方里显示自己的能力与本事，成为当地有钱人的追求。当地人的交往已经功利化，"能够帮助

---

① 阎云翔：《差序格局与中国文化的等级观》，《社会学研究》2006 年第 4 期。
② 研究表明，农村一轮又一轮的盖房潮是普遍现象，是故 2010 年中央 1 号文件首次提出利用农村建房的需求拉动全国的内需，以农村建材消费来拯救全国低消费水平的决议。关于农民建房潮以及农民不惜恶性竞争举债盖房的深层原因，参见卢晖临《集体化与农民平均主义心态的形成——关于房屋的故事》，《社会学研究》2006 年第 6 期。

借钱给自己的人，能对自己有用的人"而非自己差序格局中的至亲成为部分村民的交往对象。在这样一个狭小世界中，"看（别人的）笑话""取笑别人"成为部分村民的乐事。

传统社会中，李村村民在差序格局内进行互助。如今，差序格局被功利交往规范打破，个人日益成为孤立的原子化个人。社区评价体系也是扭曲的，在这种互相攀比并且只以追求财富为目的而不择手段的社区舆论氛围中，大部分人都找不到自己的位置，只能在生活中不断地盲目跟风。

四　信任关系的消解

诚如朱苏力所说，"熟人社会以及形成熟人社会的许多社会组织（例如，单位、街道、村落）实际构成了对不道德、不轨行为的一种下意识制约。但熟人社会向陌生人社会的迅速转型往往会破坏这些人们从来没有意识到的、曾经有效的约束机制"①。单就李村的信任关系而言，随着社会的转型，村落甚至宗族内信任关系的基础已逐步式微。

传统社会中，宗族或以宗族为基础形成的村落是村民生产生活的基本单位。几个村落所形成的集市圈，则是大部分村民生活的基本空间。在村落单位里，同质性的生活以及共同的利益，使村民容易形成共同体。在这一相对封闭的共同体内，村民世代生活在一起，是一个熟人社会，每个人相互之间都知根知底。由于社区舆论以及多重关系的约束，村民之间有着充分的信任，之间的交易以不成文的规则及互相之间的信任为基础。在那样的社会中，由于日常生活中互助的需要，远亲不如近邻是村民奉行的原则。

而如今，生活的异质化，以及个人的原子化状态，导致生活共同体不复存在，如今因盖房而产生的近邻交恶是普遍现象。生产生活的私人化以及原子化趋势，导致村落内部信任结构消失。兹仅以计划生育工作为例加以说明。

如前所述，在中国农村，乡镇为鼓励各村做好计划生育工作而设奖举报，因而在很多村子里一旦有计划外生育，就会马上被举报，而举报者都

---

① 朱苏力：《制度是如何形成的》，北京大学出版社，2007，第60页。

是邻居或同族之人，这在不少村子里屡有发生。

李村临近的村子甚至发生过这样的事情：村子里有一年轻人，已育有一个女儿。为了要一个儿子，他与妻子在外打工以躲避计划生育，已多年未回家。2008年，儿媳怀孕后打电话告诉婆母，婆母很高兴，一时激动，就去找了在村里负责计生工作的亲戚央求手下留情，结果，亲戚反而举报了她。几天后，她和丈夫被抓到乡里的"学习班"，最后罚款了事。

由于在改革开放之后，李村村民基本上在同样的起跑线上开始挣钱的生涯，互相之间以竞争关系为主。基于狭隘的世界观，村民嫉妒村里获得成功的人士，甚至不惜想尽办法把取得成功的人士弄得身败名裂。李村一村民，80年代末在北京当兵，待遇不错。后来单位收到了举报其违反计划生育政策的信，结果他被单位辞退回乡。其实，超生的事情，他只告诉了村里他最好的朋友。村中熟人的举报致使他丢了工作。

村民之间，不是互相帮助、互相同情，而是互相举报。李村一青年考上大学，但其邻居嫉妒其考上大学，害怕他比自己的儿子混得好。就怂恿村干部借机整人，以动地为名试图取消这一青年借以维持生活的田地。相似的例子比比皆是。李村一家庭因儿子残疾而生活非常困难，但村民更多的是取笑而不是同情。当这一家庭历尽千辛万苦为残疾的儿子与儿媳办婚宴时，乡计生办的人赶到了，以他们没有办理结婚证为名罚款两百元。这都是村民之间没有信任，反而互相举报，对弱者进行歧视或压制的典型表现。

第二节　社会交往规范建构中的李村基督徒

与传统社会差序格局对应的是西方社会的团体格局。费孝通认为，"在象征着团体的神的观念下，有着两个重要的派生观念：一是每个人在神面前的平等，一是神对每个人的公道"。"每个'人子'，耶稣所象征的'团体构成份子'，在私有的父亲外必须有一个更重要的与人相共的是'天父'，就是团体。这样每个个人在人格上的平等才能确立，每个团体份子和团体的关系是相等的。团体不能为任何人所私有。在这基础上才发生了美国独立宣言中开宗明义的话:'全人类生来都平等①,他们都有天赋不可夺的权利'。"②

正如阎云翔所发现的那样,"差序格局否定人格平等的可能性,不承认权利义务之间的平衡,最终导致差序人格的产生。对于等级差异的强调也决定了差序格局之下只有如费孝通所说的'自我主义',不会有个人主义。而没有独立、自主、自由的个人及个人主义的价值观,也不会有团体格局"③。

在当前李村差序格局逐步式微的情况下,是否出现了类似西方社会的团体格局呢?团体格局的出现需要具备何种条件?这些都是需要深入考察的理论与现实问题。

一 传统社会对五伦之外的处理

费孝通先生认为,传统社会关系是"逐渐从一个一个人推出去的,是私人联系的增加,社会范围是一根根私人联系所构成的网络,因之,我们传统社会里所有的社会道德也只在私人联系中发生意义"④,"传统的道德里不另找出一个笼统性的道德观念来,所有的价值标准也不能超脱于差序的人伦而存在了"⑤。也就是说,中国传统道德之中没有处理君臣、父子、夫妻、兄弟、朋友之外关系的伦理准则。由于传统社会是一个机械团结的社会,社会同质性强、流动性弱,五伦基本能够涵盖日常生活中的人伦关系。传统社会中,不仅每个人互相知根知底,大家也熟知每个人的亲属关系,在这样一个熟人社会中,道德伦理的约束效力很强。

五伦全是处理宗族内部或者熟人之间的伦理,没有涉及处理公共领域的关系准则,⑥"差序格局中并没有一个超乎私人关系的道德观念,这种超己的观念必须在团体格局中才能发生"⑦。

---

① All man are created equal.
② 费孝通:《乡土中国 生育制度》,北京大学出版社,1998,第32页。
③ 阎云翔:《差序格局与中国文化的等级观》,《社会学研究》2006年第4期。
④ 费孝通:《乡土中国 生育制度》,第30页。
⑤ 费孝通:《乡土中国 生育制度》,第36页。
⑥ 吴重庆:《乡土儒学资源的再生》,《天涯》2005年第4期。
⑦ 费孝通:《乡土中国 生育制度》,第34页。

传统乡土社会中，五伦已经基本可以处理日常生活中的各种人伦关系，其信任也是基于私人关系的特殊信任。如果遇到五伦以外的关系，则采用拟亲属关系的办法，将之转化为五伦内的关系来处理。在同质的乡土社会中，五伦之内的关系基本上是知根知底的熟人关系，可以采取信任的态度。而面对村落以外或生活世界中无法纳入五伦关系的陌生人，则采取警惕和提防的态度。[①]

在乡土社会，尽管普遍贫困，但聚族而居、安土重迁，人们世代安居在某一村落。除非遭遇战乱或灾荒，除非生计难以维系，才会"走西口""闯关东""下南洋"。[②] 因此，其生活世界与当地市场交易的范围、婚姻关系的范围是一致的，陌生人或不能转化为五伦关系的人极少，五伦关系基本满足了其生活世界处理人际关系的需要。与市场圈[③]以外世界或与官府的关系，则通过宗族内的士绅来处理。

总之，乡土社会中，五伦之外的关系，或者被转化为五伦关系或者被作为陌生人来对待，这也是信任与不信任的分割线。

二　村落中五伦之外的基督徒与非信徒：以道德划分人群

村落中或邻村具有亲戚关系的信徒与非信徒之间，仍按照五伦处理相互之间的关系。但在信徒身份被彰显的场域，比如教会礼拜以及谈到基督教时，信徒往往根据信仰对信徒与非信徒做出笼统区分，信徒被称为"信主的"，非信徒被称为"世人""外邦人"。

1. "世人"与"信主的"：掌握道德话语权的基督徒对村落人群的划分

乡村民众入教之后，基督教信徒有意与民间信仰者区别开来。分别为圣、荣耀主名以及获得救赎的渴望，使基督徒刻意在行为方面追求与非信徒有所不同。在人生仪礼以及传统节日期间，基督徒与非信徒之间的行为

---

① 中国乡村对陌生人的警惕，参见费孝通《江村经济》，上海人民出版社，2006。对此问题的精彩讨论，参见〔美〕孔飞力《叫魂：1768年中国妖术大恐慌》，陈兼、刘昶译，上海三联书店，1999。某种意义上，传教士入中国乡村建教堂、孤儿院等行为，容易引起种种猜想甚至引发骚乱，乃是中国人无法理解五伦之外关系与对陌生人猜疑的必然结果。

② 这就是学界探究的中国乡土社会居与游的关系。

③ 以市场圈作为分析中国社会的单位是施坚雅的创造，参见〔美〕施坚雅《中国农村的市场和社会结构》，史建云、徐秀丽译，中国社会科学出版社，1998。

差异比较明显。

信教之后，李村信徒就把非信徒称为"世人""外邦人"，而信主的群体则被称为"灵同胞"。在信徒眼中，"世人"与"灵同胞"之间的区分，是不洁净与洁净之间的区分，也是属世与属灵之间的区分，因此，"世人"—"灵同胞"，与不洁净—洁净、属世—属灵，形成对应关系。

由于信仰的不同，李村基督徒对非信徒烧香拜佛的行为颇有非议。基于一神论信仰，基督徒认为，观音寺的佛像都是"偶像、土坷垃"，因此，凡是迎神赛会等一切与佛教或民间信仰有关的活动，他们一概不参加，并要求自己的子女不到活动现场。在与笔者谈话时，传道人扭头告诉自己的小孙子："千万别到庙里去，你是光明之子，是信主的，不能到庙里去。到庙里去，耶稣基督不高兴。"

随后，县"三自会"对教会传道人的培训中，强调佛道教也是合法宗教，传道人也在讲道中照样宣传，部分信徒也承认其他宗教的合法性。但不少信徒仍坚持保守的观点，仍对其他宗教持不宽容的态度。

李村信徒认为，信仰基督的就到天堂去，不信的就下地狱。信徒常说："世人的心真是硬，主就在面前，硬是不认主，到末日来临的时候，上帝要审判，不信主的要下地狱，他们还是不信，心可真是硬。"[①]

在基督徒眼中，非信徒或者说"世人"存在的合法性成为问题，他们不理解上帝为什么还允许"世人"存在。直到有一日，传道人布道说：

> 上帝创造的世界真是奇妙。原先，我也不理解，既然世人都作恶，上帝为什么不让他们都信主，让他们变好。我还祷告说："主啊，你咋不让世人都归向你？"谁知道，在上帝那里，世人也有用处，要世人干啥呢？有一回，我和某某说话，当时，我很生气，说了一句脏话，结果，你猜咋了？某某说："你是信主的，你咋说脏话。"哎呀，我一下子惊醒了，赶紧忏悔、祷告。我一下子明白了，上帝是借着世

---

① 认为信主的得救，死后上天堂，不信的下地狱，这种狭隘的神学主张在农村仍有着广泛的市场。农村基督徒的这种观念，实际上是农民群众长期积淀的善恶二元对立心理的流露，容易为信教的群众接受，这实际上也是基督教在农村发展迅速的一大原因，从中可以看出部分基督徒的狭隘。

人来监督我们。

如此一来，世人存在的意义，在上帝的价值体系中获得了解释，即世人的存在也被基督教意义系统赋予了新的解释。

实际上，由于基督教的传入，"他群"与"我群"的区别在全国各地乡村都一直存在。不同的称呼有："基督教"与"大教"①、"行好的"与"奉教的"②，有些人因加入基督教而被称为"外人"甚至"病人"③，这些称谓中蕴藏着历史的、现实的状况。

可以看出，基督徒和非信徒，都在争取道德话语权来命名"我群"，并对"他群"形成一定的污名化。在李村，由于非信徒无统一的组织、较为分散，这样一来，人数不多的基督教则显得势力较大，故基督徒获得了道德话语权，"世人"成为他们对非信徒带有道德贬义的称谓。④

2. 村民对基督徒：从排斥到接纳

在李村，在基督教的刺激下，民间信仰者或基督徒以外的人之共同身份意识也得以重新受到审视，也被激活、被视为一个整体，被称为"我们这一教"或"大教"。

村民对基督徒的态度，也经历了从排斥到接纳的过程。

非基督徒对基督徒也有贬抑的看法。由于基督徒忙于礼拜以及学唱圣诗，个别基督徒疏于管理田地，造成田地荒草丛生。在村民看来，个别基督徒懒惰，不愿意出力干活，才跑去做礼拜。

这两个群体是通过比较，通过以对方为镜而慢慢改变自身、建构自身的。三门峡陕县的基督教会，为避免偷懒不管理田地之讥，专门在下雨天请牧师集中讲解学习圣经。在容易引起争端之时，基督教会领袖一般会低调处理力图化解冲突。另外，一家人中有信基督教的也有不信的，生活中的融合之处居多。这对维护乡村稳定有着重要的意义。也就是说，两个群

① 吴飞：《麦芒上的圣言》，香港，道风书社，2001，第41页。
② 岳永逸：《庙会的生产》，北京师范大学博士学位论文，2004，第25～26、44页。
③ 朱晓阳：《罪过与惩罚》，天津古籍出版社，2003，第235～236、57～58页。
④ 而在其他乡村，"行好的"与"奉教的"这一对立中，民间信仰者把自己称为"行好的"，获得了道德制高点，在这一话语体系中，信徒则被剥去了道德的优势，甚至被给予污名化的名称（"外人"甚至"病人"）。

体之中人员的血缘关系，使得他们的冲突会以合理方式化解。基督徒与非信徒之间的交叉共融，使冲突保持在较低水平，不至于造成大规模的冲突。

基督教传入乡村之后，村民就多了一个信仰层面的身份区分。基督徒与"大教"信众之间进行着简单的非此即彼的二元编码。葬礼上，最容易见到这两个群体之间在理念与符号上的冲突。最为极端者就是不让基督徒葬在祖坟，从而导致严重的冲突。但随着基督教的发展以及中国传统文化的衰落，这一冲突已经较为少见。

三　超越五伦之外的交往规范如何可能？

传统中国乡村社会是一个彼此知根知底的熟人社会，熟人社会之中人们的关系无法以金钱来衡量。如今，乡村内部已经处于陌生化状态，缺乏信任。在乡村，亲戚关系仍是信任之源，但超越血缘的关系，何以维系？地缘的信任关系与超越地域认同的关系如何维系？

基督教教义强调，上帝面前人人平等，也强调信徒之间应把彼此视为兄弟姐妹，并实行互助。这一博爱的伦理，远远超出五伦。李村基督徒群体中，也超出五伦创造了新的伦理关系——"灵胞"。尽管"灵胞"这一新的伦理称谓带有中国"拟血缘关系"的特色，但无疑是个新的概念。"灵胞"超出五伦的明显特征是：打破年龄限制，对没有血缘关系的平信徒，一律称作兄弟姐妹。但问题在于，基督徒是否能对基督徒与非基督徒一视同仁，实行普遍信任而非特殊信任。

信仰对信任关系重建有着重要的意义。传统社会中，信任关系主要是建基于亲缘关系与地缘关系。如今，亲缘关系之外，基督教信仰成为新的信任关系基础，改变着社会信任关系结构。尽管民众因为疾病入教的居多，但信仰基督教却造成社会信任结构和社会结构再组织的意外后果。

1. "灵里面胜过骨肉亲"——"灵胞"关系的建构与交往

笔者注意到，在基督徒之间形成了一种新的关系形态——"灵胞"。信仰基督教之后，李村基督徒逐步接受了"原罪"的观念，这使得基督徒自我观的重塑成为可能。在弃绝自我、使世界价值虚空化的过程中，基督徒树立了新的追求目标，否定了自己在世上的家乡，如灵诗《我们的家乡》唱道："我们的家乡，不在这里，咱们的家乡在天堂。"天堂成为基督徒的追求，常常盼望天堂成为基督徒群体"我们"的共同追求，在追求救赎的过程中，共同的目标培养了"我们感"①，凝聚了基督教会这一道德共同体的力量。灵歌《天家故乡》号召："天家啊天家，我的故乡，那是我要去的地方，弟兄姐妹，快快起来，奔向那要去的地方，有朝一日回到家乡，来到了父神的身旁，弟兄姐妹欢聚一堂，去度那美好的时光。"

在追求救赎之路上，弟兄姊妹这一平等的关系进一步被建构为"灵胞"，如灵诗《我们常盼望天堂》："灵胞们，灵胞们，都摘灵果细尝尝，我们常盼望天堂，天堂上有咱的美好家乡"；《姐妹与弟兄》："亲爱的灵同胞，警醒多祷告，遵行神话，听从命令，直往天国跑，跑到天国里，真逍遥，弹琴作声，欢呼跳跃你看多荣耀"；《同蒙天招》："同蒙天招，弟兄姐妹神家来相聚，今天俺见了面呀，我心里真欢喜，情深义厚和睦同居，颂赞慈爱神，多甜蜜，怎能忘记，今被主拣选。必有灵粮来充饥，美味可口真甜蜜，大家快入席"。

"灵胞"的建构，不仅出现在灵诗中，也出现在讲道及信徒的交往中。2008 年 8 月 24 日的礼拜天讲道中，一位堂委会成员讲解马太福音 12：46~50：

> 太 12：46~50："凡遵行我天父旨意的人，就是我的弟兄、姐妹和母亲了。"啥是兄弟姐妹？"灵里面胜过骨肉亲。"

"灵里面胜过骨肉亲"是对信徒之间兄弟姐妹关系的定位，这一号召信徒之间建立超血缘、超功利、神圣维度之下关系的要求能否在信徒生活中得到落实呢？从在李村的调查看，答案是复杂的。一方面，传道人及使命团成员之间确实做到了"灵里面胜过骨肉亲"，几乎整日在一起的生活培养了他们之间的感情，但深入探讨我们就会发现，其实基督教只是为他

---

① "我们感"是埃利亚斯的说法，参见〔德〕诺贝特·埃利亚斯《个体的社会》，翟三江、陆兴华译，译林出版社，2008。

们提供了一个交往的平台和契机,[①] 这些人性格及生活经历的相似性可能是更重要的原因,但我们必须承认如果抽去基督教这一共同信仰的维度,这些人之间的交往及胜似"骨肉亲"的关系绝不会如此紧密。而对于普通信徒来讲,"灵里面胜过骨肉亲"只能是一种向往和努力的方向。我们必须注意的是,尽管这些普通信徒做不到"灵里面胜过骨肉亲",但却把这一伦理要求作为理所当然和应该达到的目标。把自己难以平等对待其他信徒作为应该忏悔的罪而加以自我否定和贬斥。

2. "灵胞"之间信任与交往关系的建立

进入田野之后,笔者常常为信徒之间默契的配合与信任而感动。基督徒之间的信任,一方面,是因为信仰为他们提供了相聚、认识的机会,借此机会而频繁的往来增进了彼此的信任。换言之,基督徒之间的信任仍是基于人际交往带来的对彼此为人的了解而产生的。这种信任只发生在彼此相熟或面对面互动的信徒之间。信任关系能否扩展至从未谋面的信徒之间呢?

调查中发现,基督徒已经形成对抽象的基督徒群体的信任,这在基督徒为子女寻找配偶一事中多有表现。[②] 在调查中,这样的事情笔者见过多起。我的房东阿姨要为女儿寻找婆家,让亲戚广为打听。笔者认识的一位大姐(非信徒)介绍说:"我们对门那家,你看咋样?他家老二娃子(儿子)不错。"房东说:"他们父母为人怎么样?"大姐说:"他妈叫某某,人家也是信教的,为人不错。"房东说:"信教的?那应该不错。"虽然大姐不信教,但她知道基督徒信任信教的人。房东的话,也说明他们对并未谋面但基于同一信仰的教友的信任。当然至于这一初步的抽象的基于信仰身份的信任能否维系二者的长期交往,还需要根据面对面的互动情况而确定。

无论如何,单纯基于信仰的身份,已经为信徒之间的抽象信任提供了

---

① 黄剑波在甘肃天水的调查发现:"吴庄关系网中的多数关系如姻亲、朋友、同事等,是靠村民自己建立和培养起来的,而非从其父母或先祖继承而来。只不过,吴庄村民用以建立和培养这种关系的途径是信仰。"参见黄剑波《信仰因素的引入与乡村家庭生活的变迁》,许志伟主编《基督教思想评论》第5辑,上海人民出版社,2007。

② 参见齐小新《口述历史分析——中国近代史上的美国传教士》,北京大学出版社,2003,第134页。这正是新中国成立前传教士们最希望中国信徒做的事,希望借此信徒的信仰能不受干扰,并且形成基督化家庭。如今这已成为他们自己主动的行为。

可能性。在李村调查期间，笔者随房东到村口买苹果。称好苹果之后，房东发现自己没带钱就请求先把苹果拿回去再给钱，卖苹果的说："没事，我看见这一片贴的对子①都是信主的，我也是信主的②，没事，我知道你肯定会送钱回来，信主的不占小便宜。"从此我们可以看出商业交往中基于对信仰身份的辨识而产生的信任。这一例子中，对联成为基督徒身份外显的符号与标志，成为其身份的外在表达。③ 只要信徒个体维持作为基督徒的良好道德及声誉，那么基于信仰的抽象信任就有可能形成。正如韦伯在美国遇到的教徒要告诉医生自己是某某宗派一样，这一宗派成员的身份就为其提供了信誉担保，从而可以获得别人的抽象信任。④

李村普通信徒的交往局限于本教会，使命团的交往则遍及同一个乡镇的其他两个教会。在李村教会的信徒看来，本教会以外的信徒属于肢体，之间偶尔有交通。他们最信任的是积累了灵性资本的教会传道人及本教会面对面互动的信徒，但已经发展出基于信仰而来的抽象关系，而这正是现代抽象市场体系所需要的系统信任。⑤

李猛指出："韦伯对新教教派的经典研究，实际上处理的正是交易中的信任问题"；"韦伯发现，现代交易依靠的不是对一个熟人的具体的道德判断（"面孔管理"），而是借助对一个陌生人的范畴性理解，或者说类型化的知识"⑥。是否因为基督教自身内在地带有善于对人进行二元分类或范畴化的倾向而使得西方较早进入现代市场体系尚需进一步探讨，但由于基督教相对于中国乡村的异质性带来的对乡村人群的划分，以及对基于信仰身份的范畴化理解而带来的抽象信任，却带来超越熟人之间面对面互动而形成的陌生人之间的抽象关系，而"正是这种抽象关系才使得现代抽象市

---

① 当地方言，指对联。
② 可惜在当时的田野中，笔者对这一问题的敏感度不够，没有及时记下卖苹果的基督徒具体来自何处，但印象中卖苹果的不参加本乡的三个教会，是邻乡的基督徒。
③ 对基督徒对联的研究，参见黄剑波《对联的哲学与政治——乡村基督教的个案研究》，吴梓明、吴小新主编《基督教与中国社会：第二届国际年青学者研讨会论文集》，香港中文大学崇基学院宗教与中国社会研究中心，2006。
④ 〔德〕马克斯·韦伯《新教伦理与资本主义精神》，于晓、陈维纲译，生活·读书·新知三联书店，1987。
⑤ 李猛：《论抽象社会》，《社会学研究》1999 年第 1 期，第 19 页。
⑥ 李猛：《论抽象社会》，《社会学研究》1999 年第 1 期，第 19 页。

场中的信任问题得以解决"①。

3. 博爱与怜悯的培养

基督教的发展，为社区范围之外的基督徒之间以及基督徒与非基督徒之间建立了五伦之外社会交往的规范。下面是一位基督徒的叙述：

> 觉得做生意的人都很奸，回回都缺斤短两。不信主以前，每回买菜，我都想多拿几根。信主以后，觉得做生意的也不容易，每天起早贪黑，不容易，每回我都多给人一点钱。

信主前后对小商贩态度的改变，说明基督教为人们之间的交往提供了新的规范。或有言曰，对小商贩的仁慈、同情，不需要基督教也能培养。此言不虚。但对于极度贫困的农民来讲，节省下来的块儿八角非常重要。民间信仰不能培养人们相互之间的同情与关爱，在冷漠、嘲笑成为原子化个人对待熟人与陌生人的常态时，唯有一种来自外在并化为内在的力才能改变其人际交往的规范。

4. 宽容精神的可能性

宽容，涉及对其他范畴化群体的宽容，及对属于其他范畴化群体之中及同一信仰共同体内个体的宽容。

涉及对其他信仰群体由不宽容到宽容的例子如下。2003 年调查时，问及村里观音寺里供的是什么，一位信徒说："供的啥？偶像、土坷垃！"2005 年，笔者见到同一位基督徒，再次谈起这一话题，这位信徒说："现在有几大教，寺里那是佛教，信的跟基督教不一样。"问起她改变观点的原因，才知道这是县里的培训起了作用。2003 年，笔者调查时，教会领导人说天主教信圣母玛丽亚，也是偶像，只有他们信的耶稣是亚伯拉罕这一支的儿孙，天主教信的是亚伯拉罕婢女的儿子这一支的儿孙。这一狭隘的、排外的看法，业已随着教会内部的培训而得到改正。近年来，普通基督徒对其他宗教的态度变化很大，以前狭隘的倾向稍稍减轻了，一般信徒也知道在国内有其他合法宗教。

---

① 李猛：《论抽象社会》，《社会学研究》1999 年第 1 期，第 19 页。

圣经对宽恕的教导①，影响到信徒对人际关系的处理。无论是对信教的还是不信教的，基督徒多了一份宽容。当前，妯娌以及村民之间钩心斗角、锱铢必较、贪占小便宜等盛行于李村，宽容是难得的品行。盖房时盖得比别人高借以压倒别人之"高台之风"至今仍在盛行，忍让之谦谦之风则荡然无存久矣。但基督教这一外在的信仰因素的引入，着实对部分人践行宽容提供了动力。无论是论及孝道部分所提的"神的仆人"对其儿媳妇的宽容，② 还是在其他地域的调查研究都说明了这一点。关于上海、泰安、天水、温州四地城市教会基督徒纠纷处理方式的统计分析表明，"当与小区其他居民发生矛盾时，无论对方是否是基督徒，被调查信徒均以'忍让'作为处理此类问题的首选，其比例分别达到 44.6%（与信徒产生纠纷）和 49.6%（非信徒产生纠纷）"③。除上海外，其他三地信徒对非基督徒的忍让高于对基督徒的忍让。这种明显的群体认同及内外有别的宽容程度表明，在缺乏世俗公共权威的情况下，基督教的信仰提供了忍让与宽容的可能性。忍让与宽容之所以能成为基督徒的伦理，是由分别为圣、为主作见证的教义及实践要求所促成的。

四 生活于村落之外的基督徒

在市场道德失范的情景中，建立彼此互信的关系至为重要，基督教信仰对商业信任伦理的重建意义深远。④ 以基督教信仰为纽带，信仰愈深的人，愈容易持守道德。我们可以从李村在外的基督徒身上管窥一二。

随着社会转型，大规模的社会流动开始出现，社会异质性也开始逐步增强，打工潮的兴起，更加深了传统伦理的无力感。那么，随着城市打工潮的兴起，村落边界被打破，到了城市里的李村民众的道德现状又是如何的呢？与普通村民一样，基督徒不得不遭遇外部世界，在新自我观塑造下的基督徒是否能在村落外部世界做到道德的、"不分差序的兼爱"呢？

---

① 如太 18：21~22。
② 参见第六章相关部分。
③ 吴梓明、李向平、黄剑波、何心平等：《边际的共融：全球地域化视角下的中国城市基督教研究》，上海人民出版社，2009，第 108 页。
④ 杨凤岗：《中国的市场经济转型中的基督徒伦理》，《宗教实证研究：美国与中国》，第五届中美欧暑期宗教学高级研讨班，中国人民大学，2008。

在李村，打工潮的出现是在 2000 年左右。[1] 外出打工的打工仔，面对缺乏外在监督与约束的世界[2]时，能否道德自律呢？基督徒能否践行教义的要求呢？请看笔者无意中闲聊时获得的例子：

> 某某（使命团成员的儿子，第二代基督徒）在外地打工时，有一回，他们几个人承包了室内粉刷的活，等到快干完时，他发现户主准备的材料用不完，于是他就偷偷地拿了一些，结果不小心碰伤了手。他打电话时，顺便告诉了我，我就骂他说："碰着手？不亏你，这都是神在惩罚你，看你还敢再偷人家东西！"
>
> ——对一位信徒妻子的访谈

尽管常年在外打工，很少在打工地参加教会，但家庭的信仰传统、妻子的劝说及对伤手事件的"神学解读"，对其产生了影响。据其妻子说，后来，这位打工仔再也没有"手长"。

随着打工潮的兴起，李村的基督徒也与其他村民一样被迫外出打工，在洛阳、郑州等家乡附近打工的基督徒多从事建筑业，因为没有休息日，所以很少有人参加礼拜。但在深圳打工的基督徒告诉笔者，由于他第一家公司的老板是基督徒，所以每周末老板都会派车接送基督徒员工参加礼拜活动，这不禁让人想起曹南来关于温州老板基督徒主持公司团契以及向农民工传福音的活动，[3] 在这些福音活动中灌输基督徒老板的成功

---

① 调查显示，"在目前中国近 2 亿的农民工队伍中，出生于上世纪 80 年代、90 年代的农民工占到 60% 以上，成为当前农民工队伍中的主体"。参见《迷失的"民二代"》，《法律与生活》2010 年第 9 期。

② 据浙江省宁波市江东区检察院的检察官介绍，"2009 年全年，该院共受理审查起诉的占总数 56.2% 的犯罪嫌疑人都为'80 后'农民工，其犯罪最显著的特点是以谋取不法经济利益的侵财性犯罪为主，尤其以盗窃、抢劫犯罪最为突出"；而另一名北京市某监狱的工作人员表示，"目前，'80 后'、'90 后'外来务工人员犯罪现象已出现较为明显的分化，对比之下，'80 后'犯罪多以侵财为主，刑期相对较短，但是，'90 后'外来务工人员的犯罪呈现多样化，刑期从有期到死缓不等"。参见《迷失的"民二代"》，《法律与生活》2010 年第 9 期。

③ Nanlai Cao, "Christian Entrepreneurs and the Post-Mao State: An Ethnographic Account of Church-state Relations in China's Economic Transition", *Sociology of Religion* 2007, 68 (1): 45-66.

是上帝的祝福这样的话语，这样的福音传道更能吸引渴望成功的员工。

小　结

基督教传入李村后，尽管信徒之间基于信仰而产生的"灵胞"或"神亲"① 并不是对世俗社会中血缘、姻缘关系的否定或替代，但信徒之间确实建立了新型的人际关系，关键是这种新型的人际关系是局限于群体内部还是具有向外的可扩展性？

需要注意的是，差序格局只是行为规范，是应然的，② 据笔者的研究，五伦之内并不能建立起差序的信任，其信任关系仍是基于人际互动而达成的。但由于基督教的引入，基于信仰的身份，基督徒之间在建构"灵胞"这一新的共同体之外，还为基督徒之间抽象的信任关系之达成提供了可能性。

在基督教传入之前的李村，信任关系的基础是血缘与姻缘关系，这一关系是先天的、被动的，熟人社会中的信任整合的是基于血缘关系的社群，群体边界具有封闭性，不可扩展至外群体，更难以扩展至抽象的关系上。当今的李村，血缘关系已缩至三代以内，根据关系的远近来处理人际交往。但基督教信仰，在宗族群体之外，提供了一种新的整合基础。在基于先天而定的伦理关系之外，基督徒形成了后天的自致的伦理关系。由于超越了某一姓氏的范围，基督徒之间的信任关系可整合基于信仰的社群，并且具有一定程度的公共性和可扩展性。

倘若我们不加反思地认为，西方市场经济情景下的抽象信任完全是单纯基于信仰而产生的，那么我们可能会希望借由基督教来推动中国社会中的抽象信任和系统信任，但显然这一前提是成问题的。调查中，笔者发现，李村的基督徒，并未因为相信上帝会保守自己，而对医院、教育、银

---

① 阎云翔发现，"入教之后，教徒一般不再重视原来的亲缘关系，尽管他们基本都是神亲或姻亲"。阎云翔：《私人生活的变革》，第47页。

② 布迪厄认为"正式亲属关系"和"实践的亲属关系"（practical kinship）并不完全一样，纯粹基于宗谱关系的亲属关系只在正式情境中使用，执行使社会秩序化的功能。而实践的亲属关系的运用则是情境化的、灵活的。参见 Bourdieu, M., *Outline of A Theory of Practice*, Cambridge Univ. Press, 1977。

行、政府机关等这些系统中的人形成抽象信任。① 换言之，他们的信任仍局限于五伦之内的熟人关系和"灵胞"之间。但是，对未曾谋面的"灵胞"的信任表明他们显然已经向着抽象信任迈出了巨大的一步。

值得关注的是，无论纠纷涉及的对象是基督徒还是非基督徒，基督徒的宽容精神都得到彰显。这对于引导社区舆论，改变村落内部因鸡毛蒜皮之类的小事而产生的争执，对于一家又一家因为盖房而与邻居交恶的现象，都是很好的解决路径。

---

① 我的房东在发现银行卡丢失的时候，打电话给我，询问该如何办。我发现，房东和她的丈夫，第一时间内并不是向上帝祷告，也并不认为因为自己是基督徒所以上帝会保守自己的银行储蓄卡不丢失或即使丢失也不会损失金钱。信仰的话语，只在房东找到信用卡时才出现。在笔者已经帮忙挂失了银行储蓄卡之后，房东夫妇仍担心钱会不会被别人（手机服务商或银行电话接线员）取走。由于对银行系统的不了解以及不信任，他们数次去银行询问，直到15天之后挂失自动失效的当日，他们发现可以正常使用银行储蓄卡才放下悬着的心。笔者发现，这是当地村民的常见心理，而基督教信仰并未给他们带来改观。所以，认为基督教可以自动带来或培养现代社会所需的普遍信任的看法，无疑是有问题的。

第十四章
宗族、庙会、基督教与李村
公共空间之变迁*

公共生活空间①，或曰公共空间，主要是从哈贝马斯而来的学术概念。至于对中国的公共空间的研究尚有开拓的余地。公共空间，从内涵上讲，可以分为物质的、可见的有形空间和不可见的无形的社会与心理空间。谈论中国的公共空间，必须区分城市与乡村。对城市公共空间的界定与研究，已有不少成果。②而关于中国乡村社区的公共空间之研究，尚较为有限，现有的为数不多的研究中，较为重要者为王斯福《面子的方位——当

---

* 该章的主要内容曾以《乡村公共空间的变迁与民众生活秩序的建构——以豫西李村宗族、庙会与乡村基督教的互动为例》为题，发表于《民俗研究》2008 年第 4 期，第 72～101 页；被《中国社会科学文摘》以《豫西李村宗族、庙会与乡村基督教的互动》为题予以转载（2009 年第 6 期，第 139～141 页）；被人大复印报刊资料《文化研究》全文转载（2009 年第 6 期，第 39～53 页）；其新版以《基督教与乡村公共空间之变迁——以豫西李村为例》为题，收于高师宁、杨凤岗主编《从书斋到田野——宗教社会科学高峰论坛论文集》下卷（中国社会科学出版社，2010，第 36～50 页）。为保持书稿的统一性，并为避免田野资料的重复，文中相关部分做了处理与调整，特此申明。

① 本章所用公共生活空间是与公共空间等同的一个概念，之所以更多使用前者主要是笔者个人的习惯，特此申明。

② 对城市公共空间的界定，参见王笛《街头文化、下层民众及公共生活研究的现状、资料和理论方法问题——以成都为例》，杨念群、黄兴涛、毛丹主编《新史学：多学科对话的图景》，中国人民大学出版社，2003；另参见王笛《街头文化：成都公共空间、下层民众与地方政治 1870-1930》，李德英、谢继华、邓丽译，中国人民大学出版社，2006。

代中国乡村的公共空间与对公益的说法》① 一文。关于乡村社区公共生活空间，尚无统一的界定。王斯福主要是从哈贝马斯的理论而来，希望在中国农村发现民主的原则以及可以抗衡国家权力的力量和空间，他的这一略显生硬的照搬西方理论的做法遭到了中国学者的批评。② 本章则力图从中国本土学者和本地人的角度出发，从具体的个案和经验研究中展现乡村公共空间的变迁以及形塑这一变迁的力量，进而希望讨论民众如何应对充满不确定性的乡村生活。

第一节　李村社区公共空间的变迁及其原因

改革开放以后，李村的公共生活空间发生了变迁。随着基督教的传入与发展，主要由宗族和民间信仰建构的公共空间发生了变化。

随着改革开放，各地传统迎神赛会活动兴起，而且部分活动还受到政府的重视，以之为当地重要的文化资源和项目。这似乎和现在普遍认为的集体娱乐活动的缺失不相符，实际上两者并不矛盾。

在李村，新中国成立后至改革开放前，集体农业活动如修渠、上堰、看（管）水是当地每年都要进行的。唱戏、说评书这些传统农民生活中常见的娱乐方式，现在很少。庙会和过年之外，传统娱乐的机会很少，有人结婚或者办丧事时才能听到唢呐及几场豫剧选段，一年也就两三次。虽然有电视，但是农民还是习惯大家在一起娱乐，所以夏天的晚上，有人把VCD搬出来放在大街上播放戏曲或武打片，往往有一大帮中老年人搬着凳子凑在一起看，边看边评论。

如今，农村日常集体活动少，基督教礼拜及其他活动为信徒提供了一个共同活动的难得机会，弥补了集体活动的缺失。

在中国乡村，公共空间主要是由宗教信仰或者与信仰有着关联的组织建构起来的，公共空间的走向与各种信仰自身的机制及其与民众生活秩序

---

① 〔英〕王斯福：《面子的方位——当代中国乡村的公共空间与对公益的说法》，王铭铭、〔英〕王斯福主编《乡土社会的秩序、公正与权威》，中国政法大学出版社，1997。

② 〔英〕王斯福：《农民抑或公民——中国社会人类学研究的一个问题》，王铭铭、〔英〕王斯福主编《乡土社会的秩序、公正与权威》，第15~19页。

的关联程度有着密不可分的联系。我们且来分析李村存在的各种宗教类型及其与公共空间的关系。

第二节　李村民众与形塑社区公共空间的
基督教的最初相遇

面对社会转型期的各种不确定性以及"改革的阵痛"，社会上存在着焦虑情绪。由无序、不确定性造成的混乱，威胁到人们正常的稳定的生活秩序。"对稳定性的追求使得社会行为的主体对规范和意义系统表现出一种努力予以捍卫的惯性。然而，有些事件和经历却不容易在现存的意义系统之内得到解释，因此，这些事件既威胁到现存的意义系统的普适性，也威胁到其稳定性。"[1] 按照格尔茨的说法，人是生活在意义之网中的动物，人追求意义与稳定性。对意义和稳定性的追求是人们的天性，而人却是历史性的存在，受到各种条件的限制。李村民众所能挑选的意义系统，只有以下几种：国家意识形态、民间信仰、基督教。国家意识形态，自改革开放以来，就逐步从李村民众的思想视野中淡出，难以为他们提供意义与解释。而大多数宗教都提供关于苦难的神义论，对其赋予有意义的宗教性解释。[2] 具体到李村，民众只有两种选择，要么是民间信仰这一弥散型的宗教，要么是制度化的基督教。

1. 李村存在的宗教类型及发展概况

（1）基督教信仰的合法化与民间信仰空间[3]的挤压

新中国成立以后，基督教与外国势力切断了联系。1950 年开始实行"三自"，成为中国人"自传、自养、自治"的宗教。改革开放以来，随着恢复宗教政策、"三自"的实行和基督教本色化的推进，基督教成为受法

---

① 孙尚扬：《宗教社会学》，北京大学出版社，2003，第 107～108 页。
② 孙尚扬：《宗教社会学》，第 108 页。
③ 民间信仰，作为弥散型的宗教，弥漫于除制度化的五大宗教之外的所有农村民众之中。也就是说，除了天生的世家性的佛教徒、道教徒、基督徒之外，所有的农村民众在某种意义上都是民间信仰者。具体到李村，由于佛教、道教式微，而伊斯兰教主要是民族宗教，除了基督徒之外，李村民众多是民间信仰者。

律保护的合法宗教之一。① 而民间信仰往往被视为迷信，发展的空间受到
挤压。② 近来，所在地区有著名寺庙道观的地方政府开始认识到发展旅游
的重要性，部分地开放了以前被视为进行迷信活动的场所，如北京京西的
妙峰山。而那些不能依附于这些较为著名的寺庙道观的信仰，往往被视为
迷信。民间信仰者，往往因害怕被视为迷信，而依附佛道。③

基督教的合法身份，为其发展起着"正名"的作用。基督徒往往说
"信耶稣是合法的，是受保护的，他们（指非基督徒）信的那些是迷信"。
民间信仰往往被官员或者文人指为迷信，受到这些话语的影响，民间信仰
者开始把这一贬义的指称内化为自己的看法。在谈到民间信仰时，有时也
往往加上一句，"这都是迷信"。民间信仰被民众自己指为"迷信"甚至是
"封建迷信"，这是以前没有的。民间信仰由于无法为自己"正名"或者需
要依附佛道，与基督教相比就失去了优势。

其次，新中国成立后的运动，尤其是"破四旧"摧毁了一部分人并不
牢固的民间信仰基础，民间信仰的传承在部分人当中出现了断层、断代的
现象。这为某些人接受基督信仰提供了机会和可能性。正是根据这一点，
梁家麟提出，"破四旧"等行为将"基督教在基层社会的农村中传播的最
大障碍除去，为其提供了广阔的发展空间"④，这是很有见地的。

这并非学者的主观推断，这也在一位老年信徒的说法中得到证实。这
位老年基督徒早在"文革"期间就信仰基督教。她说："那时候，我还是
孩子家，刚结婚。在娘家时候，敬神都是大人敬的，我也不懂。我结婚那
一阵，毛主席说'破四旧'，不让搞迷信。有一年，我那大儿子刚一岁，

---

① 在清朝，自 1860 年以后，基督教的传播在法律上也是合法的，但清朝是迫不得已而为
　之，不可能心甘情愿保护传教活动（苏萍：《谣言与教案》，上海远东出版社，2001，第
　101 页）。民国的时候，宗教信仰自由载入法律，由于孙中山和广东籍许多官员是基督徒，
　所以基督教在广州发展有着有利的条件。但由于不平等条约的存在，这成为基督教的发
　展的有利条件，同时也是阻碍因素。

② 可参见周星《民俗宗教与国家的民俗政策》，中央民族大学文学与新闻传播学院民俗学教
　研室编《东北亚民族民间信仰研讨会论文集》，2005，第 22 页。

③ 参见岳永逸《庙会的生产》，北京师范大学博士学位论文，2004，第 40 页。在笔者的调
　查地，政府基本没有干涉民间信仰活动，因为村政府领导自己或者自己的亲属也参与进
　去，他们往往还是这类活动的组织者。

④ 梁家麟：《改革开放以来的中国农村教会》，香港建道神学院，1999，第 216 页。

得病了，咋看都没好。后来，有人说村里有一老婆婆，很灵，我就抱着孩子去了。去了，那老婆婆说，回去把家里的神像都扔了再来，咱俩一起向神祷告。我就回家把神像撕了，把香炉扔了。后来孩子好了，我就一直信。"

（2）佛道的衰微与天主教活动的停止

佛道的衰微在民国时期已经比较明显，现在这种趋势更为严重。如今，天主教在当地影响很小，"解放后，法兰亭回国，天主教活动停止"[1]。改革开放后天主教也未闻恢复。这并不是一个地方独有的现象。邻近调查地的宝丰县，情况也差不多。1988 年宝丰天主教徒仅为 26 人，而且平均年龄为 60 岁，无教堂，圣诞到邻县去过。[2]

2. 苦难、焦虑与意义的探寻——李村民众与基督教的相遇

面对社会转型期的不确定性，作为弱势群体的农民生活状况怎样呢？农民生活状况可以用两种方式来衡量，一种是客观的经济指标，另一种是农民的主观感知。由于客观指标的统计没有具体到县乡，而且这种宏大叙事实际意义有限，我们还是来倾听农民的呼声，从农民的主观感知来看其生活状况。

调查中，一位基督徒告诉笔者，"农民苦，活着没有盼望"。农民苦在何处呢？关于"三农"问题的研究告诉我们，农民的"苦"之根本原因在于城乡分割的二元体制。近来，中央推行的减免农业税、农村合作医疗以及免除义务教育学费的政策，使这一局势得以缓解，也受到农民的欢迎。

现实生活中，以农为业的农民收入低，生活水平低，生活苦。而苦，作为一种主观体验，不仅仅是现实生活状况的直接感知，也和农民对未来幸福生活的盼望和殷切憧憬有关。农村人改变自己的命运、跳出农门的一条出路就是考上大学，留在城市生活。然而，大学生就业难，使得农民向上进行社会流动的机会受限、提升社会地位的渠道减少。改变命运的历程艰辛，使农民感觉无望。生活的困苦和对未来的失望，使农民产生焦虑情绪。

---

① 汝州市地方史志编纂委员会编《汝州市志》，第 143 页。
② 丁伟志、张湘霓主编《中国国情丛书——百县市经济社会调查·宝丰卷》，中国大百科全书出版社，1992，第 367 页。

以往的研究表明，部分农民的困苦是由于家人生病要付高额的医药费而造成的。乡村基督徒最为人诟病的一点在于，信教的大部分人是因为得病而入教的。在大部分学者看来乡村基督徒功利心太强，信教目的不够纯粹。这一看法是站不住脚的，这是以想象的信仰纯粹的西方基督徒①为前提来判定中国信徒的行为，这一前提是有问题的。因病而信教是农村基督徒被人诟病的重要原因，其实家庭或个人生活的"危机"或"紧张"是人们改信的重要机缘。②

神学家蒂利希对焦虑的论述可以给我们一些启示。他认为："关于焦虑的性质的第一个判言是：焦虑是一种状态，在这种状态中，存在物能意识到他自己可能有的非存在。"③ 简单来说，焦虑是指人意识到自己的非存在。蒂利希把焦虑划分为三种类型④，对命运和死亡的焦虑，是最基本、最普遍、最不可避免的焦虑。因为，"死亡可以夺走生命，毁掉人的存在，因此被称为'非存在'的极端表现"⑤。

如此看来，农民因生病，尤其是重病、怪病⑥而走向基督教，不能简单地归为功利性信仰。随着风险社会的悄无声息地到来，上文提到的因污染而造成癌症盛行的村子里，因生病而信仰基督教的例子，应该从全新的

---

① 这一设定，是需要证明的，并非一个不证自明的公设。类似的设定，就是中世纪时是一个信仰上比较虔诚的时代，这一"神话"和想象已经被学者证伪。参见〔美〕斯达克、芬克《信仰的法则》，中国人民大学出版社，2004。

② 基督教如是，民间信仰如是，新兴宗教亦如是。关于改信的研究，参见林本炫《改信过程中的信念转换媒介与自我说服》，林美容主编《信仰、仪式、社会》，中研院民族学研究所，1992，第547～581页；〔美〕斯达克、芬克《信仰的法则》，第143～156页。有学者把皈依类型分为背教、强征、体制型转换、传统转换，李村农村信徒的皈依、改信属于传统转换，见 Lewis Rambo, *Understanding Religious Conversion*, New Haven and London: Yale University Press, pp. 13-14，转引自孙尚扬《1840年前的中国基督教》，学苑出版社，2004，第195页。

③ 〔美〕蒂利希：《存在的勇气》，成显聪、王作虹译，贵州人民出版社，1988，第33页。

④ 蒂利希把焦虑划分为三种类型：（1）对命运和死亡的焦虑，这是最基本、最普遍、最不可避免的焦虑；（2）对空虚和无意义的焦虑，这是威胁人的精神上自我肯定的焦虑；（3）对罪过和谴责的焦虑，这是威胁人的道德上的自我肯定的焦虑。参见〔美〕蒂利希《存在的勇气》。

⑤ 何光沪：《"爱这一个错"——读蒂里希〈存在的勇气〉》，《读书》1990年第6期。

⑥ 为什么有这么多种类怪病，为何有这么多病人？这是个重要的社会问题。卫生部门应组织专家根据各大医院的病案，进行医学社会学的研究，并为国人提供可供参考的各种医学资料和数据。

角度来理解。

在调查中，笔者了解到，农村普遍存在农民因生怪病而寻求巫婆的帮助，从价值中立的角度来看，这与农民寻求基督教的帮助没有实质差别。但基督徒告诉笔者，巫婆看病要收钱，而基督徒不收钱，而且有相识与不相识的弟兄姊妹主动帮忙为他们祷告，很让他们感动。

李村教会负责人是因病信教的典型①，她因病而信，病好不信，又病，病好，坚信至今。用她的话说就是："原来信，病好了又不信了，隔了五年又信。"更为关键的是李村教会负责人把疾病看成是神对自己做错事的惩罚，看做因自己的"罪"而造成的后果。

在苦难焦虑之中，部分民众走向了基督教。基督教不仅使苦难变得可以忍受，而且还为苦难赋予了神学上的意义与价值。更为重要的是成为基督徒之后，其自我与认同发生了改变，他们逐步以基督教的方式应对自我与世界。

成为基督徒，用教会负责人的话说，就是"信基督耶稣之后，以后啥事都由耶稣负你的责任"，这意味着信徒将自己的日常生活与神建立了联系。② 为了便于笔者理解这一点，教会负责人用了通俗的说法，她说："信了耶稣基督，就进了神的家。这好比姑娘出嫁，出嫁之后，由婆家负她的责任。没信基督耶稣之前，耶稣不负责任。打比方说，大闺女还没出嫁，那婆家咋会负她的责任？"基督徒与世界的关系图式可以这样表示：人（或世界）—神—人（或世界），而一般人与世界的关系图式则少了神这一中间环节。③

祷告是信徒与神建立联系的一种手段，但信徒并不是将向神祷告作为满足自己在现实中不能实现之愿望的一种手段。2004 年 12 月 28 日在

---

① 因病信教的具体个案在前文中已做了叙述，此处略去，仅探究其影响。

② 当然，民间信仰者有时也与神灵建立联系，比如许愿与还愿时，但这种联系并不是经常的，是非制度化的实践。相对来说，基督徒与他们信仰的神之间的联系是制度化、日常化的实践。

③ 尽管他们与世界的关系图式多了神这一中介，基督徒，除个别外，并没有愚蠢到认为是上帝治好了自己的病。调查中基督徒告诉我，给他们治病的医生是上帝派来的。他们用上层或者说主流的术语说："我们说医生是白衣天使，白衣天使这一称呼是从基督教来的；红十字会，也是从上帝来的；医生和白衣天使都是上帝派来拯救人间苦难的使者。"

陪同笔者调查教会负责人信教经历时，一位亲戚说："信神通是好"，意在劝笔者信神，亲戚又说"离神远祷告也没用"。离开教会负责人家里，笔者问亲戚："什么样是离神近？"亲戚说："那得天天要神，祷告，这样就离神近。你看人家（指教会负责人）一天祷告好几次。离神近，要啥，神都给人家。"笔者说，"姑，那，你一天祷告几回？"亲戚说："我没法和人家比，我一天一两回。"笔者说："一天一两回，不少嘛。"亲戚说："有些人一天不停祷告，祷告一回，往碗里扔一个玉米籽，一天能扔大半碗。"笔者问，"谁一天祷告这么多回？"亲戚说："这，一般都是遇到难处，家里有人有重病。"亲戚接着说："可是有些人，平时不祷告，有事了再祷告，祷告了，神也不理，离神远。"可见，基督徒对祷告这一重要的与神连通的手段，有着自己的认识，排斥那种与神的功利性联系。他们推崇与神灵建立常规化连通的人，这是他们对圣俗生活之间关联的一种看法。

换言之，虽然存在个别基督徒祈求神佑、把信仰作为满足自己现实需要的工具手段的情况，但大多数基督徒排斥了与神的那种功利性联系。另外，我们有必要把主观动机与客观后果加以区分。尽管难逃因病信教之讥，但在已经成为基督徒的人的观念中，病和苦难是上帝拣选他们的方式。在信仰基督教之后的个人对信教经历的叙事中，病和苦难被赋予了新的意义。更为重要的是，信仰基督教之后，如果基督教的意义系统为他们之后的人生经历提供了令他们满意的解释，那么这一意义系统就会无形中在他们心中得到巩固和强化，基督教的活动逐步成为他们制度化的实践。这一制度化、例行化、常规化的实践，排斥了临时抱佛脚式的功利性做法。不仅如此，基督教对来世的追求和盼望，以及对罪与忏悔的信念与实践，无形中影响到了每一个基督徒，这是中国宗教传统向来没有的质素。所以，如果仅从因病和苦难信教这一事实出发，很容易得出基督徒只是功利性地把基督教信仰作为工具这一表面化的简单观点，忽略了更为深刻的事实。

第三节 "咱们这一教"与基督教——形塑公共空间的两种力量之对垒

1. "咱们这一教"——李村民间信仰展示的时、空与层级关系

一次闲聊，一位大姐说到"咱们这一教"这句话，笔者很惊讶，就问"咱们这一教是啥教？"大姐说："人家信基督教，和咱们这不一样，人家是人家那教，咱们是咱们这一教。"大姐知道笔者是不信基督教的，所以和笔者说话的时候，才称"咱们这一教"。可是，实际上笔者并不信什么教。大姐这么称呼，可以看出，在她的意识里，不是基督教的就是"我们这一教的"，不存在第三种可能性。可以肯定"咱们这一教"这一词，是在基督教的刺激下产生的，是为了与基督徒相区别而与"我群"认同时所产生的。

"咱们这一教"是民众信仰当中备受外界争议的信仰，有人称之为民间信仰，有学者称之为民间宗教、民俗宗教，① 还有很多人斥之为封建迷信，不管怎么说这是民众生活当中重要的信仰。

在基督教传入以前，李村民众在信仰上，一贯兼收并蓄，凡是生活当中的地方都有神灵。他们是按"老辈子传授"，照上一代烧香敬神的样式

---

① 这些术语的不统一，说明学者看法的不一，也反映出问题的复杂性。当然这些术语的不统一，还有学者指称对象和界定上的细微区别。民俗宗教的说法，主要以周星翻译的日本学者渡边欣雄的著作《汉族的民俗宗教》（天津人民出版社，1998）为代表，亦参见渡边欣雄《作为"术（手段）"的宗教——如何理解中国民俗宗教的体系》，《东北亚民族民间信仰研讨会论文集》。北京师范大学民俗学与文化人类学研究所的刘铁梁教授，近年来为研究生开设民俗宗教学课程，辨析了民俗宗教与宗教民俗的概念异同，其观点见《庙会类型与民俗宗教的实践模式》，《民间文化论坛》2005 年第 4 期。在《民俗研究》2003 年第 2 期上，任丽新发表了《民俗宗教刍议》，认为应加强对民俗宗教的界定和研究。至于民间宗教，从已经出版或已经翻译的著作来看，主要是指制度性的带有秘密性质的与官方处于对立状态的宗教，可以参见〔美〕欧大年《中国民间宗教教派研究》（上海古籍出版社，1993）和马西沙、韩秉方《中国民间宗教史》（上海人民出版社，1992）。民间信仰的说法用得最多也最为混杂，这一词似乎避开了民间信仰的对象与行为是不是宗教的争论，但这一词的范围实在太广泛，在很多学者那里，民间信仰包含了民间宗教或者秘密宗教。本文考虑再三，使用民间信仰一词，但仅指除了制度性的民间宗教或者秘密宗教以外的信仰。

来做,① 从未想过神的出身和归属问题。他们对诸神都一概拜祀,并不排斥某路神仙。在民众当中,至少在笔者所调查的村子中,民众并没有佛道的观念,他们只是信、只是拜。这些信仰和他们的生活融在一起,成为生活中有机的一部分。

(1) 村落内的民间信仰活动——娃娃社与求子

李村民间信仰,除了在逢年过节时个人在家里祭神之外,还有群体展示的时间和空间。但必须说明参与这些活动的人大多是无组织的,也就是说,除了娃娃社之外李村并没有组织信众信仰活动的香会或者类似的组织。② 村民民间信仰③展示的时机,主要是正月十六的娃娃社、三月二十二的河里庙会、正月十九的观音寺庙会。

娃娃社是一个自然村的组织,目前由 12 家组成。每年由一家举办,轮流负责。谁家要是愿意可以续,只要社里成员同意就可以加入,次年就可以在新加入的那一家举行。加入不需要什么仪式,由社里的人或者社外的老太太说一说该怎么做就行。每年正月十四,轮到的那一家就要在门口挂上绿、蓝、黄三色纸,再贴上一副对联,在大街上空扯上绳子,绳子上挂

---

① 当然就像记忆会发生变化,有些得到强化、有些被遗忘,民众在拜神或者说信仰上存在代际差异。与此同时,"龙生九子,子子不同",同一个老人的子孙在民间信仰上又存在个人差异,更不用说不同老人的后代之间。这是我们考察民间信仰时必须考虑的问题,而不能像以往的研究那样,把民间信仰当成一成不变的、没有个体差异的。我们应该尽可能注意其纵向的变迁,以及同时代中个体在信仰上的差异。民俗知识在个体间的可变性,可参见〔日〕渡边欣雄《民俗知识的动态研究》,《东北亚民族民间信仰研讨会论文集》,第 150 页。关于社会变迁中宗教信仰的代际差异,可参见〔德〕卢克曼《无形的宗教》,中国人民大学出版社,2003,第 76 页。

② 调查中得知,几年前村中曾经有几位老太太连着几年一块到登封的中岳庙上香,但她们只是临去的时候商量同去,并无组织,人员并不固定,也没有领袖人物,平常也不在一块举行活动。现在年龄大了,她们已经不去登封的中岳庙上香,只是临近的几个村中有庙会时到庙里烧几根香、烧纸、磕个头。值得注意的是,2004 年村中有三五个中年妇女出资买了腰鼓,常在一块排练,2005 年春节期间,晚上 10 点钟还能听到她们的鼓声,她们都是不信基督教的,用一位村民的话说"那都是赶庙会的,闲了没事干、凑热闹"。没买腰鼓以前,她们就经常在一起玩,现在常排练,但春节时主要在村里娃娃社里表演,还没有组织到外地去,其未来发展尚不确定,一切仅具雏形,有待继续观察。

③ 民间信仰由于自身没有合法地位,民众往往依附于佛教或者道教寻求保护。历史上民间信仰本身与佛道的寺庙难舍难分,纠缠在一起。现在,民众更是主动说自己是信仰佛教或者道教的,以寻求合法生存。所以李村民众民间信仰的展示时机与佛道寺庙纠合在一起。

着各色纸，村民一看到就知道是娃娃社轮到此家。届时，主家要安神，烧香、烧纸、放鞭炮，之后一直到正月十六晚上，香不能灭。十六晚上就在上家（今年办社的）点香，由下家（下年办社的）主事的（都是妇女，当然其夫、社里其他妇女也会来帮忙）拿着香，其他人把"观音老母"（李村民众也称为菩萨）的神像、神袍、小香炉等"请"回下家。

李村娃娃社历史悠久，谁也说不清其起源。男人说："啥时候开始有（娃娃社）说不清，反正国民党那时候就有。"问到妇女，她们会说："要说这，时间可长了，具体啥时候也说不清。"①

每年正月十五，求男孩子的妇女就会挎着篮子，篮子里放着供香、鞭炮、黄表纸来到举办娃娃社的那家，烧纸磕头。有些妇女即使儿女双全，孩子到了结婚年龄但尚未成家，她们也会来这里，她们说是"求孙子"。这好像已经成为惯习，年年如此。正月十六是求女孩的，这一日人员稀少。

准备求儿女的，就会跪在地上，虔诚的许愿，向菩萨报上"娃娃"的父母的大名，以免菩萨弄错了，而且找好了"保头"②，旁边有老太太专门指导着怎么说、怎么做。求者就用红绳子拴走一个或一对泥做的娃娃，一路上拿着香，抱着娃娃，叫着为娃娃起好的名字，念叨着其父母的名字，"某某，快跟我到家，你爸爸叫×××，你妈叫×××"，后面有"保头"保着，一直到家里，把娃娃放到"娃娃"父母的被窝里，把香插在香炉中。李村不信基督教的人都说"咱们娃娃社很灵"。

他日，果真有了孩子，就要来还愿。还愿的时候，要买一百个泥塑的娃娃送到娃娃社，并且兑现其他的承诺。"祈来"的娃娃，一直到他（或她）12 岁，每年过生日都把"保头"请来，在娃娃社烧香、纸，放鞭炮，吃饭。

差不多每年都会有人来娃娃社许愿、还愿。没有得着孩子的顶多说这

---

① 妇女的述说、她们的记忆是"无事件境"，见方慧容《"无事件境"与生活世界中的"真实"》，杨念群主编《空间·记忆·社会转型》，上海人民出版社，2000。

② "保头"，李村民众语言，指保佑从"娃娃社祈来"的小孩健康成长的人，主要请子女双全的中老年妇女担任。每年"娃娃社"期间，从"娃娃社祈来"的小孩的父母要到"娃娃社"还愿，"保头"要随同跪拜，祈求观音老母保佑小孩健康成长，一直到小孩 12 岁为止。

里不灵，去找更加灵验的。得着孩子的，她们肯定来还愿。还愿仪式增加了李村"观音老母"的灵验，也许只有老太太相信这是神灵保佑的结果，但更多的人是似信非信，"宁可信其有不可信其无"，或者用一位村民的话说是"敬神如神在"。

村子里有一户是医生，他家也是社里的，村民好像没有觉得这有什么不和谐，科学和"求子信仰"在他们那里并没有什么冲突。过年时，医生家里和其他人家没什么区别，不过医生要敬"药王"。孩子们在举办娃娃社的那几天，大多会跑到办社那一家里去玩，抢着放鞭炮，看热闹。在初中、高中上学的年轻人，不信这个，不过等到他们结婚后，父母为他们求孩子，他们也不会阻拦，得着孩子，需要还愿的时候，不管他们情愿还是不情愿，他们还是会按照父母的要求去跪拜、谢神。这也许是娃娃社直到近日仍不衰亡的原因。

受过教育的年轻人对民间信仰虽有批判的看法，但是他们不会阻止这些活动。当母亲为他们求子时，尽管他们不信，甚至反感给神磕头，但他们更多的是顺从。妇女是信仰的传承者，对其丈夫、孩子有着重要的影响。

（2）跨村的庙会——河里庙会与村委的戏台

河里庙，1949 年后被征用，现在是李村的小学和初中。20 世纪 80 年代初，李村的基层政府允许烧香的老太太在汝河边建庙，庙会也在那里办了几年。2000 年前后，这些老太太又张罗着在小学教室旁边盖了一座房子，又把"中王爷"①的神像塑在小学的教室旁边，富丽堂皇的神舍和破败不堪的校舍形成了鲜明的对比。笔者和几个还在那里上学的初中生说到此事，他们说那里是科学和迷信并存。庙会前后，总有几个老太太到那里烧香，那时学生正在上课，学生一下课就跑到那里看，学校和当地村委几次交涉，最终也没有结果。学校没有办法，每年庙会期间都放假两天。

庙会是由笔者的调查地所在的大队和临近汝河的另一个大队合办的，由两个大队轮流负责。轮到的时候，大队干部出面安排，负责收钱、搭台、请剧团唱戏。新中国成立前是这样，现在也是这样，只是中间停顿了

---

① "中王爷"（音译）是李村民众对河里庙会所供河神的称呼。

大约 30 年。每年都要请剧团唱戏，轮到哪个大队就在哪个大队的公共空地搭台唱戏。笔者所调查的村子有几个厂，钱主要由他们出，新中国成立前的集资方式也类似，主要是按照家产（田地、骡马、房屋）的多少来集资，富户多出。

李村村委干部，主要负责收钱、搭台、请剧团唱戏，他们不会去烧香，就是村子里的人也少有去的，笔者所调查的村里只有五六个老年和中年妇女去烧香，更多的人是等着看戏。由于庙和村委并不在一处，唱戏的台子离庙有一段距离，所以这是两个截然分开的空间。唱戏的没有什么仪式，也没有什么神戏、鬼戏①，全是"人戏"。可以说，一个外人只是来看戏的话，根本看不出这和庙会有什么关系。唱戏活动的组织者是大队干部，它的资金来源是李村办厂的几家与民众集资，它的听众是两个大队的人（基督徒除外）以及他们的亲戚，唱戏的日期是农历三月二十二日（白天）。

只有唱戏的日期是庙会期，这一点和庙会有着千丝万缕的联系。现在李村领导更迭，已经很难得知当初为何这样选择，但可以看出这样的选择巧妙地避开了党员、干部不许从事"迷信活动"的禁令，使他们出面组织得以名正言顺。他们有权力，但这种权力是上级赋予的，不一定能得到村民的认同，② 在公众的传统活动上，他们也希望保持权威地位，希望使得国家的任命（虽然 2005 年、2010 年分别进行选举，但存在很多不完善之处，象征意义更大）和民众的认同能够合一，这是他们的策略。但不可避免，在很大程度上，他们这么做也使得庙会和唱戏逐渐脱离关系。他们只是借用了庙会这一会期，其他方面看不出他们组织的唱戏和庙会有任何关联。

至于老太太和他们的支持者（儿孙和宗族）强行在学校盖庙，学校交涉，村委不加干涉，是因为一方面学校不属于村委管辖，另外村委也不想

---

① 庙会时期，在庙周围搭台唱戏，在现在的南方某些地区，还有一些仪式，先要敬戏班的祖师爷，然后唱神戏、鬼戏，然后再唱给台下观众听，见钟敬文主编《民俗学概论》，上海文艺出版社，1998。另见〔日〕田仲一成《中国的宗族与戏剧》，上海古籍出版社，1992。

② 他们在李村的威望并不高，收公粮、提留，有些家不交，他们睁一只眼闭一只眼。出面在庙会期间组织唱戏，一方面因为这是传统，另一方面钱不成问题，村子里有钱的愿意出钱求一个好名声，所以唱戏活动是有钱人和李村干部借助传统共谋的结果。

得罪这些老太太们的宗族。而乡教育办虽管理学校教学工作，但无权干涉地方事务。像当地的大多数事务一样，这事终于大事化小、小事化了、不了了之。现在，虽然当地还有庙会，也有庙，还有部分老太太在门口卖香和各种吸引小孩子的小玩意儿，但是庙会里烧香的并不是太多。庙会时期，在另外一个空间开演戏剧，烧香与演戏两个空间是分离的。只有对那些极少数既要烧香又想看戏的人来说，这两个空间才是合在一起的，才有着关联。当地大部分人，只是借庙会之机过一把戏瘾，并不关注庙的存亡。

村委领导既想借此树立自己的权威，希望得到大家的认可，又巧妙地避开了唱戏的信仰含义。其实不仅如此，村书记的老婆就是村里一个松散的民间信仰小团体的头，曾多次包小巴车组织信众去集体烧香。对小部分中老年妇女来说，庙会是神圣空间，而大多数村民关注的只是娱人的唱戏活动。庙会无形中形成圣俗两个空间。

（3）正在重建的寺院

距李村西南三四里地的庙会，在观音寺①举行，会期为正月十九。正月十六里面就有不少人，倒是正月十九正会的那一天，人数还没有十七、十八日人多，可能是因为过了十五，有很多人出去打工的缘故。

庙会期间，小寺（地方小）里人山人海。观音寺庙会里最有意思的是一副对联，对联说："莫向他山借石，还来此地做人。"这里就是求子的所在。笔者2005年8月到这里调查的时候，这里的墙上还挂着一摞红纸，最上面的一张纸上用毛笔写着"灵山老母送贵子"几个字，这就是"老母签"，求子时揭一张，得子之后要写一百张，在寺里、村口张贴，这其实是这种信仰的生长和传播机制。庙会期间的活动，是没有组织的，2004年正月十六那天，小小的观音寺里人山人海，有一个老头坐在大殿的台阶左侧拉着二胡，引得众人争相观看，大殿前，香和纸燃起的火苗蹿起一米多高。

观音寺是河南省1986年公布的省重点文物保护单位，仍处于恢复当

---

① 碑文显示，观音寺是河南省1986年公布的省重点文物保护单位。碑底注明"洛阳市人民政府1987年12月立"。

中，碑文显示 1995 年开始修建大殿，一直不间断地进行募捐，[①] 2005 年建钟鼓楼。白天里面有几个老太太、老头，逢庙会有和尚来主持。2005 年 8 月笔者到观音寺调查，发现里面贴了一张告示，说钟鼓楼已经于农历二月底竣工，但尚需装饰、绘画，资金还有缺口，希望善男信女能够捐款，十元以上上碑，十元以下者张榜公布，告示下面注明日期为 2005 年 6 月 19 日。询问得知，2005 年 6 月 19 日也开了庙会。实际上以前并没有过 6 月 19 日开庙会的。6 月 19 日是汝州风穴寺庙会的日期，因为庙里请的和尚是风穴寺的，所以他们也开始在这一日过庙会。2005 年 8 月 29 日，笔者从教堂出来，顺路来到寺里，寺里几个人正在忙着摆放桌椅，原来 8 月 30 日要举办"放生"仪式。

2. 教会里的活动——以"大复兴"为例

2005 年 8 月 29 日，台上（李村部分建在丘陵上）的基督教会正在举行"大复兴"，台下正为举办"放生"仪式而忙碌。两者的负责人又是"一大家的"，这是很有意味的一件事。知情的人说："某家两个头头，一个管着教会，一个管着下寺。"

与教会日常活动的区别在于，"大复兴"是集中一段时间过"属灵"生活，持续的时间长、规模大。2005 年 8 月 29 日早晨 5 点钟，笔者骑车来到李村。把自行车放在亲戚家里，看看表已经是 6 点钟。那时亲戚早已去了教会，听姑父说亲戚是 4 点钟走的。出了亲戚家的门，笔者步行两三分钟就来到教会，教会的大门开着。进了门，来到大殿内，在男信徒区[②]后面找了个条凳坐下，教会内的骨干大都认识笔者，所以没有人惊奇我这个年轻人的到来。

唱诗班的成员，正坐在自己的位置上唱诗，亲戚就在其中。注意到笔者的到来，亲戚把一本书传了过来，书的名字叫《诗篇全集》，是洛阳教

---

① 前几年就听说要收门票了，但直到今日还一直在重建，庙会期间大门还是敞开的，庙会期间来的人都是附近几个村子的，主要是汝阳的，我的调查地附近的村民也去。

② 我在李村的两个教堂中都发现男信徒和女信徒是分开坐的。当我第一次来到教堂时，我并不清楚这一无形中的规定，待我随意坐下后，教堂的负责人引导我在男信徒区坐下。我在北京市西城区缸瓦市教堂参加过礼拜，很明显，那里是男女混杂着坐的，并没有分为截然分明的两个区域。如果联想到近代文人、士大夫对教堂礼拜中男女混杂不分的攻击，李村教堂中男女分开的做法，可能是李村教会采取的策略。

会的焦永信编著的。打开的那一页，是诗篇 115 篇，笔者仔细听了一下，这是唱诗班正在唱的那首："耶和华啊，荣耀不要归于我们，不要归于我们，要因你的慈爱和诚实归在你的名下，为何容外邦人说他们的神在哪里呢？然而我们的神在天上，都随自己的意旨行事。他们的偶像是金的是银的，是人手所造的，有口却不能言，有眼却不能看，有耳却不能听，有鼻子却不能闻，有手却不能摸，有脚却不能走，有喉咙也不能出声，造他的要和他一样，凡靠他的也要如此……"

笔者数了数，6:05，包括唱诗班在内，女信徒共有 76 人，男信徒 6人。6:50，一位信徒到讲台上按铃，拉开了为期三天的"大复兴"活动之序幕。

3. 两种宗教对垒的结果——排他性的基督教与社会张力大满足了部分信仰区位

佛道衰微、天主教未曾恢复，造成民众可供选择的信仰类型很少。在李村民众可选择的信仰类型中，只有民间信仰与基督教两种。梁家麟在《改革开放以来的中国农村教会》中专列一章"农村教会蓬勃发展的社会解释"，探讨了基督教与民间信仰的消长关系。梁家麟认为，由于新中国成立后民间信仰遭到打击，20 世纪 80 年代基督教迅速发展填补了这一真空，成为民间宗教的替代品。由此，梁家麟认为新中国成立后民间信仰遭到打击，是基督教在中国传播的重要原因。[①]

对梁氏以上观点，笔者并不完全赞同。新中国成立后基督教与民间信仰都遭到打击，改革开放后又都借机恢复。实际上当时并非信仰真空状态，说基督教填补了这一真空，是不合实际的。另外，梁家麟的观点无法解释在同样境遇中，基督教何以较民间信仰发展更快。

我们可以按照斯达克的宗教经济理论[②]对此进行解释。笔者认为，民间信仰是一种松散的团体，对信众没有组织上的约束力，而基督教实行小团契，要求严格，更能吸引信众，这是民间信仰的人数减少而加入基督教

---

① 梁家麟：《改革开放以来的中国农村教会》，第 223～227 页。
② 参见〔美〕斯达克、芬克《信仰的法则》。

人数增多的原因之一。特罗尔奇关于教会、小派的理论，[①] 用在这里也颇为符合。在李村，显然基督教是"小派"，对成员身份要求严格，与世界处于紧张关系中，更容易强化内部认同。

作为省级重点文物保护单位，观音寺可以合法重建，并举行"放生仪式"。有意味的是观音寺的头头与教会的负责人又是"一大家"的。届时信教的在台上进行自己的"大复兴"，不远处的观音寺在闹市举办"放生"仪式。两种意义系统与社会活动的对垒产生了什么样的后果？对基督徒、对社会公共生活以及社会秩序又有什么样的影响呢？基督教的发展是否与其自身的某些特征及运作模式有关呢？这是我们应该深入考察的问题。

第四节　基督徒意义系统的内化与再生产

借助于信仰，基督徒形成了自己的意义系统[②]。这个意义系统内部是可以自我解释的、互释的。不仅如此，基督徒还基于信仰形成了礼俗交往圈[③]，在这个圈子内寻求心灵的安慰与生活上的互助。也就是说，基督徒意义系统的内化与再生产有着独到之处，是其身份认同和划定行动边界的依据。

1. 基督教意义系统的内化及其与本土意义系统的冲撞

（1）基督徒的意义系统的内化与日常化、例行化[④]

任何宗教或者信仰都有着自己的意义系统，这是信仰者看待世界、解释一切事物的依据，也是他们组织安排生活的依据。

世界上大部分人的人生仪礼都与他们的信仰交织在一起，也就是说他

---

① 特罗尔奇关于教会、小派的论述，见〔德〕特罗尔奇《斯多亚》，《基督教理论与现代》，朱雁冰等译，华夏出版社，2004，第74~78页。
② 意义系统是宗教社会学的一个重要概念，西方一些学者将综合性的意义系统称作一种世界观，详见孙尚扬《宗教社会学》，第89页。卢克曼认为这种意义系统是通过社会化的过程内化到人们的观念中，参见〔德〕卢克曼《无形的宗教》，第40~45页。
③ 指人生礼仪中，礼物交换的范围，主要是宗亲和姻亲。对礼物的交换或者流动的研究，见阎云翔《礼物的流动》。说信徒基于信仰而安排礼俗往来，形成礼俗交往圈，并不是说他们不与宗族内不信教的人往来而另组交往圈，而是说他们扩大了礼俗交往的范围，不仅仅局限于原有的宗（家）族交往圈。
④ 例行化，是韦伯和吉登斯所用的概念。关于其界定，参见〔英〕吉登斯《社会的构成》，李康、李猛译，三联书店，1998。

乡村基督徒与儒家伦理

们是根据信仰来安排人生仪礼的。不仅如此，他们的时间与空间也基于信仰而被赋予不同的意义，被分为神圣与世俗两个部分，据此安排生活。前现代时期的中国人，往往要按照所谓的黄道吉日安排出行，就是他们的意义系统建构出来的行为方式。

基督教传入以前，民间信仰或者其他制度型宗教的神义论①，是李村民众整体的意义系统，他们以此看待生活、安排生活。他们日常生活的顺与不顺、运气好坏，都与冥冥之中的神灵联系在一起。日常生活如此，遇到重要事情，更要根据信仰来安排。他们也相信算卦、看相，这都是与他们的神义论密不可分的。

基督教传入以后，基督徒开始按照基督教的信仰建构意义系统，作为他们解释生活、安排部分生活的依据。当生活顺利的时候，他们将之归为主耶稣的保佑；生活不顺利时，他们开始反思，是否是自己的所作所为违背了神的意志，是否是神在惩罚自己。从前面所述李村教会负责人对自己信仰经历的诉说中，我们就可以看出这一点，教会负责人把自己得病归结为主对自己的惩罚，把自己的康复归结为主的恩典，这是她根据基督徒的意义系统作出的解释。基督徒还常常忏悔，"大复兴"时期，笔者在教堂里时常遇到信徒痛哭流涕地忏悔。忏悔是信徒贬低自己，把自己交付给主，彰显神的全能的重要方式，这些都是根据基督教的意义系统做出的行为。

信仰基督教之后，信徒的生活中，随处都有基督教意义系统的体现。笔者在村子里看到这样两副对联，一副是："辞旧岁数算神恩，迎新春静思主爱"；另一副是："神爱永存辞旧岁，迎新春歌颂主爱"。这两副对联说的是辞旧迎新的时刻，要回顾主对自己的恩典和关爱，四季平安是神的恩典，所以生活幸福不能忘主，而要"静思主爱""歌颂主爱"。

信徒的行为在不信教的人看来是不可理解的。生活中，信徒践行耶稣爱的原则，不仅爱亲人还爱邻居、爱一切人，他们帮助生活困难的信徒，这在不信教的人眼中是不可思议的，不信教的人往往说："某某拿着自己的东西送人，真是傻。"在不信教的人眼中，互帮互助是可以的，但只是在宗族或者姻亲范围内，而基督徒无私帮助非亲非故的人，是不能被他们

---

① 神义论是宗教意义系统中最重要的形式，见孙尚扬《宗教社会学》，第105～113页。

· 234 ·

理解的。信徒在不信教之前，肯定也是这种态度，改信之后，信徒从基督教的意义系统出发，关爱困难的"兄弟"或"姊妹"。要理解基督徒的这一行为，我们需要从其意义系统出发。

后文将要专门提到的福音见证，更是建构和巩固信徒意义系统的重要机制。在见证会上，信徒述说主对自己的恩典和厚爱，把生活的顺利看作主的恩典，将生活中的不顺归为主对自己犯"罪"的惩罚。①

基督徒根据自己的意义系统来安排他们的人生仪礼。婚礼、葬礼、祭祖仪式上的矛盾与冲突，从根本上说就是两个意义系统的冲撞。

（2）生活中本土意义系统与基督徒意义系统的碰撞

李村民众对诸神都一概拜祀，并不排斥某路神仙。但是自从作为外来宗教的基督教进入李村民众的视野，他们的生活慢慢发生了改变，他们的信仰渐渐产生了分化，生活因基督教而有冲突、有融合，这是基于两个意义系统的碰撞与融合。

1993 年，村中一男孩过 12 岁生日，家中杀了一头猪，摆在案上作为给老天爷的供品，②烧香敬神后，大摆宴席款待亲友。中午，亲友们吃的就是敬过神的肉，有一位亲戚是基督徒，她不知道肉已经供过老天爷，就吃了。半个月后，她家的猪生了一场病。后来，她才知道那天吃的肉是已经供过老天爷的，就认为猪生病是主对自己吃供奉他神之肉的惩罚，一方面埋怨亲戚没有将肉已经供过老天爷之事告诉她，另一方面赶紧跪在神像面前祷告，求神赦免自己的罪。

当时李村的基督教实力很弱小，很多人的基督徒身份并不明了，其他人对基督徒的信仰与行为禁忌并不知道，所以才有这样的事情发生。要是主人知道亲戚信仰的基督教不许吃祭祀过其他神的肉，他们肯定会征询亲

---

① 亦可参见李康乐《仪式中的行动者》，北京大学硕士学位论文，2003。她将信徒的后面那种行为称为不当归因（第 19 页），并探讨了这种反面见证对信徒信仰的强化作用（见其文第四章）。

② 李亦园认为台湾民间信仰的神灵可分为天、神、祖先、鬼，而且在香火、供品、冥纸、场所方面存在不同和等级关系，见李亦园《传统民间信仰与现代生活》，杨国枢主编《中国人的心理》，台湾，桂冠图书公司，1988，第 447～464 页。我的调查地的小孩子 12 岁生日时，敬拜天公就供的是生的整猪，与李亦园所说的相同，只是不知李村的这种不分等级是古已有之还是后来的变迁。

戚的意见，专门安排食物的。

20 世纪 90 年代初，一位女基督徒的母亲过一周年忌日。按照李村的风俗，女儿要找人做纸扎送到坟上去。她心里很矛盾，因为她觉得这是有违基督教信仰的，可是娘家的兄长都不信耶稣，她也不敢违背风俗，可风俗在她看来就是迷信，有违自己的信仰。经过内心的挣扎，周年的时候她还是拿着花圈、纸扎到母亲的坟上，一顿号啕大哭。回到家里，她开始祷告，说："我这是犯罪。"面对上帝与母亲、兄长、亲属，她首先选择了后者，明知是"犯罪"还要这样做，"犯罪"之后再忏悔。这一方面说明当时基督教在李村的传播还处于开始阶段，还没有深入人心，另一方面也说明了当时家人、传统风俗的压力。

另外，也有加入基督教之后又退出的。他们的退教，是在两种意义系统的碰撞后，经过权衡的理性选择。①

2. 基督徒意义系统的生产与再生产

（1）宗族、亲戚之间横向传播模式

基督教的发展与巩固与基督教传教的主动性有关。正如庄孔韶指出的那样，"农人精神信仰之选择和与不同宗教接触的方式和机缘有关，取决于不同宗教活动的吸引力，而就传道而言，以基督教之主动性最强"②。在几大合法的宗教活动中，由于基督教在宣传与传教活动中表现得最为主动，人们接触并信仰基督教的可能性最大。

基督教传教性强，而这主要体现在女性信徒身上。加上由于女性自身心理特征及社会容许女性倾诉衷肠的缘故，"或大或小的妇女同侪团体是排解女性心中积郁的良好场合"③。庄孔韶形象地描述道："妇人们带着生活中的叹息、挫折、悲痛、怨气以及归结于命不好的心情听取宣教，终于在引人入胜的《创世记》和令人同情的《路德记》中找到答案"，这就深刻地道出了女性入教的内在原因。人是群居动物，人人都有倾诉的需要，这在女性身上表现得尤为明显，庄孔韶指出，"今日星期日聚会处妇女团契已是重要的力量"，"团契之结合刚好是一个'妇女倾诉过程'或'传

---

① 在改宗、改教初期，两个意义系统的碰撞很激烈，退教回到自己原来的信仰是经常有的现象。相似的资料参见岳永逸《庙会的生产》，第 44 页。

② 庄孔韶：《银翅》，三联书店，2000，第 442 页。

③ 庄孔韶：《银翅》，第 440~441 页。

道与信奉过程',也是文化传统、女性心理和宗教有机结合的过程"。①

农村基督徒信教的经历通常是这样的：生病久治不愈，绝望之时，遇到好心肠主动帮忙祷告的基督徒，如果病好，他们将康复归结为主的力量，从而信仰主。生病是他们信教的机缘。

李村基督教的传播模式，以宗族、亲戚之间横向传承为主，主要是由女性信徒传播。由于李村基督教发展时间短，从小跟随父母来教堂的小孩子尚未成年，家庭内部纵向的传承意义尚未显示出来，但这一模式的力量是不容小觑的。这与天主教不同，天主教主要是在一个宗族内部纵向传承，天主教世家比较多，信徒的增长，主要靠的是信教家庭人口的繁衍，而新加入的信徒很少。② 这就是同是实行堂会制的天主教发展缓慢的原因之一。天主教在中国乡村形成了很多天主教村，村子里大部分或者全部家庭信仰天主教的例子不在少数。③ 而基督教村却很少。

中国传统的宗教信仰基本是基于宗（家）族，基督教借用了这一模式，宗族内部人员的传道更容易为民众接受，所以发展迅速。而天主教特别是天主教村中的天主教的发展，主要靠宗族内部纵向传承。其信徒的增长，主要靠的是信教家庭人口的繁衍。

---

① 庄孔韶：《银翅》，第 440～441 页。

② 吴飞在调查时发现了这一点，见《麦芒上的圣言》，第 129 页。岳永逸在访谈中也发现，信仰天主教的主要是一大家传下来的，参见《庙会的生产》，第 41、43 页。

③ 天主教村的研究，见吴飞《麦芒上的圣言：一个乡村天主教群体中的信仰与生活》；另见陈村富《浙江麻蓬天主教村 270 年变迁史》，《宗教与文化——早期基督教与教父哲学研究》第 4 辑，东方出版社，2001。天主教村有一个奇怪的现象，就是天主教在某一村子发展迅速，但是周围的村子却没有一个信天主教的（岳永逸：《庙会的生产》，第 50～51 页），部分学者发现的这一现象确实值得人深思，我的假设是这与历史上人们对教案的不同记忆有关。虽然学者在分析 1840～1900 年这一段时间的教案总体时，并未仔细区分到底反的是天主教还是新教，但可以肯定地说这一段时期主要反的是天主教而不是新教（分析教案的主要著作有吕实强《中国官绅反教的原因：1860-1874》，中研院近代所专刊，1985；赵树好：《教案与晚清社会》，中国文联出版社，2001；苏萍：《谣言与教案》，上海远东出版社，2001 年；陈银昆：《清季民教冲突的量化分析》，台北，商务出版社，1991；张力、刘鉴唐：《中国教案史》，四川省社会科学院出版社，1987）。同一地域有些村子信天主教有些不信，村子里有人信有人不信，肯定引起不少矛盾和摩擦，加上全国性或大片区域内的反教活动，必然使他们两个群体、两个村落之间的恩怨加深，这些历史上的恩怨通过家长的述说可能给后人带来影响。

有学者认为实行堂会制是基督教发展迅速的原因。① 如果实行堂会制是基督教发展迅速的原因,那么就无法解释同样实行堂会制的天主教发展为何比不上基督新教。天主教礼仪中,有着很多神秘的成分,与中国民间信仰传统更为接近,照此,天主教理应在中国获得更大的发展。②

(2) 熟人社会中的福音见证

基督教的福音见证③,是基督教传播的重要机制与原因。每周礼拜时,都有人来做见证,而且要到三个教会去做见证。信徒把自己得到或者感受到的恩典归于主,认为生活中的不顺是主对自己的惩罚,因为"对一个宗教徒来说,自然界绝不仅仅是'自然的'"④。基督徒相信生活当中所有的一切顺利与不顺利都是上帝安排的,顺利的时候感谢上帝,不顺利的时候反思自己的所为、所想,悔改求上帝宽恕自己的罪,一旦生活顺利了就认为是上帝的恩典。由这些生活中的熟人到教堂做见证,增强了其可信性,见证人在台前讲,台下的信徒听得津津有味,他们也会拿这些事例去劝人信教说:"你看某某得着神的恩典,神是真神,世人还不信。"

当然这些见证,或者说类似的方式,也见诸其他信仰形式,在李村生活中体现最明显的是人们求子时,如果得子,要写一百张"求子签",在庙会时贴在或挂在寺庙墙上。但由于这种行为一年只有一两次,在频度和互动效果上,远远比不上基督教一周一次、面对面的见证。

3. 日常生活中基督徒意义系统的巩固机制——基督徒的身份认同与行动边界

(1) 基于信仰认同形成的交往圈与行动边界

在基督教的刺激下,出现了"咱们这一教"的术语,表达了两个群体

---

① 王再兴:《社会转型与中国基督教——关于南充地区基督教的田野考察报告》,四川大学硕士学位论文,2003。

② 按《中华归主》的统计,当时的河南共有受餐天主教徒51592人,基督教新教有受餐信徒12418人,天主教徒是基督教新教信徒的4倍多(《中华归主》,中华续委会办会调查特委会编,中国社会科学出版社,1985,第191页)。如今天主教发展缓慢,梁家麟认为重要原因是天主教重视神父在信仰中的带领与注重圣礼,而在基督教中平信徒就可以做到带领信众。见梁家麟《改革开放以来的中国农村教会》,第225页。

③ 见证是指公开宣认耶稣和传扬福音,这是和合本圣经后面的解释,见《圣经》,中国基督教协会,1998,第294页。

④ 〔罗〕伊利亚德:《神圣与世俗》,王建光译,华夏出版社,2002,第62页。

的分野。基督徒在信仰上认同唯一神，行动上的不越边界，标示着自己的基督徒身份，也得到教外人士的认可，形成了基督徒的身份认同。基督徒基于信仰，形成自足系统，包括可以互释的意义系统与基于信仰形成的交往、生活圈。意义系统，是他们解释生活、安排部分生活的依据。基于信仰形成的交往圈，不限于宗教活动，在生产、生活中，他们也渐渐形成互助团体，也渐渐基于信仰而安排礼俗往来，可能形成礼俗交往圈（指他们扩大了礼俗交往的范围，不局限于原有的血缘与姻亲关系）。

而在基督教传入以前，李村的礼俗交往圈就是上面提到的宗族内的"一大家子"（宗亲）和姻亲。自从作为外来宗教的基督教进入李村民众的视野，他们的生活慢慢发生了改变，他们的信仰渐渐产生了分化，生活因基督教而有冲突、有融合，这是基于两个意义系统的碰撞与融合。退教是两个意义系统的碰撞最为极端和明显的例子。

（2）人生仪礼上基督徒的身份认同与边界

基督教在寻找生存空间的同时，保持自己的特征、宣扬自己的力量。葬礼是中国礼俗中最为稳定、极少变化，而又全国基本一致的一种习俗。葬礼是宗族的重要事件，是宗族势力的显示。五服是界定宗族关系的重要依据，一切仪式、行为的参加者都是以此为范围的。

在基督徒葬礼上，十字架由死者孙子拿着，这和一般人葬礼上柳幡由孙子拿着相对应；在传统葬礼上，长子拿着老盆，基督徒则捧着父（或母）的遗像；哭丧棒变成了雪花柳。这是基督教的策略。基督徒葬礼上，虽然五服制还被遵守，但信徒基于共同的信仰，开始参加没有血缘关系的人的葬礼，义务为他们送别，而且还是重要的角色。在基督徒葬礼上，怎样举行仪式，不再由宗族内的老者说了算，而是听李村教会负责人的。

传统方式的葬礼与基督徒葬礼的区别在于，前者主要体现为一种秩序，有整合宗族、协调关系的功能，意义的追寻倒在其次。而基督教的葬礼，更重要的是对意义的追寻。随着实力的增加，基督教的习俗、规矩逐步为人民所认同，两种葬礼上的冲突逐步减弱。

祭祖典礼，基督徒与非信徒也不一样。在每年几次的祭祖典礼上，基督徒确实与众不同。一般的人家（不信基督教的）祭祖，要在坟头挂纸、摆供，要上香、烧纸、放鞭炮，但基督教徒祭祖时不带供品，不带香和黄纸，他们一般只在先祖的坟头挂白纸，有时带上鞭炮让别人放。这种折中的办法，既显示了基督徒的与众不同，又简化了仪式，符合人们简化仪式、省点事的愿望。用一位信徒的话说就是："俺信主，不用烧香，不用烧纸，祷告祷告就行了，省事得很哩……"

中国人祭祖，不仅祭祀自己的直系亲属，还要祭祀五服之内的其他亲属，要祭祀的比较多，仪式又烦琐，既费钱又费事。但不信仰基督教的人对基督徒祭祖上这种行为有看法，认为他们是图省事、图快。

基督徒在人生仪礼上的变通，标示了信徒的身份，强化了他们的信仰，同时久而久之，这形成他们的行为规范，成为教内和教外人士对信徒在祭祖（墓祭）上的行为期待，这种心理机制反过来对信徒形成一股压力，推动他们这样做。

基督徒既不属于这个世界，又生活在这一世界上，他们与世界之间存在紧张关系。李村基督徒，不可能脱离现实世界过自己的信仰生活。一方面，他们受到所生活的世界的影响与制约，但另一方面，他们基于信仰的生活，也对他们所生活的世界产生着不可忽视的影响。李村基督徒根据信仰的要求，在葬礼和祭祖仪式上做出变通行为，这对李村整个的文化变迁有着重要的影响。

第五节　意义系统模塑的基督徒与
社区公共生活空间①

1. 基督徒与公共生活空间

教堂中正式礼拜堂是公共空间，是信徒言说与表达信仰的空间，也是信徒之间交流的空间。谁都可以进礼拜堂听道，这是一个相对开放的空间。除教堂外，每个村中基督徒的家也成为基督教的活动空间。在周日以

---

① 关于乡村社区公共生活空间，尚无统一的界定。关于乡村社区公共空间的现有的为数不多的研究中，较为重要者为〔英〕王斯福《面子的方位——当代中国乡村的公共空间与对公益的说法》，王铭铭、〔英〕王斯福主编《乡土社会的秩序、公正与权威》。对城市公共空间的界定，参见王笛《街头文化、下层民众及公共生活研究的现状、资料和理论方法问题——以成都为例》，杨念群、黄兴涛、毛丹主编《新史学：多学科对话的图景》；另参见王笛《街头文化：成都公共空间、下层民众与地方政治 1870-1930》。

外的时间，常有信徒在某一家聚会，看有关基督教方面的 VCD，听录音机中播放的赞美诗，一起祷告。

另外，如果某一信徒或其亲友有病而且久病不愈，常有虔诚的基督徒在他们家一同祷告、要神（当地方言，与祷告之意接近），祈求天父保佑，这就成为他们的交往时机。

他们的交往圈是基于信仰形成的，但不限于宗教活动，在生产、生活中，他们也渐渐形成互助团体，渐渐基于信仰而安排礼俗往来，可能形成礼俗交往圈。

而在基督教传入以前，李村的礼俗交往圈就是前文提到的宗族内的"一大家子"。这么说，并不是指基督徒不与宗族内不信教的成员交往，或者说两者是截然对立的，而是说在礼俗交往中，他们开始基于信仰而非基于血缘，而去参加礼俗交往。基督徒甚至愿意在基督徒中为子女寻找配偶，这样的事情笔者见过多起。

2. 济贫助困与社会救助网络的重建

新中国成立后宗族的组织受到挤压，同时政府逐步建立了社会保障体系。包括农村合作医疗在内的社会保障体系基本完善,① 除了三年灾害之外，农民的生活基本得到保障。

如今，社会救济对象评选极不公平，致使政策难以落实。这些行为造成村级政府没有权威。基层干部借手中之权力为自己谋利。借用杜赞奇的术语，可以说，基层干部已经从"保护型经纪"完全转变为"掠夺型经纪"。②

与此同时，"乡村共同体"已不复存在，在"半熟人社会"③ 中，道德意识缺乏、道德规范受到践踏。④ 可以说，随着新中国成立以来官方对个体权利的张扬以及市场经济的发展，"新兴的主体强调的多是个人权利与利益，而不重视个人对他人的义务"，新的一代逐步成为"无

---

① 参见韩敏《回应革命与改革》，江苏人民出版社，2007。
② 参见〔美〕杜赞奇《文化、权力与国家》第二章，江苏人民出版社，2004。
③ 参见〔美〕贺雪峰《新乡土中国》，广西师范大学出版社，2003。
④ 参见〔美〕吴重庆《乡土儒学资源的再生》，林聚任、何中华主编《当代社会发展　第2辑"新乡村建设专题"》，2007，第150～152页。

公德的个人"①，随着新一代的成长，社会道德风气的下滑是必然的趋势。

生活中，基督徒无私帮助非亲非故的人。在李村，基督徒主动出资出力在村里修路，在春节接济贫困信徒，这些都成为人们的谈资。② 基督教以信仰作为纽带形成的社会救助网络和社交网络是基督教吸引信徒的原因之一，③ 这已经在多处的调查中得到证实。

3. 作为地方精英的教会传道人与乡村未来公共空间

基督徒的交往圈，已经带来了社会结构的变化。当地社会的地方精英已经发生了巨大的变化，教会传道人成为地方精英之一，影响文化礼俗的发展与当地社区公共空间的走向。

美国人类学家华琛（James Watson）认为中国文化保持统一与稳定的表现之一是葬礼的统一，而葬礼的统一，依赖于受过专业训练的礼仪指导者与士绅。④ 而今，随着基督徒人数的发展，地方教会的领导人影响不容小觑。婚礼上，他们是仪式的指导者，葬礼上他们影响到当地农村信徒的葬礼之程序与具体的礼节。

在乡村基督教本土化的过程中，教会领导人对基督教本土化影响甚巨。他们的宗教偏好也深深影响到信徒。攻击其他宗教是"偶像"的狭隘的、排外的看法，随着李村教会参加县里的培训而得到改正。两三年来，普通基督徒对其他宗教的狭隘态度稍稍减轻了，一般农村信徒也知道在国内有着其他合法宗教。

结语　风险社会与农民的公共生活空间

1. 风险社会与不确定性的增加

---

① 阎云翔：《私人生活的变革》，第20页。

② 基督徒的这种行为也并不是总能得到人们的赞赏，非信徒按照"各人自扫瓦上霜"的观念，认为那是几个人没事找事，尽管这样说，他们也承认基督徒的行为确实方便了大家。

③ 张敏：《基督徒身份认同——浙江温州案例》，张静主编《身份认同研究》，上海世纪出版集团　上海人民出版社，2006，第106～111页。

④ James L. Watson and Evelyn S. Rawski, *Edit*, *Death Ritual in Late Imperial and Modern China*, University of California Press, 1988.

在社会转型和改革的时期，社会不确定性增加。按照孙立平教授一贯的说法，20世纪90年代以来，中国社会是一个断裂社会，[①] 面对这一社会转型的新动向，我们的社会发生了什么变化？我们又该如何应对呢？

随着全球化的进程，风险社会已离我们不远。在风险社会中，不可预料的难以想象的破坏力触目惊心、骇人听闻。风险社会之中，灾难"显现的时间滞后性、发作的突发性和超越常规性"[②]，使人们几无措手之力。某些迹象表明，风险社会正悄然来到中国。面对这一不速之客，"如何能够避免、减弱、改造或者疏导"，"如何限制和疏导它们，使它们在生态上、医学上、心理上和社会上既不妨碍现代化进程，又不超出'可以容忍'的界限"，[③] 是我们必须面对和思考的课题。

2. 不确定性与意义危机

改革开放以来，中国的经济和社会得到了大发展，同时社会结构大调整，社会处于转型期。有学者指出："国际经验表明，一个国家人均收入在1000～3000美元时，社会和经济矛盾是最激烈的。目前中国还有8000万左右的贫困人口，温饱问题没有彻底解决。当社会变化快，贫富差距大，政策不配套时，容易产生严重的社会问题。"对此，"必须进行深入改革和努力，通过治本而不是'救火'的方法，通过法治的方式，向建立和谐社会的目标努力。与此同时，要建立起科学的监督预警机制，密切关注社会和经济发展动态，及时发现问题，解决问题"[④]。

面对全球性普遍的风险社会，普通农民又是如何应对的呢？在社会转型和改革的时期，面临社会不确定性，普通民众的"意义之网"又是如何编就的呢？

社会剥夺理论告诉我们，处于社会边缘与底层的人群，比如农民、妇

---

① 参见孙立平《断裂：20世纪90年代以来的中国社会》（社会科学文献出版社，2003）、《失衡：断裂社会的运作逻辑》（社会科学文献出版社，2004）与《博弈：断裂社会的利益冲突与和谐》（社会科学文献出版社，2006）。

② 薛晓源、刘国良：《全球风险世界：现在与未来——德国著名社会学家、风险里理论创始人乌尔里希·贝克教授访谈录》，《马克思主义与现实》2005年1期。

③ 〔德〕乌尔里希·贝克：《风险社会》，何博闻译，译林出版社，2004，第16页。

④ 《国务院经济专家访谈：中国经济面临怎样的2005》，http：//news. xinhuanet. com/fortune/2004-12/29/content_ 2392244. htm。

女、贫穷无靠的人，更容易信仰宗教，而由于佛道教的式微及民间信仰的
"不合法"状态，乡村民众更容易信仰基督教。尽管笔者不否认宗教学研
究界社会剥夺理论的有效性，① 但笔者并不认为面临风险社会、面临苦难
与不确定性，民众应该遁入基督教寻求意义与解释，寻求新的意义系统。

在基督教的刺激下，李村民众无形中分为两个群体——"咱们这一
教"与基督教。这两个群体根据各自的意义系统，形成了各自的身份认
同。基督徒基于信仰，形成自足系统，包括可以互释的意义系统与基于信
仰形成的交往、生活圈，这些日常化的、例行化的思想和行为强化着基督
徒的认同。

基督徒自足系统的内化与再生产是其身份认同和划定行动边界的依
据。生活中，受基督教意义系统模塑的基督徒，践行耶稣爱的原则，对社
区公共生活空间的重建起到了重要作用。基督徒的交往圈，带来了社会结
构的变化。教会传道人成为地方精英，影响着文化礼俗的发展与当地社区
公共空间的走向。

笔者以为，个体信仰基督教，只是独善其身的做法，并非问题的解决
之道。尽管基督教以信仰作为纽带形成的社会救助网络和社交网络，作为
公共物品及公共空间的替代，在很多地区已经显示其意义，但把希望寄托
在基督教的身上似乎是不太现实的做法。

近年来，政府减免农业税，免除义务教育阶段学费，推行合作医疗政
策，取得了一定的成果，但这一针对农村的政策，前进的步伐太小。农民
规避社会和市场风险的能力依然太弱，重建社会支持网络的道路依然任重
道远。在某种意义上，我们应着力发挥非政府组织的力量，重建社会公共
空间。有学者认为，基督教会可以作为非政府组织介入社会，提供慈善事
业，这只是一家之言，基督教会尤其是贫困地区的基督教会能起到多大的
作用是一个值得考量的问题。

尽管基督教以信仰作为纽带形成的社会救助网络和社交网络，可以作

---

① 值得注意的是，基督教的发展与当地的经济状况并没有必然联系。河南基督新教发展迅
速，有人认为是因为河南贫穷，这是化约论的看法。反证比比皆是，比如浙江基督教发
展也快，但浙江经济发达。似乎这两个极端也可以用韦伯苦难的神义论与幸福的神义论
来对应解释，但笔者认为这也是化约的解释，有削足适履之嫌。任何试图在基督教的发
展与当地的经济状况之间建立共变函数式联系的企图，都很难成立。

为公共物品及公共空间的替代，而且在部分地区已显示其意义，但笔者认为把希望寄托在基督教的身上是不太现实的做法。

如何重建农民的生存空间，如何建构农村公共生活空间，仍然是一个尚需各界思索的未解之题。

第十五章
公共参与精神之变迁与
重塑中的李村基督徒

第一节　李村公共空间与公共参与之变迁

一　公共空间之变迁

在传统乡村社会中，公共空间是在适应公共需要的过程中产生的公共的场域，而"公共的需要是指水利、自卫、调解、互助、娱乐、宗教等"。费孝通认为，在中国传统社会中，这些公共的需要，"并非政府事务，而是由人民自理的"[①]。公共事务之所以能够自理，一是因为政府能力有限；二是因为士绅[②]能够担负起沟通政府与村民的桥梁作用。士绅在"诸如公益活动、排解纠纷、组织修路筑桥、开河建堤等公共工程"中承担了重要的作用；此外，"（他们）还组织地方治安、征税、弘扬儒学与兴建学校等农村社会生活的各项工作"[③]。

就李村而言，在新中国成立前，其公共空间主要由宗族和民间信仰形塑。新中国成立后，宗族和民间信仰逐步受到打击，公共空间由一浪高过一浪的集体化及群众运动塑造，成为政府主导下的政治空间。改革开放以后，李村的公共空间发生了变迁。随着基督教的发展，基督教形塑公共空

[①]　费孝通：《乡土重建》，《费孝通文集》（4），群言出版社，1999。

[②]　"绅士作为一个居于领袖地位和享有各种特权的社会集团，也承担了若干社会责任。他们视自己的家乡福利增进与利益保护为己任。在政府官员面前，他们代表了本地的利益。"张仲礼：《中国的绅士》，上海社会科学院出版社，1991。士绅，即绅士。

[③]　张仲礼：《中国的绅士》。

间的力量与日俱增。

如今,农村集体生活贫乏,基督教为民众尤其是女性提供了参与集体生活的可能。一个健全的社会应为社会群体再组织提供空间,当前的李村宗族已经丧失组织人群的功能,[1] 而其他组织也基本缺失,基督教的出现为他们提供了再组织并参与集体生活的可能。当然,这并不意味着再组织以及参与集体生活的需要会导致人们信仰基督教(其他的组织也可满足这一需要),而是说基督教的出现恰好满足了人们的这一需要。

在基层政府基本退出公共空间、民间信仰不具备合法性、非政府组织参与有限的情况下,佛道教及基督教的公共参与之意义尤为重要。

二 基层政府从李村公共事务中之退出与基督徒的公共参与

新中国成立后,宗族的组织受到挤压,同时,政府逐步建立了社会保障体系。包括农村合作医疗在内的社会保障体系基本完善[2],除了三年灾害和"文革"之外,农民的生活基本得到保障。

社会主义革命和建设的成功靠的就是设法动员了广大群众,而如今基层政府的动员能力和号召能力降低了。在粮食直补之后,只是在涉及计划生育以及宅基地等少数问题上,民众才与基层政府打交道,基层政府变得与农民益发不相关。处于风险社会,作为弱势群体的农民生活相对困苦。乡村社会保障机制尚不健全,社会救济对象评选不透明、不公平,这些行为影响了社会成员对基层政府的信任和认同,使部分地区基层政府组织失去了公信力。

改革开放之后,国家恢复对五保户、残疾人的照顾政策,这些保障措施有利于社会稳定。但在李村,社会救济对象评选不透明、不公平,存在救济金被基层干部分给自己亲属和朋友的现象,收到救济金反而成为权势和身份的象征。应该享受救济的民众很难得到有效的救助,上访也很难及时解决这一问题,致使这一良好的政策很难落实。这些行为"破坏了制度

---

① 参见李华伟《宗族与乡村基督教的互动——以豫西李村为例》,北京师范大学硕士学位论文,2006。

② 参见韩敏《回应革命与改革》,江苏人民出版社,2007。

的公正性和合法性，破坏了社会成员对政府的信任和认同"①，使部分地区基层政府组织失去了其公共性质。

在李村的基层政府失去公共性质的同一时期，李村的宗族组织、宗族观念处于式微状态，难以履行帮助族内及村内贫困户的责任。

有学者发现，在村民的亲疏关系上，"亲戚不管是在帮助还是在求助方面都是村民们的首选，其比例远远高于对其他对象的态度"，同时，"村民最愿意帮助的还是自己的亲戚这样的亲缘网络，而基于对地缘的邻居的重视度则远低于对亲戚的看重"。对亲戚关系的重视，充分体现在求助方面："在最先求助方面，对亲戚的依赖度高达六成，其次则是与自己关系好的其他村民，再次是村干部——这在某种程度上归因于村干部依然是掌握一定资源并拥有一定权威，对邻居的选择比例在这方面不到一成。"②

与此形成鲜明对照的是，生活中，基督徒践行耶稣爱的原则，不仅爱亲人还爱邻居、爱一切人，他们帮助生活困难的信徒③，这在不信教的人眼中是不可思议的，不信教的人往往说："某某拿着自己的东西送人，真是傻。"④

在李村，基督徒自动出资出力，在村里修路，在春节接济信徒。这些都成为人们的谈资。当然，基督徒的这种行为也并不是总能得到人们的赞赏，非信徒按照"各人自扫瓦上霜"的观念，认为那是几个人没事找事。尽管这样说，他们也承认基督徒的行为确实方便了大家。

在李村及其他地方的研究发现，基督教以信仰作为纽带形成的社会救

---

① 袁方等：《中国社会结构转型》，中国社会出版社，1998，第17页。

② 参见刘伟《群体性活动视角下的农民信任结构研究》，《中国农村观察》2009年第4期。

③ 在对苏北小镇的调查中，有人分析认为："现在的形势是农村的传统文化没有了，被市场经济和基督教文化取代。教会对困难户有济贫，从精神、物质上慰问他们，对病人有临终关怀，死后还负责送葬。有的村连村支书都信教了。硕集镇上共有5个基督教教堂，教徒数量超过了党员数量。昨天晚上我们一起扭秧歌的8位农民，就有4位基督徒。"石破：《副镇长"被下岗"：我不是李昌平——苏北小镇农民合作运动的奇迹与低潮》，《南风窗》2010年第3期，http://www.21ccom.net/newsinfo.asp?id=6225&cid=10342300。

④ 在不信教的人眼中，互帮互助是可以的，但只是在宗族或者姻亲范围内，而基督徒无私帮助非亲非故的人，是不能被他们理解的。信徒在不信教之前，肯定也是这种态度，改信之后，信徒从基督教的意义系统出发，关爱生活困难的"兄弟"或"姊妹"。

助网络和社交网络,可作为公共物品及公共空间的替代,这是基督教吸引信徒的原因之一。①

村里小学平整操场,村里无号召大家出工的能力,只好请教会帮忙。在传道人的号召下,李村教会的基督徒几天时间就完成了任务。铺村口的大路时亦是如此。

基督徒为何乐于从事公共活动呢?我们先来分析传统宗教和基督教的社会参与伦理。

第二节 "积功德"与做盐做光:儒教和 基督教的社会参与伦理

近现代许多思想家指出,国人民族性的缺陷在于,"只有家族主义,缺乏公共精神"②。能克服这一缺陷把中国人推向家庭以外公共事务的力量存在于宗教中。儒教思想面向中"积善之家有余庆,积不善之家有余殃"为儒生积德行善提供了动力;佛教业报轮回则对佛教徒及居士从事公共事务提供了思想支撑;道教《太上感应篇》及大量的民间善书也促进了社区公益行为的践履。"积德行善"可说是对三大传统宗教社会公益思想共同点之概括。

在中国,公共是一个相对的概念,随着公共性的不同,公共参与的程度也不同。相对于个人而言,家庭具有一定程度的公共性,相较于家庭,宗族的公共性则更大,而庙会则具有更大的公共性,因为其"超越血缘关系的限制而更多地具有公共社会制度的意味"③。

公民性格是公民社会的核心,衡量一个团体与公民社会关系的指标有两个:自治性与开放性。④ 家庭、宗族具备自治的特征,但具有封闭性、

---

① 张敏:《基督徒身份认同——浙江温州案例》,张静主编《身份认同研究》,上海世纪出版集团 上海人民出版社,2006,第106~111页。

② 戴烽:《公共参与——场域视野下的观察》,商务印书馆,第179~180页。

③ 刘铁梁:《作为公共生活的乡村庙会》,《民间文化》2001年第1期。

④ 邢福增:《宗教团体的自治性、开放性与公民性——北京市基督教会的个案研究》,http://www.purdue.edu/crcs/itemProjects/chineseVersion/csspC/granteesC/xingfuzeng.html。

排他性，不具备开放性，故难以培养公民性格。①

一 "积德行善"：传统的公共参与伦理

积德行善以及福善祸淫②是支持传统宗教信徒践行超出一己之私利德行的动力。在积德行善这一常用的术语中，积德是行善的结果，行善是积德的方式或途径。"积善之家有余庆，积不善之家有余殃"影响着人们积德行善的动力。

在李村附近的村庄里，一位60多岁的老年人独自在村口铺路。当电视台记者采访他时，他道出了其中的原委——行善留名。老人的儿子没有参加铺路活动，他独自铺设道路。道路超越了一家一户之范围，也超越了某一宗族之领域，而跨入了公共事务的范畴。基于宗教理念而发生的修路行为，则属于较广范围内的公共参与。

就宗族而言，宗族内部的慈善及资助行为仍具有一定的公共性，但公共性的程度有限。尽管如此，超越一己或家庭范围的参与，仍有一定程度的公共性。随着佛教业报观念的传入，报应从个体身体延伸至子孙身上，③即使不为自己考虑，也要为子孙考虑，所以"积阴德"是劝人不要行恶的最有力之语汇。

在传统社会，以全家族之力培养族内的读书人，所以读书人不属于自己的家庭而属于家族，回馈家族也是应尽的义务。④ 宗族内的士子以光宗耀祖为自己的目标，故而，年老之后，仍要告老还乡，或修路或建祠立碑、教化乡邻，从事公共事业。如今的李村，大学生由单个家庭供养，日后回馈的也只是自己的家庭，回馈家族不再是必尽的义务，教化乡邻也不再是价值导向。

---

① 由于家国同构，家庭、宗族可以培养忠君爱国的臣民性格而难以培养超出群体之私的公民性格。
② 《尚书·汤诰》："天道福善祸淫，降灾于夏，以彰厥罪。"
③ 范丽珠：《"善"作为中国宗教的伦理》，《甘肃理论学刊》2007年第6期。
④ 〔美〕黄仁宇：《万历十五年》，三联书店，1997。

二　做盐做光、荣耀上帝的名：入世与超世之间的基督徒公共参与

2008 年 8 月 24 日讲道中，传道人在讲解马太福音第 8 章时说：

> 今年 2008 年救恩祝福临到我们，但是这还需要一定的条件，啥条件呢？就是要过入世超世的生活。咱们教会 20 年之久在世上挣扎，从属世转到属灵，这一步不容易，但是我们使命团做到了，大部分转过来了。5 ~ 7 章告诉人们如何在世上行事为人，6 ~ 7 章耶稣告诉我们还要过超世的生活。一方面过超世的生活，另一方面在世上斗争过入世的生活，在家中、世俗中调和好，做盐做光能将家里的一切处理好。太 7：13 ~ 14 过窄门："你们要进窄门。因为引到灭亡，那门是宽的，路是大的，进去的人也多。引到永生，那门是窄的，路是小的，找着的人也少。"永生的门是窄的，所以咱们要努力、要警醒。

做盐做光，出自太 5：13 ~ 16。5：16 说："同样，你们的光也该照在人面前，让他们看见你们的好行为，来赞颂你们在天上的父。"在李村教会，做盐做光以荣耀上帝的名，成为当地基督徒助人的动力。他们自动帮助村里信教与不信教的老人，帮助收割庄稼，为病人祷告、代祷，提供物质帮助与精神安慰。

第三节　李村基督徒社会公益活动及其生存的制度空间

通过对宗教管理部门相关负责人的访谈，笔者了解到，当地一方面团结宗教领袖，另外则对影响较大的教会采取分化瓦解的办法，这是当地的土办法。

而"三定政策"则是全国性的普遍政策，"定点、定片、定人"的政策，虽然有利于国家对宗教的管理，却限制了教会公益活动的空间。

由于当地的文工团、豫剧团等艺术表演团体基本处于解体状态。为了活跃春节气氛，镇政府出面邀请教会到辖区企业门口进行文艺表演。

基层政府（乡镇、村政府）不强调意识形态而是在方便的时候利用教会的组织能力来为己服务。当前，笔者调查地的基督教会成立了行善队，由教会里的精英组成，随时响应号召、整装待发。当地政府意识到基督教的这一功效，每逢上级检查或重大活动都会请教会领导人通知信徒打扫卫生，信徒每每披星戴月圆满完成任务。镇政府还专门录了像，但避开了行善者的基督徒身份。尽管如此，笔者还是在教会里发现了村政府以及镇政府送给教会的牌匾。

基督教以信仰作为纽带形成的社会救助网络和社交网络，可以作为公共物品及公共空间的替代，在李村教堂附近地区已显示其意义。

2005年调查时，笔者得知李村小学需要铺路时特意找到了教会负责人，请其帮忙。教会负责人发动信教群众有车的出车、有力的出力。基督徒义务出车、出力，几天时间就圆满完成了任务。小学领导为何不向村领导寻求帮助，而是向基督教会求助？笔者没有机会访问学校领导，但从这一事例，我们发现：小学领导充分认识到了基督教会的号召力、动员能力和社会公益力量。

由宗教组织出面从事志愿活动和慈善事业，既节省了政府成本又促进了社会发展。但我们现在往往顾虑到宗教团体的特殊身份，对宗教团体从事此类事业设置诸多限制。其实，只要基督教会符合法律、遵照程序从事活动，就可以允许其开展活动。

包括基督教会在内的宗教团体，可以作为非政府组织在构建公民社会中起到有益的作用。另外，宗教可以培育市场经济所需要的道德，如诚实守信等。由于官方社会组织作用有限，部分教会牧师还担当为成员处理家庭关系与家庭教育问题的责任，发挥着重要作用。由于人数少、群体内互动多，教会为成员互动提供了平台和机会，是成员精神的归属地，对社会转型带来的问题有缓冲的作用，可以起到社会减压阀的作用。如果减少对宗教团体参与公益事业的限制，那么显而易见的益处是，活跃了公共领域，培育了公民社会，节约了政府的资源和行政成本。

第四节　基督教与公共参与精神及公民社会的关联

与强调公民社会组织独立于政府的外部效应的流行理论不同，王绍光认为，"公民社会的内部效应比如民主技能训练，恰恰更能促进民主"①。罗伯特·普特南（Robert Putnam）则强调民间组织的内在效应和外部效应的共同影响，他认为："民间组织对民主政府的效率和稳定尤其重要，因为他们对其个别成员有内在影响、对更大的政治实体产生外在影响。内在方面，民间组织建立其成员合作、同在和公德心的习惯……培育参与民间组织的合作技巧及对集体努力的共同责任……"② 下文将从内外两个方面论述基督教会对公民社会的影响。

一　内在方面：合作习惯与公共精神之培养

普特南指出，民间组织能培养人际信任、合作与协调能力、让社群一起工作的精神。承接其思路，王绍光强调指出："公民社会的内部效应，主要包括以下几个方面：一是培育合作习惯和公共精神……二是培育互信、互惠、温和、妥协、谅解、宽容的品性……三是培育与人交往、共事的交流技能。"③

在教会日常礼拜以及节日活动之中，教堂内井然有序。④ 且不说传道人、堂委会、使命团、乐队等分工合作、"各入各的轨道"，普通信徒也有意识加入教会内各团体之中，随时贡献个人的一己之力。

---

① 王绍光：《"公民社会"祛魅》，《绿叶》2009 年第 7 期。
② R. Putnam, *Making Democracy Work：Civic Traditions in Modern Italy*, Princeton：Princeton U-niversity Press, 1993, pp. 89–90.
③ 王绍光进而指出："上述三方面的习惯和技巧都是民主社会必不可少的，因此，正是在这种所谓的非政治性的、非经济性的社团组织中，内部效应使得这些组织变成了培育成员的民主伦理的'学校'，让人们学会用民主的方法来互相对待，以民主的方式来共同生活，等等。正鉴于此，我认为如果公民社会对民主能够起促进作用，更多的应该强调其内部效应。"王绍光：《"公民社会"祛魅》，《绿叶》2009 年第 7 期。
④ 不独基督教能培养协作有序之精神，民间信仰也能起到类似的作用，参见顾颉刚编著《妙峰山》，国立中山大学语言历史学研究所，1928。

周日的礼拜中，有专人负责引导座位秩序。第一次来教堂调查时，笔者很随意地坐在后排，一位老年基督徒走过来，引导我来到男信徒区落座。随着调查的深入，笔者发现，教堂的黑板报、标语都由一位退休的教师负责，买菜做饭也有专人负责。

更密切的协作，可从圣诞节及每月的律会中看出。每逢教会节日，负责买菜、负责礼仪引导、安排座位、维持秩序，负责卫生等工作的各种人员一应俱全，大家分工合作密切配合。周日的礼拜，远道而来的人都会留下来吃饭，买菜、洗菜、做饭、摆放桌椅、盛饭、端饭、分饭、带领祷告、收拾碗筷、收拾桌椅，一切井然有序。实际上，基督教会内部的分工合作曾发展到极高的程度，从耶稣家庭之中各合作部①之间的分工合作可见一斑。

同时，教会内部的合作精神也带来了公共参与的增加。李村基督徒尤其是女性基督徒积极参与和信仰相关的事务，经常与本教堂内各村的基督徒联络，她们的活动，突破了传统生活方式建构的生活空间，也在教会中找到了自己的位置，这带来了社会参与方式及女性角色的变化。

当然需要指出的是，并非基督教引发了农民的合作精神，基督教只是为农民之间跨家庭、跨宗族、跨社区的合作提供了一个平台与渠道。农民自私、缺乏合作一直是知识分子批评农民的主要弊病，从马克思所言"农民如装在麻袋里的马铃薯"到晏阳初认为"农民愚、弱、穷、私"②到今天为农民之间缺乏合作而忧虑的当代知识分子，其实都是从西方借鉴未经反思的概念移至中国来透视中国农民、农村。实际上，中国农民之间历来并不缺乏合作，从合伙灌溉、防卫村寨、防盗工程的修筑到祠堂的建设、维护、居民房屋建造中的互助等都存在互助与协作，只是这样的互助可能基于亲属关系而公共性有限，难以跨出社区的范围，不具备充分的公开性与公共性。

---

① 汪锡鹏：《耶稣家庭的共产制度》，林荣洪编《近代华人神学文献》，香港，中国神学研究院，1986，第691~695页。
② 晏阳初：《晏阳初文集》，詹一之编，四川教育出版社，1990。

二　外部效应：国家意识与公民社会组织之培养

1. 基督教会与国家意识、公民性之培养

教会提供了一个言说的公共空间，信徒之间关于国家大事的交流得以展开。从当地基督徒的表述中，我们可以看到民族国家大历史在当地引发的反应。

学者注意到，民国时期足不出户的女性基督徒在祷告中提到"国家"一词，其国家观念比非信徒稍显强烈。① 随着电视的普及，当今村民对全球信息的了解比以往要多得多，不同国家的各种信息进入当地基督徒的视野，国内的大事也更易为村民了解，民族国家大事件与宏大叙事对基督徒的国家观念、公民身份有何影响呢？且看以下的个案：

> 天国的子民要分别，信徒要在律法上没有瑕疵，在国法上更是要遵守。
>
> ——2008 年 8 月 27 日"神的仆人"讲道
>
> 咱们全民祷告，为国家，为教会，也为我自己。
>
> ——2008 年 9 月 3 日"神的仆人"讲道

2008 年 8 月 27 日，李村基督教会传道人在讲道中说："我们要为神家、为国家、为全民祷告，因为神的血不仅为基督徒所流，也为全民所流。"笔者是作为一个慕道友前去倾听讲道的，事先并未告知教会负责人和讲道人，所以可以看出基督徒的国家观念。

2008 年 9 月 3 日，李村教会传道人祷告说："主啊，我们爱国爱教，荣神益人。""爱国爱教，荣神益人"从政府的导向变成李村基督徒群体发自内心的自我表述，从外在的要求变成内在的主动认同。

2008 年 8 月 27 日讲道结束之后，李村教会负责人带头祷告说："好，让我们为奥运会祷告，四队、五队、老年队、各村执事想想咋为使命团祷告。"奥运会这一在中国举办的盛会，成为远在偏僻内陆小村基督徒祷告

---

① 胡卫清：《苦难的模式：近代岭东地区女基督徒的传道与证道》，陶飞亚编《性别与历史：近代中国妇女与基督教》，上海人民出版社，2006，第 301～302 页。

祈求的内容,可见,基督教这一普遍主义的宗教并不必然带来国家观念的弱化。

从以上可以看出,基督教会对基督徒国家意识之培养是显而易见的。信徒之宗教信仰身份与公民身份之间存在张力,如果宗教身份强于公民身份,那么,信徒的公民意识、国家意识必然薄弱,其关注点局限于信仰社群之内,一旦宗教身份与公民身份发生冲突,这些信徒可能选择坚守信仰身份而贬低甚至抵触其公民身份,严重者导致对国家的叛乱。希尔斯认为,公民性是一种"良好的态度",这种态度"关乎整个社会福祉的态度……是一种个人的、地区性的,以至是全局的关注"①。根据以上调查资料,李村教会为国家祷告、为全民祷告、为奥运祷告,为社区内的非基督徒提供社会支持,说明其不仅关心个人及社群的福祉,也关注超越其信仰共同体的非信徒及全社会的福祉,具备一定程度的公民性。

2. 与政府合作而非对抗的公民社会组织成长路径

在王绍光看来,在有关市民社会的文献中,认为"公民社会组织和政府之间的关系与生俱来就是一种相互对立冲突的关系"的假设是不成立的。

就台湾而言,佛道教与政府有着合作关系。慈济医院的建立、佛光山的建寺和其他事业用地都获得政府支持。所以,"虽然政府最初在佛教和道教组织的支持上显得模棱两可,并因而减缓了它们的发展,但政府实际上确立了坚实的基础以帮助其后来的扩展,这些宗教团体并不符合脱离政府而成长的'公民社会'的典型"②。台湾佛道教的活动"都是基于对国家尊重前提下的非对抗扩展"。

那么,内地的基督教可否与政府合作推进公民社会呢?

在王绍光看来,"政府和社团组织的关系可以是一种合作关系。在这种合作关系中,任何一方都能以己之长补他人之短。因此,政府干预不但不会限制市民社会的成长,实际上反而可能促进其扩展"③。干预而不干涉

---

① Shils, Edward, "The Virtue of Civil Society", *Government and Opposition*, Vol. 26, No. 1, 1991, pp. 3–29.

② 赵文词:《宗教复兴与台湾民主政治转变》,沈凯译、范丽珠校,引自其 2009 年 7 月 5~7 日在复旦大学的演讲,未刊稿。

③ 王绍光:《"公民社会"祛魅》,《绿叶》2009 年第 7 期。

内部事务，共同合作，方是包括教会在内的非政府组织成长之路。

　　一个健全的社会存在社会群体再组织的空间和可能性，个人并非直接面对社会和政府，而是通过某一组织来面对社会。在当前的部分农村中，宗族已经丧失组织人群的功能，而农村的其他组织也基本缺失，基督教的出现为他们提供了再组织以及参与集体生活的可能。当然，这并不意味着再组织以及参与集体生活的需要会导致人们信仰基督教（其他的组织也可满足这一需要），而是说基督教的出现恰好满足了人们的这一需要。

结语与讨论

李泽厚认为，中国人重视团体，但传统道德要求强调"内圣"，对个人提出的标准很高，如此一来，其普遍可行性很弱；而西方则把个体的权利、尊严作为基础，但道德要求倒恰恰着重于社会利益和公共法规，道德出发点较低，可行性强。① 儒家伦理自有其缺陷，而西方以基督教为基础的伦理也自有其优缺点，因此，为了美好生活秩序的需要，两种伦理之实践形态的比较与借鉴具有重要的现实意义。

自我与道德纠结在一起，己/自我——五伦之内——五伦之外是一个渐次外扩的伦理路径。就己/自我而言，伴随传统道德瓦解而来的是村民儒家式自我的弱化，无依无靠的自我，要么走向更加依靠自己的道路——自我之膨胀，要么寻求更大的依靠——比如神、团体。这是两条不同的路径，第一条为多数非宗教信徒所选择的路径，第二条路径中寻求神作为依靠则是各种宗教信徒尤其是基督徒所寻求的路径。换言之，对李村基督徒的自我而言，基督教会抓住了李村村民自我变迁的需要找到了关于其新自我的表述，同时，在此基础上创造了新自我。②

与信仰仅仅在天主教徒日常生活中刻上浅显的纹理不同，③ 基督新教在李村基督徒身上刻下了较深的烙印。与乡村天主教徒强调自己与村民没有什么不一样相反，在新自我的影响下，李村基督徒刻意强调"与世人不同"，如此一来，在五伦之内和五伦之外的伦理规范及行为上带来了一系列变化。

一 儒家伦理困境与道德危机

论及李村基督徒激活并改变儒家孝道伦理，必须解决以下问题：儒家孝道伦理何以需要激活？因此，必须首先总结性分析儒家伦理整体遭遇的制度性困境。

传统中国社会中，伦理以及仪礼规范对法律具有极其重要的影响，保障传统伦理与仪礼成为传统法律的主要目的。④ 与此相伴随的土地制度、

---

① 李泽厚：《中国现代思想史论》，天津社会科学院出版社，2003，第41页。
② 所以，问题并不是在以下二者中二选一：是基督教创造了新自我，还是基督教找到了关于新自我的表述？
③ 吴飞：《麦芒上的圣言》，香港，道风书社，2001。
④ 瞿同祖：《传统中国的法律与社会》，中华书局，1981。

宗族制度、教育制度等都支持儒家伦理的运行。重提传统,并非意味着回归传统就能解决问题,但传统至少可以为我们重建未来提供重要的参照。

传统道德保障机制,如家庭、学校、民间信仰、法律,已在李村教堂附近村落失去应有的效力。

就家庭而言,由于"打工经济"的兴起,中青年农民大多在外打工。而其对家庭生活造成的后果,则正如哈贝马斯所说,"家庭中每位成员都越来越受到家庭以外的力量和社会的直接作用,从而越来越社会化"①。就李村而言,父亲角色的长期缺席,使家庭作为传统伦理道德载体的功能极度弱化。而承载传统道德的母亲,却往往是不孝的媳妇。在母亲不孝行为的耳濡目染下,如何能培养小孩子的孝敬之心?身教大于言传,母亲的身教对儿童的影响难以磨灭。个别不孝的媳妇,甚至鼓励子女辱骂祖父母。母亲的言传身教,加之父亲的漠视,儿童及少年的道德教育状况堪忧。在李村,有一初中学生质疑了母亲的不孝行为,但这并非常例。

就学校教育而言,小学及高中的思想品德等课程的学习培养了大部分孩子纯真的思想和善良的情操,但学校教育与家庭、社会的自相矛盾,致使走上社会的学生开始质疑所受的思想品德教育。在"老实是无用的别名"的社会思潮影响下,处于孤岛之中的学校教育难以单独负起培养公民道德的重任。

不考虑礼俗而引入的现代法律制度,对伦理几乎没有正面的保障作用。甚至可以说,现代无情的法律制度,更使乡村伦理困境雪上加霜。尽管有人治的痕迹,但传统法律注重情理,这在处理事关家庭的纠纷时颇具效力,其与传统伦理之间有着相互支撑的内在关系。现代法律是冷冰冰的、"无情的"法律,在处理类似孝道纠纷之类的事务时其弊端尤为明显。无效的法律无以保障伦理的推行。尽管存在不少不孝的事例,但李村并无父母状告子女不孝的事例。这一方面是因为父母不想把家丑外扬;另一方面,即便法院判决儿女抚养父母,也难以挽回代际的冲突,难以挽回子女的孝心;另外,一旦诉诸法律,也就意味着亲情被放在一边,"撕破脸皮"的结果是儿女与父母形同路人,这是双方都不愿意看

① 〔德〕哈贝马斯:《公共领域的结构转型》,曹卫东等译,学林出版社,1999,第182 ~ 185 页。

到的。现代化的法律，并不比传统的非正式的由娘舅调解的非正式制度更有效。

20 世纪以来，儒家逐步世俗化，这本来是为了解放个人思想、使子女摆脱大家庭的束缚获得自由，但这一过程走向了其另外一个极端——儒家世俗化之后，儒家人伦关系的神圣性完全消解，无公德也无私德、只要求权利不承担义务的个体膨胀。20 世纪以来对家庭的革命，"取消了父权制对各个家庭成员的等级规定，赋予了家庭成员平等权和更大的自由空间，另一方面，也同时取消了这种制度对家庭成员以及成员之间的应有礼义的稳定安置"①。如今，"中国家庭去除了父权制的权威，政权、族权、神权、夫权都不再成为束缚自由意志的绳索，任何人都获得了独立追求幸福和人格尊严的权利"②，但与此同时，"帮助人们过日子的纲常被瓦解了，人们必须直接面对'过日子'本身，不能依靠任何外在的优势和依托，而要自己学会在复杂的人际关系中过日子的'理'"③。在这种境遇下，道德困境绝不仅仅是个体造成的，其解决方案也需要社会的共同努力。

不可否认，国家在应对道德危机中亦须承担一定的功能。如前所述，自 20 世纪 90 年代中后期，基层政府逐步退出公共生活，道德领域逐渐私人化。伦理问题，并不是国家干涉越多越好，但国家也并不能完全置身于伦理之外，关键在于公共领域与私人领域之间的界限，就道德而言，在于公共道德与私人道德之间的界限。④

在传统中国社会，儒家确立的道德秩序成为国家与民众共同奉行的规范。20 世纪中叶介入私生活领域的国家道德，对家庭伦理造成了极大的伤害。如今，"随着社会主义国家至善论的衰落，国家在道德领域越来越软

① 徐诗凌：《中国式自杀：悖谬与出路——读〈浮生取义——对华北某县自杀现象的文化解读〉》，《开放时代》2010 年第 4 期。
② 吴飞：《自杀作为中国问题》，三联书店，2007，第 44 页。
③ 吴飞：《自杀作为中国问题》，第 56～57 页。
④ 桑德尔（Michael Sandel）曾指出，我们不应当放弃"公共道德与私人道德之间的区别"，但是"什么算作是公共的、什么算作是私人的，这并不是自明的或无可争议的，而是必须要被争论的问题。并且，对于'公共与私人道德之间的界线划在哪里'的争论，常常会涉及关于善的各种竞争性观念"。参见刘擎《现代民主与公民政治——桑德尔教授访谈录》，《中国图书评论》2008 年第 10 期，第 91～96 页。

弱无力"①。那么，国家对道德危机的形成应负有何种责任？面对当前的道德危机，国家应有何作为呢？我们且从历史与现实来看。

就乡村与孝道有关的伦理事件而言，涉及养老制度、医疗制度、土地制度、宗族制度、城乡二元分割的制度、法律制度、宗教政策等，这无一不与国家政策有着密切的关系。

当前的中国，在城乡二元分割的制度下，由于保障城市居民生活的需要，农村土地耕作所获的价值被大大压低，农民被拉入不平等的全球化市场经济体系中。只要服务于城市经济建设的目标不改变，农村就难以改变在市场经济中的"被牺牲"的角色。在这种角色下，被强行拉入市场的农村只能日益虚空，农民的主体角色只能日益被"虚化"。打工经济兴起之下，在父子、夫妻、兄弟长期分离，各自生活在"陌生的别处"的境遇下，乡土儒家伦理日益式微。

二　己/自我

如前所述，自我与道德纠结在一起，己/自我—五伦之内—五伦之外是一个渐次外扩的伦理路径。而儒家伦理，局限于五伦之内，很难延伸至五伦之外。基督教引入中国乡村之后，与儒家伦理处于何种关系呢？简单说来，并不能以补儒（五伦内）、超儒（五伦外）这样的化约论来处理。

如前文关于自我的研究所表明的那样，传统继嗣时期的自我受到宗族制度的束缚，自我是通过在宗族内的角色关系来呈现的。随着市场经济的兴起，乡村日益虚空，农村的价值被抽离，精英外流，宗族式微、父权弱化、道德权威丧失。伴随着家庭结构的核心化，个体自我中心主义开始膨胀，道德危机凸显。在逐利为唯一目标的环境中，人际关系日益工具化，个体日益成为原子式的个体，成为追求权利但不承担义务的个人，伦理底线不断被突破。由于缺乏约束力量，也缺乏对自我在社会关系中的位置及规范的认知，乡村无公德的个人成为乡村社会的大多数。

同时，在市场经济的冲击下，部分人在个人或家庭苦难的打击下信了

---

① 刘擎：《国家中立性原则的道德维度》，《华东师范大学学报（哲学社会科学版）》2009 年第 2 期。

基督教。信教之后，他们逐步接受了基督教会的治理与规训。

对自我的规训是以遥远而又在信徒感知中日常临在的神为终极联系的。教会治理的典型过程就是：要求认罪悔改—信徒认罪、忏悔—自我更新—行为改变—影响世人。信教之后，按照教会的治理和规训，基督徒与神建立联系，人—神—人成为其关系图式。认罪，是与旧自我分离的开始。在李村基督徒的自我中，身体自我与心灵自我之间的区别特别明显。在属灵与属世的挣扎中，李村基督徒的自我得到塑造。在教会场域中形塑的基督徒之自我得以不同程度地延伸到信徒自己及他人日常生活之中。

三　五伦之内：李村基督徒激活并改变乡土儒家孝道伦理

五伦之内，谨以孝道为例加以说明。因为在传统社会，无论在官方还是在民间，孝道都被认为是儒家伦理的基础。

毋庸置疑，在儒家传统里，孝道是对儿子的要求，儿媳协助其夫践行孝道。不可否认，即使在古代，婆媳矛盾也是存在的，但是，在传统家庭制度的制约下，婆婆拥有更多的权利，因而在婆媳矛盾中占据上风。不仅如此，对公婆尽孝是媳妇的义务，不孝是"七出"之首。随着家庭关系从以父子关系为中心向以夫妻关系为中心的转移，媳妇在婆媳关系中居于主导地位。[①] 加之李村中青年男性长年在外打工，缺乏制衡的力量，李村婆媳矛盾的冲突和媳妇的不孝[②]自然难以避免。

如今，李村出现"孝顺闺女，不孝的媳妇"这一现象的根本原因是市场经济环境下青年女性自我中心的膨胀以及这种膨胀没有遇到有效抑制因素的缘故。如前所述，底层生态的恶化，致使媳妇变相剥夺公婆的财产和生命。父母单向地为子女付出，却不能安享晚年甚至还要受媳妇的气甚至压榨，着实是一个复杂的社会问题，绝非仅仅是伦理问题。

---

① 笑冬：《最后一代传统婆婆》，《社会学研究》2002 年第 3 期。
② 研究表明，影响民众持有孝道观念的重要因素及作用力有以下四者：威权因素、情感因素、交换因素、宗教因素，这几个因素在传统社会、现代社会、不同地域有不同的作用方式。参见叶光辉、杨国枢《中国人的孝道：心理学的分析》，重庆大学出版社，2009，第 114～117 页。

在当今的李村教堂周边村落，即使伦理的践履存在问题，① 但道德观念仍存。尽管是碎片化的道德话语，但仍具有一定的效力。碎片化的道德话语，仍是中国农村残存的传统社会的因素。这也是基督徒生活所必须面对的，正是为回应非信徒对基督徒行为的指责，李村基督教走向了"道德化"的历程。

尽管孝道伦理没落，但中国以道德论人的传统仍有影响力。为了顺应社区碎片化的道德舆论，教会也特意强调对信徒孝道的伦理要求与道德实践。通过对基督徒自我的持续规训，基督徒树立了新自我，并在此基础上践行伦理。正是在刻意强调"区别于世人""分别为圣"的新自我影响下，李村基督徒践行儒家式的孝道，却赋予其基督教的理念内涵，并改变了孝道的符号和行为规范。

基督教会之所以能够在信徒新自我的基础上推行伦理，在于在基督徒的观念中，"（神）是个有赏罚的裁判者，是个公正的维持者，是个全能的保护者"②。而在当今异化了的"差序格局"中，在底层恶化的生存状态下，膨胀的自我只能导致不孝。

在基督教的人神关系图景中，不从自我中心出发，自然是从神出发。引入神圣维度的中国基督徒，是否能改变对公婆的态度，并践履孝道呢？在河南新乡地区的调查中，李顺华发现，基督徒这样来解释自己对待公婆态度的改变："要是站到人的立场上，肯定不会跟他去说话"，"你一信主，有神，在神里面，多少天天听道嘞，你不多少要明白些嘞"。③

尽管李村基督徒孝敬公婆的最终目的是荣耀神，孝顺只不过是达到基督徒做盐做光、荣耀神之目的的一种手段，但起到了"荣神益人"的双重功效。

打破传统伦理容易，而建设一个新的伦理很难。从基督教与西方伦理

---

① 研究发现，教化是儒家伦理得以推行的重要机制。对普通民众而言，儒家伦理更多是教化的结果和道德惯习，而缺乏有效的动力机制。是故，传统社会中，在宗族制度之外，乡土儒家伦理仍需要依靠佛道提供的终极观念来惩恶扬善，推动其践行。

② 费孝通：《维系着私人的道德》，《乡土中国　生育制度》，北京大学出版社，1998，第32页。

③ 李顺华：《神圣化与基督徒的身份认同——以吕村基督教会圣诗班活动为切入点》，北京大学博士学位论文，2007，第102～103页。

的关系中，彼得·布朗（Peter Brown）发现早期基督教并未带来新的伦理，但基督教却起到了巨大的作用——将伦理大众化，[1] 这更值得我们深思，这就是基督教对于中国乡村伦理的意义所在。

在李村，基督教所践履的伦理之意义在于未来。因为，只要城乡二元分割的体制不打破，只要社会结构不变，那么"虚空的农村"与"空虚的主体"必然继续下去。在社会角色缺席的情况下，孝顺与不孝顺的关键人群是承担媳妇角色的中青年女性群体，而她们恰好是乡村基督徒的主体。如果基督教按照当前的速度发展，那么在可以想见的将来，基督教有可能带来乡村伦理的复兴，但是这种复兴已经部分改变了乡村原有伦理的底蕴——以不同于血亲人伦的神爱为孝道之终极基础。换言之，李村基督徒践行的是儒家的孝道伦理和基督教伦理交织而成的新伦理。

我们必须注意基督教与儒家伦理重建现实中的悖论。笔者发现，被激活的儒家伦理中多了一些基督教的因素。基督徒是以基督教来解释儒家伦理，并为其赋予新的含义。也就是说，中国基督徒的伦理中既有儒家的成分也有基督教的成分，尽管在目前看来，儒家的成分所占比重多一些，但我们必须看到其未来的发展趋势。

在儒家传统看来，孝道应"生，事之以礼；死，祭之以礼"。而李村基督徒的孝，更注重行孝于父母生前，这是基督教的要求，但也是在儒家伦理世俗化、祭祖仪式纯粹变成纪念仪式的境遇下完成的。是故，融合了儒家伦理的乡村基督教伦理的本土化，也是儒家伦理创造性转化的一种形式。基督教正是在中国现实的语境中自发地完成其本土化，[2] 激活并改变儒家伦理的。包括儒家伦理在内的乡土文化与社会结构，是乡村基督教必须从神学和现实层面予以回应的。

四 五伦之外

我们知道儒家伦理处理的是基于血缘（父子、兄弟）、姻缘（夫妻）

---

① 转引自 José Casanova, *Public Religion in the Modern World*, Chicago and London: University of Chicago Press, 1994, pp.40-66。

② 基督徒宗亲死后的祭祀或纪念仪式仍是在中国传统的节期举行，民国以来即是如此。民国时期关于本色化的探讨，参见张西平、卓新平主编《本色之探：20世纪中国基督教文化学术论集》，中国广播电视出版社，1999。

与拟血缘（君臣、朋友）而产生的关系，儒家处理的全是五伦之内的关系，五伦之外的关系或者被转化为五伦之内的关系或被当做陌生关系来处理，而基督教处理的却主要是超越血缘与姻缘的关系，即使是血缘、姻缘关系也放在上帝①这一神圣维度下来处理。

儒家朋友一伦②似乎可以拓展至对陌生人的交往，我们传统又有"四海之内皆兄弟"的说法，似乎也可以拓展至对陌生人的关系，但实际上，无论对待朋友还是"四海之内的兄弟"，我们仍是基于私人联系和感情来处理的，所以，"从情的理路说，从朋友一伦推导在公共生活中与陌生人的关系的伦理始终是不通"③。

正如费孝通差序格局概念所表明的那样，中国儒家"缺乏一个笼罩性的道德"观念，只有私人道德而无超出私人关系的道德规范。基督教的引入，能否为乡村提供五伦之外的交往规范？提供了何种交往规范？

通过塑造魔鬼树立群体边界、开展属灵运动、分类治理、树立榜样等治理术，李村教会促使信徒通过社会范畴化、社会比较过程，强化了群际区分及群内认同，树立了群体身份边界。基督教传入后，尽管信徒之间基于信仰而产生的灵胞或"神亲"并不是对世俗社会中血缘、姻缘关系的否定或替代，但信徒之间确实建立了新型的人际关系。基督徒独特的群体身份促使其逐步改变当地的某些社会交往规范，为基督徒之间抽象的信任关系之达成提供了可能性，还为怜悯、宽容精神赋予了神圣维度。

传统中国的公共事业，都是由各种宗教推动的。乡村基督徒带来了什么新的公共性，用什么概念来涵盖公共事业呢？调查中，笔者注意到，信徒以"神的家"来指称教会④，以此推动信徒积极从事教会开展的包括公益事业在内的各项活动。在传统"积德行善"的公共参与伦理之外，李村

---

① 尽管上帝作为信徒共同的父亲，似乎带有拟血缘的关系，但位于这一共同父亲之下的却是众人不分实际血缘、姻缘关系的平等关系，这是其与中国伦理不同的一面，也是明清士大夫攻击天主教无父无君的原因。

② 潘光旦的研究表明，"五伦"并称在清代才普遍使用，而在宋代二程那里常见的是四伦，并无朋友一伦。参见潘光旦《儒家的社会思想》，北京大学出版社，2010，第256~291页。

③ 廖申白：《交往生活的公共性转变》，北京师范大学出版社，2007，第222页。

④ 此处教会，并非指教会内的有形建筑，而是指信徒共同体。

基督徒在"荣耀上帝的名"的动力指引下扩大公共参与的范围。乡村教会内在方面可以促进合作习惯与公共精神之培养,外在方面可以促进国家意识之培养,可成为一定程度上富有公共性的社会组织。李村教会参与公共事业的限度与可能性,则受制于地方宗教政策所提供的行动空间。

五 李村基督徒伦理与"自我实现的预言"

无论在道德观念还是道德实践中,基督徒本来是与普通村民一样的。村民对基督教的了解也集中在信徒的独特行为(如做礼拜、不烧香)与基督教"是让人学好的"。而"让人学好"是各宗教和民间曲艺的普遍取向。换言之,在他们看来,基督徒的独特性就体现在每周去做礼拜以及仪式上的独特性。所以,对信徒孝道和伦理的要求,是基于对宗教信徒的普遍期待与范畴认知,不仅仅是对基督徒的要求。

基督徒新自我的确立是基督徒能够践履孝行、改变交往规范及从事公共参与的前提,而"分别为圣""唯恐羞辱了耶稣的名""做盐做光"则是基督徒践行伦理的动力。

但是,基督教并未像韦伯所言的那样全面塑造了基督徒的生活,"区别于世人""分别为圣"的逻辑只适用于李村基督徒孝道、"行善"式的公共参与行为,而并未延伸至计划生育、送礼等行为。

在"区别于世人""唯恐羞辱了耶稣的名"等基督教观念的影响下,李村基督徒与世人相区分的愿望及其指导下的行为,果真将基督徒塑造得与非信徒不一样,这种不同反而成为其自我认知和群体身份的标志。这样,在外人看来,基督徒在孝行、社会交往和公共参与方面确实与非信徒不一样,这是一个"自我实现的预言"。

作为道德精神力的集体意识总是"对应于、匹配于特定社会的形态结构"[1],因此,对于当今中国社会的道德失范我们不必过于悲观。作为知识分子,首要的工作是理解到底发生了什么,为何发生这样的事,其内在逻辑为何,而不是强为之提供对策。我们不能带有预设地把乡村看成"一个

---

① 王小章:《经典社会理论与现代性》,社会科学文献出版社,2006,第163页。

问题频发的地点"，"而是要把它看成是一种构成我们新理解的思想来源"。① 在面临道德失序的情况下，民众并没有停止伦理实践等候知识分子或国家来创造或倡导适应社会形态结构的道德，而是在生活中有创造性地践行各种伦理，各宗教团体也在根据自己的教义及实践为信徒提供道德规范，乡村基督徒创造性地发掘并践行改造过的儒家伦理，某种意义上是中国文化创造性自我转化的一种尝试。当然，对其可行性及局限性进行评估则是另外需要进行的工作，但承认并关注这一正在发生的事实，则是学者应有的态度。

① 赵旭东：《从"问题中国"到"理解中国"——作为西方他者的中国乡村研究及其创造性转化》，《社会科学》2009 年第 2 期，第 62 页。

太 12：15 ~ 21："又嘱咐他们，不要给他传名。"耶稣本家本族的人拒绝施传，那些人说耶稣是"木匠的儿子"，岂不知耶稣是上帝的独生子，由童贞女玛利亚所生。现在咱们教会也是这种情况，"神的仆人"在神的第一教会受到控告，无法开展工作，来到咱这第二、第三教会照样施工……

太 12：22 ~ 29 耶稣赶鬼，法利赛人却诬蔑说耶稣是靠鬼王别西卜。你看看教会不是这？有众人稀奇，众人稀奇惊讶咱教会五年的工作，都是神的工作啊，可是神的仆人却被污蔑，上面也不让提五年的工作。您看看耶稣咋回答法利赛人？太 12：25："凡一国自相分争，就成为荒场，一城一家自相分争，必站立不住。"从前我就做过法利赛人，因为家庭的事……对着这句话看看，"一城一家自相分争，必站立不住"，当时我那可不叫属灵，现在我回转过来了。太 12：28："我若靠着神的灵赶鬼，这就是神的国临到你们了。"若不是神的灵，5 月 20 号谁能把人赶出去？你都不知道 5 月 20 日的争战，按人世真不知道该咋办，可是依靠圣灵我们战胜了，耶稣重新在我们教会做王了。一切的事都是本家①干的，某某跑到家把使女打了一顿，你看把某嫂子打得，把人家衣服都撕烂了。去年 12 月 24 日，神的第二教会去了第一教会，信徒一下哭来，当时就哭了。真是，我们不敢

---

① 五服之内的同一宗族的成员。

靠血气争战，正僵持不下时，一个姊妹说："这咋弄？当官的还不来？"谁知道耶稣来了……靠着神的灵赶鬼就是神的国临到咱们了。

太 12：29~30："人怎能进壮士家里，抢夺他的家具呢？除非先捆住那壮士，才可以抢夺他的家财。不与我相合的，就是敌我的，不同我收聚的，就是分散的。"你看看，咱们教会现在的工作就是让信徒回转，回到属灵的路上，不管咋说都应验着圣经。诗篇 91 篇上说"虽有千人仆倒在你旁边，万人仆倒在你右边，这灾难却不得临近你。你惟亲眼观看，见恶人遭报"。所以说，生死祸福都在耶稣。

太 12：31~32："所以我告诉你们，人一切的罪，和亵渎的话，都可得赦免。惟独亵渎圣灵，总不得赦免。凡说话干犯人子的，还可得赦免。惟独说话干犯圣灵的，今世来世总不得赦免。"这就是对着咱们教会说的，邪灵告到县里、省里。5 月 20 号神从根基上把敌人拔除。你看看，他们都是魔鬼，魔鬼借着人来阻挠。他们告"神的仆人"，把账本拿到县里查账啥都没查出来。可是，他们干的啥事？教会的门面房，都是他娃子和媳妇在做生意，使（用）的电都是教会的电。

太 12：33~35："你们或以为树好，果子也好。树坏，果子也坏。因为看果子，就可以知道树。毒蛇的种类，你们既是恶人，怎能说出好话来呢。因为心里所充满的，口里就说出来。善人从他心里所存的善，就发出善来。恶人从他心里所存的恶，就发出恶来。"你看看这不也是说咱教会的？那一派又是锁门又是焊门，使尽了各种办法，可是对咱的迫害，一条都没有实现。

太 12：36~37："我又告诉你们：凡人所说的闲话，当审判的日子，必要句句供出来。因为要凭你的话定你为义，也要凭你的话，定你有罪。"你看看，要凭你的话定你为义，也要凭你的话，定你有罪，所以咱们要"禁止口舌十二灾"。法利赛人就是恶人的果子。5 月 20 号大争战的时候，他们把我的话筒都夺走了，我也不去要，教会是神的家，他们这样可就一下子攻击着神了。神的殿，神自然会亲自照管。

太 12：38："当时有几个文士和法利赛人，对耶稣说：'夫子，我们愿意你显个神迹给我们看。'"这都是那些属灵的瞎子故意试探耶稣，耶稣为啥不行神迹给他们看呢？因为你不信，那就不给你显神迹。

太 12：39～40 借约拿欲表耶稣的复活。5 月 20 日都在第一教会礼拜，我们在外边祷告读经，他们在里边祷告读经。这时几个高大威猛的人要强行进来……神带领我们坚持争战，最后，他们在门口也没进来又退回去了。这可不是外邦人，都是信主的来毁灭神的果子、葡萄园。约拿为何顺服？都是因为他悔改了、重新做人了。

太 12：41："当审判的时候尼尼微人要起来定这世代的罪，因为尼尼微人听了约拿所传的，就悔改了。"咱们教会一直传悔改的道，就是按照圣经来的。

太 12：42："有一个人比所罗门更大。"所罗门是属灵的，可是还有人比他更大，那是谁呢？今天照着约伯记，就知道是上帝考验咱。咱五年的工作，属灵的生活以及旷野生活，都是按照神的旨意行的。在旷野里有粮吃，三个教会都浇灌着，都是神的安排。三处都说"有一个人比某某更大"，这其实就是指耶稣自己所说。

太 12：46～50："凡遵行我天父旨意的人，就是我的弟兄、姐妹和母亲了。"啥是兄弟姐妹，"灵里面胜过骨肉亲"。……

附录二
灵诗及灵诗存目*

孝双亲

1. 弟兄姐妹，应当孝双亲，世人难报爹娘的养育恩。老年人好操心，说话行事你们要当心，世上哪有爹娘待儿亲，哎，世上哪有爹娘待儿亲。

2. 弟兄姐妹，从小长成人，一时一刻操碎了娘的心。盼望儿长成人，儿生疾病吓坏了娘的魂，还埋怨自己没有操好心，还埋怨自己没有操好心，哎，还埋怨自己没有操好心。

3. 弟兄姐妹，应当孝父母，父母的恩情，咱们要记在心，她养你受辛苦，打开冻窿洗屎布，双手痛的疼痛又入骨，哎，双手痛的疼痛又入骨。

4. 弟兄姐妹，咱们想一想，老年之人还有几年光，转眼间白发苍苍，口喘气断身子埋路旁，再想行孝哪还有爹和娘，哎，再想行孝哪还有爹和娘，哎，再想行孝哪还有爹和娘。

5. 弟兄姐妹，咱们想起父母看见了咱自己，世上都有儿和女，你的儿女不孝，你的心可满意？好像热身子掉在冷水里，哎，好像热身子掉在冷水里，哎，好像热身子掉在冷水里。

6. 弟兄姐妹应当孝双亲，爹娘下世可不要再孝顺，扎纸扎烧金银白搭工夫，枉花金银，自己犯罪得罪了真活神，自己犯罪得罪了真活神。

7. 弟兄姐妹，千万要谨慎，主的命令咱们要记在心，去旧人换新人，

———————
* 所附录的灵诗均抄自信徒笔记本，其中个别用语不合语法习惯，但为保存原貌，皆一仍其旧、不加更改，特此说明。

不要犯罪，要传福音，爱国爱教荣神益人，爱国爱教荣神益人。

全家爱

为父母的应当爱儿女，万不可因她怒，比她更不义，只要你按主道，让主养育她，讲道理为表率，人人都夸你。

当儿女的应当孝双亲，爹操劳，娘受苦，才把你养成人，羊跪乳，鸟反哺，还报养育恩，人比鸟有智慧，更当孝双亲。

为公婆的应当爱儿媳，万不可说她是金钱买来的，只要你待她好，当成亲闺女，你就是说错了，她也心欢喜。

当儿媳的应当孝公婆，万不可说公婆没有生养你，你知道你丈夫是他亲生的，为娶你受劳苦也是很多的。

当丈夫的应当爱妻子，万不可胡打乱骂找是非，你知道你家中，也有姐和妹，到婆家，人打她，你可依不依。

当妻子的应当爱丈夫，大小事要商量，并且要顺服，谦卑又忍耐，蒙神多祝福，听主话，神赐福，全家都得福。

人生就如一杯酒

人生是一杯酒，酸甜苦涩都在杯里头，东西南北都跑遍，劳苦冬夏与春秋，你也愁，我也愁，愁来愁去白了头，人生啊，苦难的人生，人生啊，艰难的人生，只要你真心信耶稣，苦难的人生变美酒，苦难的人生变美酒。

人生是一杯酒，疫病灾祸都在杯里头，人人怕病都害病，病床一上苦泪流，你也愁，我也愁，愁来愁去白了头，人生啊，流泪的人生，人生啊，辛酸的人生，只要你真心信耶稣，苦难的人生变美酒，苦难的人生变美酒。

人生是一杯酒，神的祝福都在杯里头，认罪悔改得永生，平安喜乐无忧愁，你欢喜，我也不愁，欢喜快乐至永久，人生啊，平安的人生，人生啊，喜乐的人生，只要你真心信耶稣，苦难的人生变美酒，苦难的人生变美酒。

五更歌

一更里，跪主前，眼泪纷纷，想起来，主耶稣叫我伤心，主耶稣降生在马棚里面，一无家，二无房，无处安身。

二更里，跪主前，泪流满面，主耶稣被逼得天下逃难，为救咱大罪人脱离灾难，经风雨受风寒，不得安然。

三更里，跪主前，两眼哭红，主耶稣传天道，昼夜不停，为救咱大罪人脱离火坑，四十年往旷野，培月带星（披星戴月）。

四更里，跪主前，心中疼痛，主耶稣受苦刑，叫人可怜，主耶稣被打的皮破肉烂。

五更里，跪主前，等天明，主耶稣钉十架，叫人心痛，手上钉铁钉疼痛难忍，地上鲜血流成一滩（摊）红。

五更歌

一更来，全家人须在灯下，劝劝儿劝劝女，在（再）劝劝他妈，自从咱信了主恩点（典）更大，从今后不受魔鬼关下（管辖）。

二更来读圣经，喜笑笑哈，想不到天父能住到咱家，老天父独一神，爱心真大，儿有罪孽背父不闲（嫌）咱瞎。

三更来全家人跪下祷告，主耶稣为救咱受苦受劳，帮助咱，引到（导）咱像母鸡包小鸡，包在怀间，也不热也不冷，实在温暖，主爱咱比爹娘更是姣（娇）咱。

四更来暖床上想主恩点（典），主说的一切全都应验，从今后发热心，不在（再）冷旦（冷淡），灯油添满，准备好，等父接咱。

五更来，金鸡叫，将近天命（明），穿上衬衣去祷告，向父求情，你的儿我心中有件事情，儿必须见天父把话说明。

我愿神的仆人平平安安

我愿神的仆人平平安安，忠心耿耿带领争战。愿神的仆人彼此相爱，齐心协力看守葡萄园。主啊，你如此奇妙，你看天空那飞翔的大雁……河流潺潺又一年。愿神的使女平平安安，忠心耿耿参与争战。愿主的弟兄彼此相爱，齐心协力看守葡萄园。

站起来，神的儿女们

站起来，站起来，神的儿女们，站起来，站起来，我们这群人，警醒吧，祷告吧，努力吧，我们是神爱的人，得着圣灵向四方走去，哪里需要就在哪里扎根，不求那属世的生活、安逸的家，一个心愿：抢救灵魂。

若不是圣灵的引导

若不是圣灵的引导，十字架上爱的吸引，谁也无法摆脱世界上的诱惑。主把我的命运改变，主把我的命运扭转。在人生的岔路口上，处处都有神的恩典。感恩的泪满面，心中是格外甜。

十字架上爱的吸引，使我终生不能改变。主来世间寻我回，我拿什么见主面，看到一个个失丧的灵魂，岂能袖手旁观？

天家故乡

天家啊天家，我的故乡，那是我要去的地方，弟兄姐妹，快快起来，奔向那要去的地方，有朝一日回到家乡，来到了父神的身旁，弟兄姐妹欢聚一堂，去度那美好的时光。

多少小羊，还在流荡，多少群羊受了创伤，现在教会实在荒凉，你我的信心怎样？弟兄姐妹快快起来，把自己的青春献上，齐心协力兴旺福音，奔向那合一的地方。

多少小羊，需要喂养，多少群羊需要牧放，多少庄稼需要收割，缺少那工人牧场，主啊主啊，我与你同工，奔向那四面八方，寻找那偏行歧路的小羊，把他们领回牧场。

耶稣基督待我有莫大宠恩

耶稣基督待我有莫大宠恩，弃天道，十字架上舍了你的身，你甘心流血为我死，困苦万状啊，呼叫父神，谁体贴你心，都说你是一个大罪人。我不必辩论，你替我受审，我的刑罚落在了你的身。恩主啊，我今不是我的人，愿献身愿献心，一生一世与主相亲，无论有多苦难临于身，至死忠心紧紧跟随。婚宴席上，你欢欣，到那时，主为新君，我为新民。

什么时候才能回到自己的故乡

1. 什么时候才能回到自己的故乡，可爱的天堂，美丽的天堂，你是我的故乡。

2. 我的故乡不在地上，我的故乡在天堂，什么时候才能回到自己的故乡。

3. 日日盼望，夜夜思想，回到自己的故乡，天堂美景乐园风光，在那里永久长。

4. 天堂光明，毫无黑暗，一片亮光，生命泉水永远流淌，生命果子每口香。

5. 精金的冠冕存留在天上，洁白衣裳咱都穿戴上，什么时候才能回到自己的故乡。

我们的家乡

我们的家乡，不在这里，咱们的家乡在天堂。在世上虽然那个为主受点苦呀，享受天上福乐永长。弟兄啊，姐妹啊，走天路啊，紧跟着主耶稣直到天堂。

天堂那个以上，真是快乐，不愁吃来也不愁喝。天使呀，天军那个一呀一排排，个个面带笑哟，口喝①赞美我，头上呀，带着金呀，金呀金冠

---

① 原文如此，可能为别字。

冕哟，咱们与天父哟面对着。

天堂那个以上，真是快乐，不愁吃来也不愁喝。乐园的果子吃着甜又香，生命的河水清哟，哗啦啦地流淌着，天使那陪我去河边游玩哟，我在河边站哟，水中也有我。

岸上那个有我，水中也有我呀，熟人也难认得那个是真我，岸上的我呀对着水中的笑，水中的我哟，也对着岸上的乐，身子动来，冠冕□□□①摇三摇哟，好像是灵风吹哟，鲜花摇摆着。

天堂那个以上，真是快乐，金琴弹来，玉箫吹得挺快乐，你跳舞来我唱歌，哈利路亚哟，天使也奏着乐，天父那个前来伸手抱着我哟，叫声小宝宝哟，你到天堂来享福乐。

姐妹与弟兄

姐妹与弟兄，组织不遵行，到了时候，要进天国，主说你不能，他与主辩论："奉过你的名，传道赶鬼又显异能，我咋进不成？"耶稣回答说："你是个糊涂虫，若不圣洁，淫乱谎言不能进那城，不但这些事，还得蒙重生。"埋藏银子不预备油儿，那事也不中。看看罗得妻，不听天使命，扭头一看变成盐柱，没出所罗城。还有失迷羊，扔到城那边，以色列民不遵守神命不能进迦南，看看老诺亚，方舟已造成，洪水以来不信的人儿，都将淹死完。亲爱的灵同胞，你们都知晓，手扶犁关往后看，不能进天朝。亲爱的灵同胞，警醒多祷告，遵行神话，听从命令，直往天国跑，跑到天国里，真逍遥，弹琴作声，欢呼跳跃你看多荣耀。

我们常盼望天堂

我们常盼望天堂，天堂上有咱美好的家乡，眼看圣城长宽高四个里长。十二层楼珍珠关门金边边镶，天使天军他在城楼安着营房，十二根基造成墙，各样宝石眼睛亮，黄金铺地照亮明光，生命树上结的果子闹嚷

---

① □内三字难以辨认。

嚷，灵风吹起花飞翔，满院清气喷喷香。灵胞们，灵胞们，都摘灵果细尝尝，我们常盼望天堂，天堂上有咱的美好家乡。

皮破肉烂

皮破肉烂，如何穿红衣，肩背十架，兵丁在后追，枪刀耀眼明，钉子像钢锥，面向骷髅地，灵胞痛伤悲。

身悬十架，不挨天与地，血水直流，地下无白地，眼泪滚滚流，痛苦至日夕，母亲眼前站，还有他兄弟。

叫声约翰，劝劝我的娘，我替世人死，复活升天上，大功成就，罪人不灭亡，哈利路亚，荣耀天国王。

求主动工

主啊，我曾自恃自义，自作聪明，不能谦卑顺命，凭血气之勇，靠着知识才能，伤痕累累，破口惨重，破口惨重。慈爱的主啊，你最知情，我今俯伏在你脚前，求你怜恤，求你动工。压伤的芦苇主扶起，将残的灯光主燃明，谦卑啊，谦卑啊，主命顺服啊，顺服作主工，瓦器之中有宝贝，擦干眼泪再出征。

主啊，我已自知卑微，实在无能，求主接受修正，清心靠主争战，圣灵引导做工，高举十架彰显主荣，彰显主荣。亲爱的主啊，我已觉醒，我今仰望在你脚前，求你加力，求你复兴。压伤的芦苇主扶起，将残的灯光主燃明，谦卑啊，谦卑啊，主命顺服啊，顺服作主工，瓦器之中有宝贝，擦干眼泪再出征。

金钱不能使我满足

金钱不能使我满足，地位不能使我满足，永久不能使我满足，父母不能使我满足。我心中的空虚无法忍受，世上也没有什么使我满足，唯有主的爱是那样的美好，他是我一生最好的朋友。从孩童到少年，从少年到白头，我什么都不要，只要耶稣。

我要耶稣

我只要主耶稣，别无所求，有他的同在，平安无忧愁，人生的真快乐，藏在主爱里，得着了基督，得着万有。

我只要主耶稣，别无所求。因他的慈爱，永远长存，人生的真价值，全在主爱里。十字架救恩，创造成终。基督徒真有福，耶稣与我们做朋友，得真理得自由，平安喜乐在主手，勇敢走天路，哪怕人讥讽。不贪恋世界，只要耶稣。

副歌：

我要｜耶稣，我要｜耶稣，每日｜我需要耶稣。

光明｜时日，我要｜他黑云密布，我要他｜在我每日生命中，我要耶稣。

我真是需要耶稣

我真是需要耶稣，我天天需要主，一生一世需要主，需要他引领我道路，困苦软弱压肩头，需要耶稣心中住，排除我忧伤苦处，患难时需要主，患难时需要主，四面无路时需要主，有主同在，苦难排除，啊，啊，主啊，啊，主，你是我力量，我的帮助，你是我的主啊，耶稣，你是我的主啊，耶稣。

耶稣为我舍一切，主将我罪解除，耶稣为我舍性命，我理当献给主，我拿什么给耶稣，我献什么报答主，我献什么报答主，主你何时需要我，我时时刻刻为你把力出，庄稼多多，需要收割，尽我所有把力出。啊，啊，主啊，啊，主，你是我力量，我的帮助，你是我的主啊，耶稣，你是我的主啊，耶稣。

主，三十三年

啊，啊，啊，啊，啊，主啊主啊，恩爱的主啊，难忘你那三十三年短暂的生涯，苦难的年华哦。曾记得你从三十岁挑起父神的使命，父神的使命，为传福音你走遍了荒山，走遍了野谷，把热血洒。三年的光阴，你把福音传遍了大地，三年的光阴，你尝遍了人间的酸甜苦辣，啊尝遍了酸甜苦辣，哦，哦。

主是良母

主是良母，圣灵是娘，爱我孤儿，寻找亡羊，医治我病，缠绕我伤，抱在怀中，扛在肩上，欢欢喜喜，一起把我抱回家乡，永不受伤。

父在西奈山

父在西奈山，忧伤肝肠断，哭的父泪如雨，如同像泉源，哭的天父难立又难站，垂（捶）胸踩足，摇头招手，我儿在哪边？

可叹众世人，得恩忘了本，主为咱钉十字架，血流到红尘，铁打的心肠闭目耳发沉，毁谤、侮辱、逼迫、捏造，兵丁来围困。

耶稣是我爹，耶稣是我妈，咱有病他医治，咱才认识他，赶快要相认，回家见爸爸，信而受洗必然得救，回家见爸爸。

你的目光要转向神

你的目光要转向神，你的目光要转向神，苦难是祝福，患难是爱恋，你的目光要转向神，你会看到天空更加辽阔，你会看到主给你的更多，父神的家，永远亮着灯火，你的目光要转向神。你会看到天空更加辽阔，你会看到主给你的更多，父神的家，永远亮着灯火，你的目光要转向神。

向主献上一颗心

向主献上一颗心，向主献上一颗心，脱去诸般的恶虑，向主献上一颗心。虽然没有钱财，虽然没有地位，但我愿意向主献上一颗心，我不再是属于我自己，我要做个新造的人，我向主歌颂，向主献上一颗心，我愿一生为主，向主献上一颗心，向主献上一颗心。

同蒙天招

同蒙天招，弟兄姐妹神家来相聚，今天俺见了面呀，我心里真欢喜，情深义厚和睦同居，颂赞慈爱神，多甜蜜，怎能忘记，今被主拣选。必有灵粮来充饥，美味可口真甜蜜，大家快入席。

软弱的一个我，还有软弱的一个你，吃饱喝足，学主的好行为。啊，灵胞今天相聚我们要分离，你一言我一语，都叫我回忆，等到下次聚会我们再相聚，分别后，依然想念你。分别后，依然想念你。

信心是力量

信心是力量，信心是盼望，信能得着应许，信能打胜仗，凭信心走天路，胜过魔鬼仗，信能救我到底，信能上天堂。

灵诗存目

二十苦
信主不悔改
七种人的信心
主耶稣我的朋友
远古的风
迎接大收割
管理喉舌十二则
荒漠甘泉
我的心为何放不下
奇妙之神

八上天堂

十条诫命

一棵无花果树

我的罪

上帝是个灵

谁使主心欢欣

丰盛的人生

会有多痛

新年歌

让赞美筑起神的宝座

可怕灵歌

主内同工同道弟兄姐妹们

信主为啥不热心

附录三
天主教和儒家孝论的冲突与对话[*]

——以《天主实义》为中心的考察

　　徐复观先生认为，"以儒家为正统的中国文化，其最高的理念是仁，而最有社会实践意义的却是孝（包括悌）"①，那么，当明末天主教和儒学相遇时，围绕孝，两种文化会有何种"会通"与"融合"，抑或冲突与对话？

　　自明末天主教传入中国，两种文化不断发生着冲突与融合。利玛窦采取了适应性的传教策略，灵活地向中国人介绍天主教教理。

　　围绕"不孝有三，无后为大"一语及其深层理念，儒家和天主教关于孝之观念的区别得以凸显，本文试图考察这一争论及其深远意蕴。关注的问题有五：面对这一问题，利玛窦如何应对？利玛窦的解释策略是否使得他故意曲解儒家孝论？明末士大夫对利玛窦的这一解决方案有何反应？两者的冲突反映了天主教和儒家文化的哪些特质？如何重估这一争论的意义与价值？

一　冲突的出现

　　在《天主实义》第八篇②中，"中士"③ 提到自己很难理解利玛窦及其

---

* 本文（与李韦合作）发表于《河北师范大学学报》2010 年第 2 期，第 71～77 页，收入本书时有所增删，特此申明。

① 徐复观：《中国孝道思想的形成、演变及其在历史中的诸问题》，《中国思想史论集》，上海书店出版社，2004，第 131 页。

② 利玛窦：《天主实义》，台湾，学生书局，1978。

③ 《天主实义》中，利玛窦采取对话体，虚构了代表儒家的中士和代表天主教传教士的西士二人的对话，通过对话表达其天主教神学主张。

同伴"终身绝色、终不婚配"之事。利玛窦解释耶稣会士单身不娶，是为了"愈精以成己，愈便于及人也"，并列举了八大理由。尽管"中士"认为这是"依理之语"，还是表示难以接受不婚配之举，并以孟子"不孝有三，无后为大"一语，表达中国儒家对这一问题的看法。既以"无后"为大不孝，中国士人自然难以接受不婚的主张。

"不孝有三，无后为大"，出自士人熟读的《四书》之《孟子》。《孟子》的这一说法，显然与基督教大异其趣。基督教的立场使得利玛窦不能不对此进行批判。在中国生活多年的利玛窦，深知中国士人对经典的尊崇，他不能不小心谨慎地处理两者之间的张力与矛盾。

利玛窦采取了解释学策略。利玛窦了解到，当时已有传教士采取古今有别、不应拘泥于教条的解释，认为"彼一时此一时，古者民未众，当充扩之；今人已众，宜姑停焉"①。这种解释策略认为，孟子"无后为大不孝"的说法是有特定时空背景的，已不适合当今时代的要求，故而应顺时求变，放弃这一主张。"古今有别"的解释策略，对利玛窦达到否定"不孝有三，无后为大"的目标不无裨益。但是，利玛窦并没有采取这一解释策略，而是说："予曰，此非圣人之传语，乃孟氏也，或承误传，或以释舜不告而娶之义，而他有托焉。"② 利玛窦为何不接受前一种解释策略，而是另外提出一种呢？

在利玛窦看来，采取"古今有别"的策略，对"不孝有三，无后为大"否定得不够彻底。明末思想界较为开放，这使得利玛窦可以直接否定孟子，而不至于引起太大的思想波澜。在此有利的背景下，利玛窦直接否定了亚圣孟子，将他排除在圣人之外，说"此非圣人之传语，乃孟氏也"③。何以说"此非圣人之传语"？利玛窦抬出了孔子，他说："《礼记》一书，多非古论议，后人集礼，便杂记之于经典。贵邦以孔子为大圣，《学》、《庸》、《论语》孔子论孝之语极详，何独其大不孝之戒，群弟子及其孙不传，而至孟氏始著乎？"④

---

① 利玛窦：《天主实义》，第615~616页。
② 利玛窦：《天主实义》，第616页。
③ 利玛窦：《天主实义》，第616页。
④ 利玛窦：《天主实义》，第616页。

二　《学》《庸》《论语》论孝之语

既提到"《学》、《庸》、《论语》孔子论孝之语"[①]，我们便不得不做些考辨，看看《学》《庸》《论语》是如何论孝的。依据学界共识，《论语》成书稍早，《中庸》次之，《大学》最晚，考辨便以成书时间为序。

《论语》论孝较为简略，谈及孝的只有 19 次，而言及仁的却有 109 次，[②] 可见孝的观念远远不及仁重要，但孝却是为仁之本。《论语·学而》曰："孝弟也者，其为仁之本与。"为仁要从孝开始，孝能体现仁，既是仁之始也是仁之基础。言及《论语》论孝之语，《论语·为政》最常为学者引用，因其 24 节之中有 6 节谈及孝。《论语·为政》曰："孟懿子问孝，子曰：'无违。'"何谓"无违"？孔子回答说："生，事之以礼；死，葬之以礼，祭之以礼。"可见，《论语》言孝，主要是从敬养和祭祀这两个角度谈的，然而孝的意义不限于家庭和宗族之内。在回答季康子的问题时，孔子说："孝慈则忠。"（《论语·为政》）在此，孝与忠这两个维度关联起来，这就触及中国文化的根本，因为中国文化的基本理念是"孝"与"忠"，表现在社会结构上是家与国。[③]《论语·学而》曰："慎终追远，民德归厚矣。"孝亲、祭祀先人，可以让老百姓忠厚老实，便于治理。

其后的《中庸》《大学》论孝之语，则大大丰富了《论语》的孝道观。《中庸》直接论孝之处有二，都是称赞舜、文王、武王、周公的"大孝""达孝"。"大孝""达孝"之人究竟有何作为可获此称谓？从对舜的描述可以看出，舜之所以"大孝"，是因为他"德为圣人，尊为天子，富

---

① 现今的经学界通常不认为《大学》《中庸》是孔子所作，何以利玛窦认为《学》《庸》是孔子之语或者至少是符合孔子的思想呢？其实，认为《学》《庸》符合孔子观点，是宋明学界较为普遍的看法，这是受了朱熹的影响。朱熹《大学章句》说："子程子曰：'大学，孔氏之遗书'"（朱熹：《四书章句集注》，中华书局，1983，第 3 页）；朱熹《中庸章句》说："此篇乃孔门传授心法，子思恐其久而差也，故笔之于书，以授孟子"（同上，第 17 页）。利玛窦曾将四书翻译成拉丁文（见《利玛窦书信集》，台北光启出版社，1986，第 135 页），利玛窦此说可能受朱熹影响。其实，在《天主实义》中，利玛窦明确提到《中庸》的著者是孔子之孙（见《天主实义》，第 536 页）。

② 杨伯峻：《论语译注》，中华书局，1980，第 242、221 页。

③ 李华伟：《基督徒的文化认同与乡土文化变迁的模式》，《中国农业大学学报（社会科学版）》2008 年第 1 期，第 143 页。

有四海之内。宗庙飨之，子孙保之"。这似乎与常人理解的"孝"不同。"孝"必涉及"孝敬"的对象，此处却并没有直接提及。《中庸》强调的是舜的圣德与尊位，当然德是基础，所谓"大德必得其位，必得其禄，必得其名，必得其寿"。大德给舜带来的是现世的位、禄、名与寿，更重要的是身后之待遇——"宗庙飨之，子孙保之"。武王、周公"达孝"之称号，又何以得之？盖二人"善继人之志，善述人之事"。以武王来说，"身不失天下之显名，尊为天子，富有四海之内。宗庙飨之，子孙保之"。可见，武王获得"达孝"称呼的理由与舜基本一样。对后世影响最为深远的是，周公将此行为规范化，"制为礼法，以及天下，使葬用死者之爵，祭用生者之禄"[①]。武王、周公的行为是"善继人之志，善述人之事"的典范，此为"达孝"。

可以看出《中庸》认为，"宗庙飨之，子孙保之"是"孝"的重要标准。何以如此？在论述武王、周公"达孝"的那一部分，有这样的话："践其位，行其礼，奏其乐，敬其所尊，爱其所亲，事死如事生，事亡如事存，孝之至也。"由此可见，祭祀是"孝"的应有之义。在此之前，《论语·为政》中已有类似的说法，即"生，事之以礼；死，葬之以礼，祭之以礼"。

《大学》直接提到"孝"的有三次：其一是在谈君臣、父子之道时，其二是在谈"治国必先齐其家"时，其三是在谈及"所谓平天下在治其国"时。由此可见，《大学》是在修、齐、治、平的框架下申述"孝"的，强调的是"孝"在修、齐、治、平及确保社会秩序时的功能。具体来说，就是修身后做到不以个人好恶而有所偏私，之后通过孝、悌、慈达到"齐家"，家齐而后国治，而所谓治国之道不过就是做到"上老老""上长长""上恤孤"。通过上行下效，民众自然就会"兴孝""兴弟"。因此，《大学》甚至认为"孝者，所以事君也"，赋予"孝"极高的地位。同时《大学》也赋予君臣父子各个角色以行为规范，"为人子"的标准就是"孝"。可见，"孝"既是"为人子"之道，也是"事君"之道。

在修、齐、治、平的框架中，"孝"只是手段，并非目的。在个体层

---

① 朱熹：《四书章句集注》，第26页。

面，子孝父慈则家定。在社会层面，"上老老而民兴孝"，如此，上下、尊卑、君臣、父子秩序井然，则民安而天下平。可以看到，在这种礼仪秩序中，要求各个角色各安其位、各遵其旨，以此达到家齐国治的目的。

可以说，至迟在孔子时代，儒家"孝"论的内在精神已基本定型，《学》《庸》论孝之语不过是其发展。《孟子·万章上》说："孝子之至，莫大乎尊亲；尊亲之至，莫大乎以天下养"，与前所述有内在的一贯性。从根本上说，《孟子》论孝只是儒家孝论的充扩与拓展而已，"不孝有三，无后为大"的明确提出是孝论发展的必然。

三　利玛窦对"无后为大"的批评

"不孝有三，无后为大"，出自《孟子·离娄上》。原文是："不孝有三，无后为大，舜不告而娶，为无后也，君子以为犹告也。"东汉的赵岐在"无后为大"下面注云："于礼有不孝者三事，谓阿意曲从，陷亲不义，一不孝也；家贫亲老，不为禄仕，二不孝也；不娶无子，绝先祖祀，三不孝也。三者之中，无后为大。"① 朱熹《孟子集注》在"舜不告而娶，为无后也"一句注曰："舜告焉则不得娶，而终于无后矣。告者，礼也；不告者，权也。犹告，言与告同也。盖权而得中，则不离于正矣。"② 可见，自汉至宋，儒家对此的注释基本是一致的。之所以认为"无后为大"，是害怕"绝先祖祀"。

在与利玛窦讨论不婚的问题时，中国士大夫提出自己的疑问："祖考百千其世，传之及我，可即断绝乎"③，并搬出孟子的"无后为大"一语。

如前所述，利玛窦在此采取了"是孔非孟"的反驳策略，极力彰显二者的差异。之后，利玛窦将"无后为大"从逻辑上推到极端，使此说在逻辑上造成的悖论一目了然，彰显此说之非。"无后为大不孝"在逻辑上的极端，就是"为人子者宜旦夕专务生子，以继其后，不可一日有间"④，这显然很荒唐。利玛窦将这一逻辑上的极端情况，放在中国圣人舜的身上，

① 朱熹：《四书章句集注》，第 286~287 页。
② 朱熹：《四书章句集注》，第 286~287 页。
③ 利玛窦：《天主实义》，第 605 页。
④ 利玛窦：《天主实义》，第 617 页。

依此标准来衡量，"舜犹未为至孝耳"，"盖男子二十以上可以生子，舜也三十而娶，则二十逮三十，非孝乎?"① 这种将"无后为大不孝"的说法推到极端，并将之放在具体人物的身上，使得"无后为大不孝"的说法显得荒唐滑稽。尽管我们知道逻辑上的可能性并不等于现实的可能性，但利玛窦运用逻辑的方法，将之推到极端彰显其非，却无疑起到振聋发聩之功效。

利玛窦并未就此放下批驳的武器，而是设置一组对比，继续穷追猛打。为彰显"有后乃孝"的荒唐，利玛窦设计了一种极端的情形——"譬若有匹夫焉，自申无后非孝，有后乃孝，辄娶数妾，老于其乡，生子甚多，初无他善可称"，利玛窦反问道："可为孝乎?"②

而另外一种极端情形就是——"学道之人，平生远游异乡，辅君匡国、教化兆民，为忠信而不顾产子"。在这种情况下，利玛窦质问道"此随前论，乃大不孝也"③。可是这些人"与国家兆民，有大功焉"，而且"舆论称为大贤"，可见"舆论"并不以"有后"为标准。

其实，利玛窦在这两处的逻辑是有问题的。在第一种情形下，"有后乃孝"这一大前提本身就是有问题的，儒家从来也不以"有后"为孝。④自然，从这一大前提推出的结论就不可靠。

在第二种情形下，"忠信"与"孝"不能两全时，儒家的选择是为国尽忠，忠是高于孝的，⑤ 甚至是更大的孝。这与儒家追求"三不朽"有关。另外，儒家除了"孝"之外，还有"仁"的维度，"仁"是更高的要求，其中已包含"孝"，所以，第二种情形在儒家看来，并非不孝，儒家也没有觉得这与"无后为大"有何矛盾。

---

① 利玛窦：《天主实义》，第 617 页。

② 利玛窦：《天主实义》，第 617 页。

③ 利玛窦：《天主实义》，第 617～618 页。

④ 孔子强调不仅能养，关键在"敬"亲。《论语·为政》子曰："今之孝者，是谓能养。至于犬马，皆能有养。不敬，何以别乎?"《中庸》强调"继人之志，善述人之事。"《礼记·祭义》曰："孝有三，大孝尊亲，其次弗辱，其下能养"，又曰："君子生则敬养，死则敬享，思终身弗辱也"。

⑤ 《论语》有"杀身成仁"的说法，至汉代董仲舒，明确提出"三纲"说，并将"忠"置于"孝"前。关于儒家"忠""孝"关系，参见李秋零《孝：中国文化与基督教文化冲突的一个症结》，《基督教文化评论》（第二辑），贵州人民出版社，1990，第 9～10 页。

另外，在这两种情况下，利玛窦都只涉及"无后"问题的一个层面，并未涉及子女对父母的敬养，也没有论及"无后"与"祖先祀"的关系。① 当然，指出利玛窦逻辑上的问题，并非笔者苛求利玛窦，或者显示自己的高明。笔者是想指出，这是利玛窦为了强调其天主教观点而有意回避实质问题，是利玛窦对儒学的有意误读。

四　"三父"说及儒生的批判

在驳斥了中士的理论依据——"不孝有三，无后为大"之后，利玛窦提出了西方圣人关于三不孝的说法："大西圣人言不孝之极有三也：陷亲于罪恶，其上；弑亲之身，其次；脱亲之财物，又其次也。"② 此说始于何人尚待考，但不排除利玛窦为了与中国三不孝之说相抗衡而杜撰的可能性。

在此，利玛窦充分夸大了此说的普遍性，他说天下万国，"通以三者为不孝之极"。在这一有些许虚构的普遍主义之挑战下，中国"不孝有三，无后为大"之说，显得极其孤立。在此基础上，利玛窦提出了极有影响的"三父"说：

> 凡人在宇内有三父：一谓天主，二谓国君，三为家君也。逆三父之旨者，为不孝子矣。天下有道，三父之旨无相悖；盖下父者命己子奉事上父者也，而为子者顺乎一，即兼孝三焉。天下无道，三父之令相反，则下父不顺其上父，而私子以奉己，弗顾其上，其为之子者，听其上命，虽犯其下者，不害其为孝也；若从下者逆其上者，固大为不孝者也。国主于我相为君臣，家君于我相为父子。若使比乎天主之公父乎，世人虽君臣父子，平为兄弟耳焉。此伦不可不明矣。③

儒家主张爱有差等，主张遵从各自的角色规范，如此则君臣父子秩序井然。利玛窦提出"三父"说，认为"世人虽君臣父子，平为兄弟"，主

---

① 利玛窦只谈"无后"，而有意回避"无后为大"背后的深层含义——祭祖。
② 利玛窦：《天主实义》，第 618 页。
③ 利玛窦：《天主实义》，第 619~620 页。

张 "人神关系景观中的天父面前人人平等的原则"①，抹平了儒家五伦的差异，这在明末部分士大夫看来无疑 "悖伦"。在批驳了 "无后为大" 之后，利玛窦以天主教观念改造了 "无后" 的内涵——"不信有后世"②。利玛窦借用儒家概念，采取拟同策略，在将天主比为 "公父" 后，利用儒家所要求的对 "父" 的 "孝"，甚至骂 "弗养弗奉" 天主的行为是 "无父无君，至无忠，至无孝也"，"既忠孝蔑有，尚存何德乎!"③ 可以看出，利玛窦是取了儒家 "父" 的符号，而将其内涵置换掉了，达到貌合神离之效。因此，尽管《天主实义》通篇遍布儒家符号，其内涵却完全不同，已被利玛窦用天主教的神学主张置换了。

随着天主教和儒家相互了解的加深，两者的矛盾必然越来越明显，冲突不可避免。许大受认为天主教于 "父子大亲"，"但目为彼男彼女生此男此女而已"，此乃 "捐本"。④ 更让他难以接受的是，若父母已殁，生前未闻天主教，只能堕入 "炼清地狱" 或 "入炼罪永苦"，孝子虽存孝志，"无益亲灵"。许大受感叹道："假使舜禹陟位，而瞽鲧不得配天，吾知舜禹之必蹵然而不南面矣。"⑤ 因为儒家的传统是 "葬用死者之爵，祭用生者之禄"⑥，这使得子荣父贵，即使父已亡，仍可根据儿子的功业享受相应的追封和祭礼。

在儒家，这使得儿子的行为与父祖联系起来。因为，所谓 "孝" 就是 "生，事之以礼；死，葬之以礼，祭之以礼"。而 "祭用生者之禄"，显然儿子的作为可以影响到父祖生前之名誉与死后之哀荣。⑦ 在天主教那里，"孝子虽存孝志，无益亲灵"，孝子只能眼睁睁看着父母在地域或炼狱受

---

① 孙尚扬：《反思与建构：儒者基督徒韩霖融会中西的伦理思想》，李炽昌主编《文本实践与身份辨识》，上海古籍出版社，2005，第 120 页。
② 利玛窦说："以继后为急者，惟不知事上帝，不安于本命，不信有后世者，以为生世之后，已尽灭散，无有存者，真可谓之无后。"《天主实义》，第 620 ~ 621 页。
③ 利玛窦：《天主实义》，第 622 页。
④ 许大受：《圣朝佐辟》，引自郑安德编辑《明末清初耶稣会思想文献汇编》第 5 卷，北京大学宗教研究所，2003，第 137 页。
⑤ 许大受：《圣朝佐辟》，第 137 页。
⑥ 朱熹：《四书章句集注》，第 26 页。
⑦ 《孝经·开宗明义章》最能表明这一点："立身行道，扬名于后世，以显父母，孝之终也。夫孝，始于事亲，中于事君，终于立身。"

苦，这是让人难以忍受的。这一点，不仅令反教的许大受难以承受，即令倾慕甚至入教的人士也难以接受，在《口铎日抄》中就有信徒向司铎提出这一问题："灵魂在天，父母之永苦者或有焉，能无痛戚乎？痛戚又不可谓天堂之乐，其义云何？"①

天主教重视个体的救赎，救赎只和个人的行为有关，这种个体救赎，使得孝子的行为无法对父母的救赎产生影响。许大受比较了佛教和天主教对孝的态度，认为佛教"本孝之心，与儒无异也"，而遍查天主教之书，"曾不错写一孝字"②。不仅如此，天主教提倡爱无差等，这在许大受看来，简直是"未之前闻"③。许大受认为天主教不把对父母的爱放在第一位，"现世相值又等路人"，又如何能爱他人？"夷既谓天怒难回，亲魂不度，而现世相值又等路人"，那么"又复路人祖魄，吾不知其与罔极之心何时得展？"④ 明末，中国在中元节为"路人祖魄"献祭的习俗仍然保留，在许大受看来，中国人即使对路人的爱不如对父母的爱，至少还会为"路人祖魄"献祭，可是博爱的天主教连父母之魂都未能度，如何谈得上爱，对路人又如之何能爱，其博爱何在？

陈侯光《辨学刍言》认为，天主教崇敬天主为"世人大父、宇宙公君"，乃是"真道在迩而求诸远也"，"是以亲为小而不足爱也，以君为私而不足敬也，率天下而为不忠不孝者，必此之言夫！"⑤ 他认为孝与仁本为一体，崇敬天主是"世人大父"，乃是"外孝而别求仁"⑥。陈侯光进而批驳利玛窦"三父"说，看到"为之子者，听其上命，虽犯其下者，不害其为孝也"一语包含的危险性——"如拂亲抗君，皆借口于孝天主，可乎？"他认为"亲虽虐，必谕之于道，君虽暴，犹勉之至仁"，这才是儒家的规范。利玛窦抹平五伦差异的说法，陈侯光最难以接受，他认为这是"子比

---

① 艾儒略等四人《口铎日抄》，引自郑安德编辑《明末清初耶稣会思想文献汇编》第1卷，北京大学宗教研究所，2003，第484页。
② 许大受：《圣朝佐辟》，第153页。
③ 许大受：《圣朝佐辟》，第153页。
④ 许大受：《圣朝佐辟》，第153页。
⑤ 陈侯光：《辨学刍言》，引自郑安德编辑《明末清初耶稣会思想文献汇编》第5卷，第163页。
⑥ 陈侯光：《辨学刍言》，第164页。

肩于父,臣比肩于君","悖伦莫大焉"。①

钟始声在《天学再征》中也有类似的看法,认为天主为"世人大父、宇宙公君"的看法,是"推恩于莫无见闻之天主","以吾父吾君为小父小君",是"至无忠无孝"。②

五 天主教和儒家孝论冲突彰显的文化差异

从两种文化的冲突中,更能看出其本来面目。诚如是,从围绕"孝"论的冲突中,我们能看出天主教和儒家的哪些特质,这场冲突对我们今天有何意义,这是我们应该考虑的问题。

利玛窦附会儒家文化,用儒家的价值规范比附人与上帝的关系,这种比附不可避免会使士大夫以中国式的观念来理解人神关系。

儒家的"爱"首先是对父母的爱,这与基督教更强调上帝对人的爱有本质的区别。③ 儒生皈依基督教后,用儒家"爱"的观念来理解天主教之"爱"的观念,两者不可避免存在差异与张力。将"孝"④ 这一人伦维度引入基督教人神关系中,冲突更为突出。我们且看耶儒围绕父子关系或者"孝"的冲突。

在利玛窦的比附中,人与神之间的无限距离这一维度隐匿不见,以至于受儒家影响的士大夫,以儒家的父子关系来看人与"天主大父"之关系时,一个重要的问题就凸显了。中国人"欲子之克肖"其父,如此一来,根据利玛窦的比附,士大夫得出的结论是惊人的——"天主既为大父,实生于人,乃不欲人肖之,何哉?"⑤ 在他们看来,人的德性是平等的,普通人与圣人之间不存在本质差别,只是"禀赋"不同而已,人人可为尧舜。

---

① 陈侯光:《辨学刍言》,第 164 页。
② 钟始声:《天学再征》,引自郑安德编辑《明末清初耶稣会思想文献汇编》第 5 卷,第 306 页。
③ 〔德〕卡尔·白舍客:《基督宗教伦理学》(第 2 卷),静也、常宏等译,上海三联书店,2002,第 105 页。
④ 早在罗明坚《天主圣教实录》中,已把十诫的第四诫解释为"爱亲敬长",并认为"人伦之至者,莫过于父母,是以当孝顺也"。见郑安德编辑《明末清初耶稣会思想文献汇编》第 1 卷,第 57 页。如果将"honor"与"大孝尊亲"(《礼记·祭义》)中"尊"对译,也许更恰当。
⑤ 钟始声:《天学再征》,第 305 页。

而在天主教那里，人与神之间有着无限距离，人无论如何不可能与神等同。尽管利玛窦在《天主实义》第四篇中已经批判了"万物一体"的说法，① 可是他最终却是以儒家的说法来批判"万物一体"观念可能带来的后果——"侮狎君父"，这不能不减弱他的批判力度。

在儒家的父子关系中，之所以强调"无后为大不孝"，乃是有着实际的目的——"以有治丧葬、坟墓、祭祀之事也"②。而天主教则认为死后遗留有二：身体与灵魂。死后灵魂不朽是更应该关注的事。相比之下，速朽的身体不足为虑。③ 是故，利玛窦认为"所遗虚躯壳，子葬之亦腐，朋友葬之亦腐，则何择乎"④。在儒家看来，恰恰并非如此。

另外，儒家以为"无后为大不孝"，一方面是为祖宗的香火考虑，另一方面是为生前的敬养考虑。因此，当批驳天主教的人士，从"敬养"的角度提出问题⑤时，我们不得不承认人神关系模式与世俗人人关系模式之间的无限距离。当然，我们并不认为两者不存在对话的可能。

围绕"孝"论的冲突，另外一个问题凸显，那就是重视个体救赎与重视维系血缘亲情之间的张力。⑥ 天主教的信仰，"首先是一个个体的行为"⑦，其救赎也是个体救赎。利玛窦认为"我自为我，子孙自为子孙"，所以"不如各任其报"，以显上帝之仁义。⑧

而儒家父子关系中的人，并非个体的人，而是一个角色⑨，强调的是个人和以父系为轴心的宗族之间的关系和个人在这一链条中的位置。个人是关系中的人，社会赋予他一定的角色、规范和义务，希望每个人遵从各

---

① 原文为："以人类与天主为同一体，非将以上帝之尊而侔之于卑役者乎？恣其诞妄，以天主无限之感灵而等之于土石枯木，以其无穷之仁覆为有玷缺，而寒暑灾异憾且尤之。侮狎君父以至于此！"参见《天主实义》，第623页。

② 利玛窦：《天主实义》，第536页。

③ 利玛窦：《天主实义》，第537页。

④ 利玛窦：《天主实义》，第621页。

⑤ "父母生子为防老死，天主既无终，生子何用？"见钟始声《天学再征》，第309页。

⑥ 林中泽：《晚明中西性伦理的相遇》，广东教育出版社，2003，第204~211页。

⑦ 〔德〕卡尔·白舍客：《基督宗教伦理学》，第31页。

⑧ 利玛窦：《天主实义》，第545页。

⑨ 贝拉称之为"个人关系的模式"，参见贝拉《基督教与儒教中的父与子》，《国外社会学》1998年第4期，第14页。

自的角色，以维系社会秩序。① 儒家的孝是维系个人与祖先、子孙的纽带。"葬用死者之爵，祭用生者之禄"②，使得子孙的行为可以影响父祖的哀荣。同时，自己的行为与子孙也有关系，在《周易·坤文言》中就强调"积善之家必有余庆，积不善之家必有余殃"③。这样儒家的善恶报应就与广义的"孝"联系在一起。

个体救赎，使得孝子的行为无法对父母的救赎产生影响，这是难以被中国人接受的。利玛窦向中国人描述了天堂的美好景象，并说"俯视地狱之苦，岂不更增快乐也乎"④，可是皈依上主的士大夫想到父母在地狱受苦，却无论如何也高兴不起来，在《口铎日抄》中就有信徒向司铎提出这一问题。也许是认识到这一问题对中国信徒的影响，艾儒略就要求已经信教的子女劝说父母信教，其言曰：

> 人子之于亲也，奉养定省之外，谁不欲贻父母以安？忍置父母以危？夫安孰安于升天常生者乎，危孰危于沉沦永苦者乎？今子已知生死大事，忍不以告尔亲？既告之，而不苦劝其依主，以免永殃。⑤

看来这一点也被中国信徒接受，所以杨廷筠因苦劝其父母信教，被韩霖称为"超世之大孝"⑥。可见，在天主教的影响下，孝之内涵业已增加了新的维度。

六 "对话"抑或自说自话：明末天主教和儒家孝论冲突与对话意义之重估

克罗齐有言曰："一切历史都是当代史。"我们今天重新梳理明末天

① 《孟子·尽心上》说："孩提之童无不知爱其亲者，及其长也，无不知敬其兄也。亲亲，仁也；敬长，义也；无他，达之天下也。"经历这一社会化过程，各安其位，社会秩序得以维护。
② 朱熹：《四书章句集注》，第26页。
③ 《周易本义》，朱熹注，中国书店出版社，1994，第23页。
④ 利玛窦：《天主实义》，第560页。
⑤ 艾儒略等四人《口铎日抄》，第498页。
⑥ 孙尚扬：《反思与建构：儒者基督徒韩霖融会中西的伦理思想》，李炽昌主编《文本实践与身份辨识》，第120页。

主教和儒家孝论的冲突有何意义？笔者以为，目的与意义有二：重回历史现场，梳理历史脉络；鉴往知今。前一个目的，基本达到。那么，其对今天的宗教对话有何启示？对现今的天主教与中国文化的调适究竟有何意义？

国内学者基本上对明末天主教在和平环境下传入中国的意义持一种相对肯定的态度。多学者认为，包括孝论在内的明末天主教和儒家的对话意义深远。也有部分学者对于此是否是真正意义上的对话提出质疑，认为与其说是对话，不如说是自说自话。理由主要是对谈的双方，各持"真教惟一"的立场。天主教传教士试图借附会儒学达到改造甚至取代儒学的目的，反对天主教的儒生与佛教人士试图捍卫儒学或佛学，所持立场其实也是"正道惟一"①。而入教的士大夫即使明确意识到两者之别，也不会主动宣讲。

以今日文化多元论或者相对论的主张来否定这是一场深层的对话，未免有失公允。17世纪包括天主教在内的所有教派均抱持"惟一真教"的姿态，不能要求耶稣会超脱其时代背景而做出今天意义上的对话。

利玛窦面对中国"最有社会生活实践意义"的观念与行为——"孝"时，不能不采取附会的解释策略。从诠释学的立场来讲，对话或者意义的理解，不可能要求理解者把"先见"完全悬隔起来。实际上，伽达默尔认为，先见和理解者的视阈正是理解的重要因素，通过先见，达到理解者和被理解者的视阈融合，方是正道。所以，可以说，"先见或者前理解是人不可拒绝的历史存在，它是任何新的理解之先决条件。当带着这种'前理解'的主体在相遇中步入'他者'的存在家园时，他能做到的首先可能是在拟同的思维方式中误读对方"②。

"拟同"策略在当时有其必要性，舍此，则天主教难以为中国人了解。正是因为对儒家文化特质及儒家在中国社会中的地位有所了解，利玛窦才开始附会儒家文化。这是在理解儒家文化基础上的自觉选择。对儒家文化

---

① 刘耘华：《诠释的圆环——明末清初传教士对儒家经典的解释及其本土回应》，北京大学出版社，2005，第8~9页。

② 孙尚扬：《儒耶对话中的误读及其创造性》，孙尚扬：《圣俗之间》，中国广播电视出版社，1999，第28~29页。

的理解和把握，正是这场对话得以发生的必要前提和条件。

利玛窦意在通过"拟同"来引起中国人的兴趣，借机宣传天主教。但是在表达天主教的观点时，利玛窦将儒家关于孝的主张附会到人与上帝的关系之中。如此一来，当士大夫按照自己的视阈来理解时，人与神之间的无限距离这一维度隐匿不见，重视个体救赎与重视维系血缘亲情之间的张力也呈现出来，天主教和儒家关于孝的冲突得以最大限度的彰显。

尽管随着双方了解的加深，尤其是随着中国士大夫了解到天主教的特质，两者的冲突不可避免。但这种思想层面的辩论，正是对话的展开方式，正是借助于驳疑辩难，对话的双方才能加深对对方的了解，并借机反思自身，通过"他我"来认识"自我"。

笔者以为，在关注对谈双方各自立场和主观动机的同时，应该特别注意双方对谈行为引起的客观后果。社会学大师默顿提醒我们区分社会行为的主观动机与客观后果，为此他引入了显性功能与隐性功能的概念，① 这一点对我们理解与重估明末天主教和儒家孝论的冲突与对话，极有启发意义。我们注意到，即便对谈双方各自坚持"正道惟一"的立场②，其客观后果却是丰硕的。这场对话，促使当时的士大夫开始"睁眼看世界"，开始重新理解、审视自己本有的文化体系。面对"不孝有三，无后为大"的圣人遗训与天主教不许娶妾的诫命，部分士大夫逐渐开始审视"无后"与"不孝"的关系，否定两者之间的必然联系。个别士大夫开始批判娶妾带来的家庭与社会问题，天主教不许娶妾的主张无疑为其增添了批判的依据与工具。

尽管存在误读，"但几乎可以说，交流的深度、广度与误读的深度是成正比的"③。双方围绕孝展开的冲突与对话，自有其深远的意义。直到今日，围绕"孝"论展开对话仍极为必要，但对话之目的不应是一种文化取

① 〔美〕帕深思、默顿等：《现代社会学结构功能论选读》，黄瑞祺编译，台北巨流图书公司，1981，第78页。
② 中国文化向来比较宽容，明末思想相对开放，儒学在独尊的状况下，其实仍有一定的宽容度。另外，其实对谈的各方，尤其是中国士人的立场比较复杂，且不说反教人士立场和动机复杂，即便是入教的士大夫和没有参与的士大夫也分别有不同的立场。
③ 孙尚扬：《儒耶对话中的误读及其创造性》，孙尚扬：《圣俗之间》，第28~29页。

代另一种文化，而应是互补。

　　总之，尽管两种文化之间存在深刻的差异，两者相遇之后，"会通"与"融合"的工作显得尤为必要。在今天看来，利玛窦自西徂东、不远万里来到中国传教，实于中国文化建设大有裨益。

参考文献

一 地方文献

丁伟志主编《中国国情丛书——百县市经济社会调查·宝丰卷》，中国大百科全书出版社，1992。

罗渔：《中国天主教·河南省天主教史》，台北，辅仁大学出版社，2004。

南阳民族宗教志编辑室编《南阳民族宗教志》，1989 年 12 月（豫内资料）。

张明锁主编《中原乡村社会的转型——百县市经济社会追踪调查·宝丰卷》，社会科学文献出版社，2010。

杨裕主编《宝丰县志》，方志出版社，1996。

曾友山：《河南基督教沿革述略》，政协河南省委员会文史资料研究委员会编《河南文史资料》第 17 辑。

二 中文图书

〔美〕艾尔曼：《经学、政治和宗族》，赵刚译，江苏人民出版社，1998。

〔美〕埃里克·霍弗：《狂热分子：码头工人哲学家的沉思录》，梁永安译，广西师范大学出版社，2008。

〔法〕爱弥尔·涂尔干：《宗教生活的基本形式》，渠东、汲喆译，上海人民出版社，1999。

〔英〕保罗·霍普：《个人主义时代之共同体重建》，沈毅译，浙江大学出版社，2010。

〔美〕彼得·贝格尔：《神圣的帷幕——宗教社会学理论之要素》，高师宁译，上海人民出版社，1991。

〔法〕布迪厄、〔美〕华康德：《实践与反思——反思社会学导引》，李猛、李康译，中央编译出版社，1998。

〔英〕布赖恩·特纳：《Blackwell 社会理论指南》，李康译，上海人民出版社，2003。

曹锦清：《黄河边的中国》，上海文艺出版社，2000。

陈来、甘阳主编《孔子与当代中国》，生活·读书·新知三联书店，2008。

陈弱水：《公共意识与中国文化》，新星出版社，2006。

戴康生、彭耀：《宗教社会学》，社会科学文献出版社，2000。

邓肇明编著《承受与持守：中国大地的福音火炬》，香港，基督教中国宗教文化研究社，1998。

〔日〕渡边欣雄：《汉族的民俗宗教》，周星译，天津人民出版社，1998。

杜维明：《儒家传统的现代转化》，中国广播电视出版社，1992。

〔美〕杜赞奇：《文化、权力与国家——1900～1942 年的华北农村》，王福明译，江苏人民出版社，2004。

段琦：《奋进的历程——中国基督教的本色化》，商务印书馆，2004。

方文：《学科制度和社会认同》，中国人民大学出版社，2008。

费成康：《中国的家族法规》，上海社会科学院出版社，1998。

费孝通：《乡土中国　生育制度》，北京大学出版社，1998。

费孝通：《乡土重建》，《费孝通文集》第 4 卷，群言出版社，1999。

〔英〕弗里德曼：《中国东南的宗族组织》，刘晓春译，上海人民出版社，2000。

干春松：《制度化儒家及其解体》，中国人民大学出版社，2003。

干春松：《制度儒学》，上海人民出版社，2006。

干春松编《儒学、儒教与中国的制度资源》，江西人民出版社，2007。

干春松：《重回王道：儒家与世界秩序》，华东师范大学出版社，

2012。

高丙中：《民俗文化与民俗生活》，中国社会科学出版社，1994。

高师宁、何光沪主编《基督教文化与现代化》，中国社会科学出版社，1996。

高师宁：《当代北京的基督教与基督教徒：宗教社会学个案研究》，香港，道风书社，2005。

高师宁、杨凤岗主编《从书斋到田野：宗教社会科学高峰论坛论文集》（下卷），中国社会科学出版社，2010。

高有鹏：《文化现象的兼容情感》，人民出版社，2007。

〔美〕格尔茨：《文化的解释》，纳日碧力戈等译，上海人民出版社，1999。

〔美〕戈夫曼：《日常生活中的自我呈现》，黄爱华译，浙江人民出版社，1989。

顾卫民：《基督教与近代中国社会》，上海人民出版社，1996。

郭于华主编《仪式与社会变迁》，社会科学文献出版社，2000。

〔美〕韩丁（W. Hinton）：《翻身：中国一个村庄的革命纪实》，韩倞等译，北京出版社，1980。

贺麟：《文化与人生》，商务印书馆，1988。

〔挪〕贺美德、鲁纳编著《"自我"中国——现代中国社会中个体的崛起》，许烨芳等译，上海译文出版社，2011。

黄平主编《乡土中国与文化自觉》，三联书店，2007。

黄宗智：《经验与理论：中国社会、经济与法律的实践历史研究》，中国人民大学出版社，2007。

〔德〕哈贝马斯：《公共领域的结构转型》，曹卫东等译，学林出版社，1999。

韩敏：《回应革命与改革：皖北李村的社会变迁与延续》，陆益龙、徐新玉译，江苏人民出版社，2007。

何光沪主编《宗教与当代中国社会》，中国人民大学出版社，2006。

何·皮特（Peter, Ho）：《谁是中国土地的拥有者：制度变迁、产权和社会冲突》，林韵然译，社会科学文献出版社，2008。

贺雪峰：《新乡土中国》，广西师范大学出版社，2003。

黄克武、张哲嘉：《公与私：近代中国个体与群体之重建》，台北，中研院近代史研究所，2000。

〔英〕吉登斯：《现代性与自我认同》，赵旭东、方文译，生活·读书·新知三联书店，1998。

〔英〕吉登斯：《社会的构成》，李康、李猛译，三联书店，1998。

〔英〕吉登斯：《现代性的后果》，田禾译，译林出版社，2000。

〔美〕吉尔兹：《地方性知识》，王海龙、张家瑄译，中央编译出版社，2000。

金耀基：《从传统到现代》，法律出版社，2010。

江丕盛、杨思言、梁媛媛编《宗教价值与公共领域：公共宗教的中西文化对话》，中国社会科学出版社，2008。

金泽、邱永辉主编《宗教蓝皮书：中国宗教报告（2010）》，社会科学文献出版社，2010。

金泽、陈进国主编《宗教人类学》（第一辑），民族出版社，2009。

〔美〕凯博文（Kleinman, Arthur）：《苦痛和疾病的社会根源：现代中国的抑郁、神经衰弱和病痛》，郭金华译，上海三联书店，2008。

〔美〕克莱曼（Kleinman, Arthur）：《道德的重量：在无常和危机前》，方筱丽译，上海译文出版社，2008。

科大卫：《皇帝和祖宗：华南的国家与宗族》，江苏人民出版社，2009。

〔英〕克里斯·希林、菲利普·梅勒：《社会学何为？》，李康译，北京大学出版社，2009。

李峰：《乡村基督教的组织特征及其社会结构性位秩》，复旦大学出版社，2005。

李向平：《中国当代宗教的社会学诠释》，上海人民出版社，2006。

李向平：《信仰、革命与权力秩序——中国宗教社会学研究》，上海人民出版社，2006。

李亦园：《李亦园自选集》，上海教育出版社，2002。

李亦园：《宗教与神话》，广西师范大学出版社，2004。

李泽厚：《中国现代思想史论》，天津社会科学院出版社，2003。

廖申白：《交往生活的公共性转变》，北京师范大学出版社，2007。

梁家麟：《改革开放以来的中国农村教会》，香港，建道神学院，1999。

梁漱溟：《东西文化及其哲学》，商务出版社，1999。

梁漱溟：《乡村建设理论》，上海人民出版社，2006。

〔美〕列文森：《儒教中国及其现代命运》，郑大华、任菁译，广西师范大学出版社，2009。

林端：《儒家伦理与法律文化：社会学观点的探索》，中国政法大学出版社，2002。

林荣洪主编《近代华人神学文献》，香港，中国神学研究院，1986。

林耀华：《金翼——中国家族制度的社会学研究》，三联书店，1989。

林治平：《中国与基督教历史图片集》，台北，宇宙光出版社，1979。

林治平：《近代中国与基督教论文集》，台北，宇宙光出版社，1985。

林治平：《理念与符号：基督教与现代中国学术研讨会论文集》，台北，宇宙光出版社，1988。

林治平：《基督教与中国论集》，台北，财团法人基督教宇宙光传播中心出版社，1994。

刘晓春：《仪式与象征的秩序》，商务印书馆，2003。

刘小枫主编《道与言——华夏文化与基督文化相遇》，上海三联书店，1995。

刘小枫：《现代性社会理论绪论》，上海三联书店，1998。

流心：《自我的他性：当代中国的自我系谱》，常姝译，上海人民出版社，2005。

罗秉祥、江丕盛：《基督宗教思想与21世纪》，中国社会科学出版社，2001。

吕实强：《中国官绅反洋教的原因》，台北，中研院近代史专刊，1985。

〔德〕卢克曼：《无形的宗教》，覃方明译，中国人民大学出版社，2003。

〔美〕马格丽特·米德:《代沟》,曾胡译,光明日报出版社,1988。

〔德〕马克斯·韦伯:《新教伦理与资本主义精神》,于晓、陈维纲译,三联书店,1987。

〔德〕马克斯·韦伯:《社会学的基本概念》,顾忠华译,广西师范大学出版社,2005。

〔德〕马克斯·韦伯:《中国的宗教 宗教与世界》,康乐、简惠美译,广西师范大学出版社,2004。

〔德〕马克斯·韦伯:《支配社会学》,康乐、简惠美译,广西师范大学出版社,2004。

〔德〕马克斯·韦伯:《宗教社会学》,康乐、简惠美译,广西师范大学出版社,2005。

〔德〕曼海姆:《重建时代的人与社会》,张旅平译,三联书店,2002。

〔罗〕米尔恰·伊利亚德:《神圣与世俗》,王建光译,华夏出版社,2002。

〔法〕孟德拉斯:《农民的终结》,李培林译,社会科学文献出版社,2010。

〔美〕R. 默顿:《论理论社会学》,何凡兴、李卫红、王丽娟译,华夏出版社,1990。

〔美〕T. 帕森斯:《现代社会的结构与过程》,梁向阳译,光明日报出版社,1988。

〔美〕T. 帕深思、默顿:《现代社会学结构功能论选读》,黄瑞祺编译,台北巨流图书公司,1981。

〔美〕帕特南:《独自打保龄——美国社区的衰落与复兴》,刘波等译,北京大学出版社,2011。

潘光旦:《儒家的社会思想》,北京大学出版社,2010。

乔健、潘乃谷主编《中国人的观念与行为——第四届现代化与中国文化国际研讨会论文集》,天津人民出版社,1995。

渠敬东:《缺席与断裂:有关失范的社会学研究》,上海人民出版社,1999。

渠敬东:《现代社会中的人性及教育:以涂尔干社会理论为视角》,上海三联书店，2006。

瞿同祖：《中国法律与中国社会》，商务印书馆，2010。

沈之奇：《大清律辑注》，法律出版社，2000。

〔美〕罗德尼·斯达克、罗杰尔·芬克：《信仰的法则》，杨凤岗译，中国人民大学出版社，2004。

〔美〕罗伯特·N. 贝拉（Bellah, Robert N.）等：《心灵的习性：美国人生活中的个人主义和公共责任》，翟宏彪等译，三联书店，1991。

〔德〕诺贝特·埃利亚斯：《个体的社会》，翟三江、陆兴华译，译林出版社，2008。

宋家衍：《加拿大传教士在中国》，东方出版社，1995。

〔美〕施坚雅：《中国农村的市场和社会结构》，史建云、徐秀丽译，中国社会科学出版社，1998。

苏力：《制度是如何形成的》，北京大学出版社，2007。

孙立平：《转型与断裂：20世纪90年代以来的中国社会》，清华大学出版社，2004。

孙立平：《失衡：断裂社会的运作逻辑》，社会科学文献出版社，2004。

孙立平：《博弈：断裂社会的利益冲突与和谐》，社会科学文献出版社，2006。

孙立坤：《河南当代家庭变迁》，人民出版社，2004。

孙尚扬：《基督教与明末儒学》，东方出版社，1994。

孙尚扬：《宗教社会学》，北京大学出版社，2003。

孙尚扬：《1840年前的中国基督教》，学苑出版社，2004。

陶飞亚、刘天路：《基督教会与近代山东社会》，山东大学出版社，1995。

〔德〕特洛尔奇：《基督教理论与现代》，朱雁冰等译，华夏出版社，2004。

〔德〕托马斯·海贝勒、君特·舒耕德：《从群众到公民：中国的政治参与》，张文红译，中央编译出版社，2009。

汪晖、陈燕谷主编《文化与公共性》，三联书店，2005。

王沪宁：《当代中国村落家族文化——对中国社会现代化的一项探索》，上海人民出版社，1991。

王铭铭、〔英〕王斯福主编《乡土社会的秩序、公正与权威》，中国政法大学出版社，1997。

王铭铭：《社会人类学与中国研究》，三联书店，1997。

王铭铭：《社区的历程——溪村汉人家族的个案研究》，贵州人民出版社，2004。

王先明、郭卫民主编《乡村社会文化与权力结构的变迁》，人民出版社，2002。

王晓毅、渠敬东主编《斯科特与中国乡村：研究与对话》，民族出版社，2009。

王小章：《经典社会理论与现代性》，社会科学文献出版社，2006。

〔日〕尾形勇：《中国古代的“家”与国家》，张鹤泉译，中华书局，2010。

〔印〕微依那·达斯：《生命与言辞》，侯俊丹译，北京大学出版社，2008。

〔德〕乌尔里希·贝克：《风险社会》，何博闻译，译林出版社，2004。

〔德〕乌尔里希·贝克等：《个体化》，李荣山等译，北京大学出版社，2011。

吴飞：《麦芒上的圣言：一个乡村天主教群体中的信仰与生活》，香港，道风书社，2001。

吴飞：《自杀作为中国问题》，三联书店，2007。

吴飞：《浮生取义——对华北某县自杀现象的文化解读》，中国人民大学出版社，2009。

吴效群：《妙峰山：北京民间社会的历史变迁》，人民出版社，2006。

吴梓明、陶飞亚、赵兴胜、刘贤：《圣山脚下的十字架》，香港，汉语基督教文化研究所，2005。

吴梓明、李向平、黄剑波等：《边际的共融：全球地域化视角下的中国城市基督教研究》，上海人民出版社，2009。

邢福增：《文化适应与中国基督徒（1860—1911）》，香港，宣道出版社，1995。

邢福增、梁家麟：《中国祭祖问题》，香港，香港建道神学院基督教与中国文化研究中心，1997。

许烺光：《彻底个人主义的省思》，许木柱译，台北，南天书局，2002。

许烺光：《祖荫下：中国乡村的亲属、人格与社会流动》，王芃、徐隆德合译，台北，南天书局，2001。

阎云翔：《礼物的流动》，李放春、刘瑜译，上海人民出版社，2000。

阎云翔：《私人生活的变革：一个中国村庄里的爱情、家庭与亲密关系（1949-1999）》，龚小夏译，上海书店出版社，2009。

阎云翔：《中国社会的个体化》，陆洋等译，上海译文出版社，2012。

杨凤岗：《皈信、同化与叠合身份认同——北美华人基督徒研究》，民族出版社，2008。

杨国枢主编《中国人的心理》，台北，桂冠图书公司，1988。

杨国枢、黄光国主编《中国人的心理与行为》，台北，桂冠图书公司，1989。

杨懋春：《一个中国村庄：山东台头》，张雄等译，江苏人民出版社，2001。

杨念群：《空间·记忆·社会转型》，上海人民出版社，2001。

杨念群、行龙：《区域社会史比较研究》，社会科学文献出版社，2006。

杨念群、黄兴涛、毛丹：《新史学：多学科对话的图景》，中国人民大学出版社，2003。

杨善华：《城乡家庭——市场经济与非农化背景下的变迁》，浙江人民出版社，2000。

杨中芳、高尚仁主编《中国人、中国心》（中册，人格与社会篇），台北，远流出版社，1991。

杨中芳：《如何研究中国人》，台北，桂冠图书公司，1996。

叶小文：《宗教问题怎么看怎么办》，宗教文化出版社，2007。

叶光辉、杨国枢：《中国人的孝道：心理学的分析》，重庆大学出版社，2009。

余英时：《现代儒学论》，上海人民出版社，1998。

袁方等：《中国社会结构转型》，中国社会出版社，1998。

岳永逸：《灵验·磕头·传说——民众信仰的阴面与阳面》，三联书店，2010。

〔美〕詹姆斯·斯科特：《国家的视角：那些试图改善人类状况的项目是如何失败的》，王晓毅译，社会科学文献出版社，2004。

〔美〕詹姆斯·斯科特：《农民的道义经济学》，程立显、刘建等译，译林出版社，2001。

张德胜：《儒家伦理与秩序情结——中国思想的社会学诠释》，台北，巨流图书公司，1991。

张静：《现代公共规则与乡村社会》，上海书店出版社，2006。

张静主编《身份认同研究》，上海人民出版社，2006。

张柠：《土地的黄昏》，东方出版社，2005。

张西平、卓新平编《本色之探：20世纪中国基督教文化学术论集》，中国广播电视出版社，1999。

张志刚主编《宗教研究指要》，北京大学出版社，2005。

赵世瑜：《狂欢与日常：明清以来的庙会与民间社会》，三联书店，2002。

赵旭东：《权力与公正》，天津古籍出版社，2003。

中华续行委员会调查特委会编《中华归主·中国基督教事业统计（1901—1920年）》，中国社会科学出版社，1985。

〔比利时〕钟鸣旦：《礼仪的交织：明末清初中欧文化交流中的丧葬礼》，张佳译，上海古籍出版社，2009。

〔加〕朱爱岚：《中国北方村落的社会性别与权力》，胡玉坤译，江苏人民出版社，2004。

朱晓阳：《罪过与惩罚》，天津古籍出版社，2003。

庄孔韶：《银翅》，三联书店，2000。

三　中文论文

艾菊红、黄剑波：《都市里的陌生人——城市新移民基督徒的信仰和社会生活》,《道风基督教文化评论》第 26 辑,香港,汉语基督教文化研究所,2007。

毕向阳:《〈世界的苦难〉:它的缘起、观点与方法》,《转型与发展》第 1 辑,社会科学文献出版社,2006。

陈柏峰:《代际关系变动与老年人自杀——对湖北京山农村的实证研究》,《社会学研究》2009 年第 4 期。

范丽珠:《"善"作为中国宗教的伦理》,《甘肃理论学刊》2007 年第 6 期。

方慧容:《"无事件境"与生活世界中的"真实"》,杨念群主编《空间·记忆·社会转型》,上海人民出版社,2001。

方文:《群体符号边界如何形成?——以北京基督新教群体为例》,《社会学研究》2005 年第 1 期。

方文:《中国宗教与民间信仰》,李培林、李强、马戎主编《社会学与中国社会》,社会科学文献出版社,2008。

方文:《政治体中的信徒——公民困境:群体资格路径》,《北京大学学报》2009 年第 4 期。

〔法〕福柯:《无名者的生活》,李猛译,王倪校,《社会理论论坛》1999 年总第 6 期。

〔法〕福柯:《福柯文选》第八部分:"自我技术:从伦理到政治",李康译,王倪校,未刊稿。

〔法〕福柯:《福柯文选》第九部分:"自我技术与伦理学",李猛译,赵晓力校,未刊稿。

〔英〕弗里德曼:《中国家族的仪式状况》,史宗主编《20 世纪西方宗教人类学文选》,上海三联书店,1995。

高师宁:《当代中国民间信仰对基督教的影响》,《浙江学刊》2005 年第 2 期。

高师宁:《从实证研究看基督教与当代中国社会》,《浙江学刊》2006 年第 4 期。

高师宁:《苦难与意义》,《中国民族报》2010 年 10 月 12 日第 6 版。

高瑜:《神力的展演——安提阿中央教会的个案研究》,金泽、陈进国主编《宗教人类学》（第二辑），社会科学文献出版社，2010。

郭于华：《农村现代化过程中的传统亲缘关系》，《社会学研究》1994年第6期。

郭于华：《代际关系中的公平逻辑及其变迁——对河北农村养老事件的分析》，《中国学术》2001年第4期。

郭于华、孙立平：《诉苦：一种农民国家观念形成的中介机制》，《中国学术》总第12辑，2002。

郭于华：《心灵的集体化：陕北骥村农业合作化的女性记忆》，《中国社会科学》2003年第4期。

郭于华：《倾听无声者的声音》，《读书》2008年第6期。

何光沪：《"爱这一个错"——读蒂里希〈存在的勇气〉》，《读书》1990年第6期。

黄剑波：《"四人堂纪事"——中国乡村基督教的人类学研究》，中央民族大学博士学位论文，2003。

黄剑波：《信仰因素的引入与乡村家庭生活的变迁》，许志伟主编《基督教思想评论》第五辑，上海人民出版社，2007。

黄剑波、刘琪：《私人生活、公共空间与信仰实践——以云南福贡基督教会为中心的考察》，《开放时代》2009年第2期。

李丁、卢云峰：《华人社会中的宗教信仰与公共参与：以台湾地区为例》，《学海》2010年第3期。

李康乐：《仪式中的宗教行动者——海淀堂基督徒行为模式研究》，北京大学硕士学位论文，2003。

李猛：《论抽象社会》，《社会学研究》1999年第1期。

李顺华：《神圣化与基督徒的身份认同——以吕村基督教会圣诗班活动为切入点》，北京大学博士学位论文，2007。

李向平：《伦理·身份·认同——中国当代基督教徒的伦理生活》，《天风》2007年第7期、第9期。

李向平：《"场所"为中心的宗教活动空间——变迁中的中国"宗教制度"》，《道风：基督教文化评论》（宗教社会学专辑）2007年第26期。

李向平、吴小永：《当代中国基督教的"堂—点模式"——宗教的社会性与公共性视角》,《上海大学学报》2008年第5期。

李向平:《宗教与中国公民社会建设》,《江苏行政学院学报》2010年第2期。

李亦园:《中国家族与其仪式:若干观念的检讨》,杨国枢主编《中国人的心理》,台北,桂冠图书公司,1988。

李友梅:《文化主体性及其困境——费孝通文化观的社会学分析》,《社会学研究》2010年第4期。

廉如鉴、张岭泉:《"自我主义"抑或"互以对方为重"——"差序格局"和"伦理本位"的一个尖锐分歧》,《开放时代》2010年第1期。

林本炫:《改信过程中的信念转换媒介与自我说服》,载林美容主编《信仰、仪式与社会》,台北,中研院民族学研究所,2003。

刘畅:《中国公私观念研究综述》,《新哲学》(第2辑),大象出版社,2004。

刘铁梁:《村落——民俗传承的生活空间》,《北京师范大学学报(社会科学版)》1996年第6期。

刘铁梁:《作为公共生活的乡村庙会》,《民间文化》2001年第1期。

刘铁梁:《庙会类型与民俗宗教的实践模式》,《民间文化论坛》2005年第4期。

刘泽华:《公与私:先秦的"立公灭私"与对社会的整合》,《新哲学》(第2辑),大象出版社,2004。

卢云峰:《超越基督宗教社会学》,《社会学研究》2008年第5期。

卢云峰:《苦难与宗教增长:管制的非预期后果》,《社会》2010年第4期。

〔美〕罗伯特·N.贝拉:《基督教与儒教中的父与子》,覃方明译,《国外社会学》1998年第4期。

孙立平:《"关系"、社会关系与社会结构》,《社会学研究》1996年第5期。

孙尚扬:《上帝与中国皇帝的相遇——〈铎书〉中的儒耶互动与伦理建构》,(明)韩霖:《〈铎书〉校注》,孙尚扬、肖清和等校注,华夏出版社,2008。

王莹：《新时代的"礼仪之争"——对当代基督徒葬礼的考察》，高师宁、杨凤岗主编《从书斋到田野：宗教社会科学高峰论坛论文集（下卷）》，中国社会科学出版社，2010。

王再兴：《社会转型与中国基督教——关于南充地区基督教的田野考察报告》，四川大学硕士学位论文，2003。

魏德东：《宗教社会学的范式转换及其影响》，《中国人民大学学报》2010年第3期。

吴重庆：《乡土儒学资源的再生》，《天涯》2005年第4期。

吴新利：《属灵的生活——海淀区基督教群体研究》，北京大学硕士学位论文，2005。

笑冬：《最后一代传统婆婆？》，《社会学研究》2002年第3期。

徐复观：《中国孝道思想的形成、演变及其在历史中的诸问题》，徐复观：《中国思想史论集》，上海书店出版社，2004。

严海蓉：《虚空的农村和空虚的主体》，《读书》2005年第7期。

阎云翔：《差序格局与中国文化的等级观》，《社会学研究》2006年第4期。

杨凤岗：《中国宗教的三色市场》，《中国人民大学学报》2006年第6期。

杨国枢：《中国人孝道的概念分析》，杨国枢主编《中国人的心理》，江苏教育出版社，2006。

杨慧林：《"伦理化"的汉语基督教与基督教的伦理意义——基督教伦理在中国文化语境中的可能性及其难题》，杨慧林：《基督教的底色与文化延伸》，黑龙江人民出版社，2002。

杨念群：《"地方性知识"、"地方感"与"跨区域研究"的前景》，《天津社会科学》2004年第6期。

杨庆堃：《儒教思想与中国宗教之间的功能关系》，段昌国译，费正清主编《中国思想与制度论集》，台北，台北联经出版社，1985。

杨庆堃：《中国的宗教·导论》，马克斯·韦伯：《中国的宗教》，广西师范大学出版社，2004。

杨善华：《近期中国农村宗族研究的若干理论问题》，《中国社会科学》

2000 年第 5 期。

　　杨中芳、彭泗清:《中国人人际信任的构念化:一个人际关系的观点》,《社会学研究》1999 年第 2 期。

　　岳庆平:《孝与现代化》,乔健、潘乃谷主编《中国人的观念与行为》,天津人民出版社,1995。

　　岳永逸:《庙会的生产》,北京师范大学博士学位论文,2004。

　　赵旭东:《从"问题中国"到"理解中国"——作为西方他者的中国乡村研究及其创造性转化》,《社会科学》2009 年第 2 期。

　　张江华:《卡里斯玛、公共性与中国社会:有关"差序格局"的再思考》,《社会》2010 年第 5 期。

　　卓新平:《基督教伦理与中国伦理之建设》,卓新平:《基督宗教论》,社会科学文献出版社,2000。

四　外文文献

Berger, L. Peter, *The Desecularization of the World*: *Resurgent Religion and World Politics*, Grand Rapids, MI: Eerdmans, 1999.

Peter Berger, Grace Davie and Effie Fokas, *Religious America, Secular Europe?* Ashgate Publishing Limited, 2008.

Bryn S. Turner, *Religion and Social Theory*, Sage Publications, 1991.

Bourdieu, Pierre, *The Weight of the World*: *Social Suffering in Contemporary Society*, Cambridge: Polity Press, 1999.

Charles Taylor, *A Secular Age*, Cambridge: Harvard University Press, 2007.

C. Hann and E. Dunn (eds.), *Civil Society*: *Challenging Western Models*, London: Routledge, 1996.

C. K. Yang, *Religion in Chinese Society*, University of California Press, 1967.

David Aikman, *Jesus in Beijing*: *How Christianity is Transforming China and Changing the Global Balance of Power*, Washington, DC: Regnery Publishing, 2003.

Iain Wilkinson, *Suffering: A Sociological Introduction*, UK, Cambridge: Polity Press, 2005.

José Casanova, *Public Religion in the Modern World*, Chicago and London: University of Chicago Press, 1994.

Kleinman, Das, and Lock (ed.), *Social Suffering*, University of California Press, 1997.

Lewis Rambo, *Understanding Religious Conversion*, New Haven and London: Yale University Press, 1995.

Lu Y. F., *The Transformation of Yi Guan Dao in Taiwan*, Lanham, Md. : Lexington Books, 2008.

Lu Y. F. and Lang G., "Impact of the State on the Evolution of A Sect", *Sociology of Religion: A Quarterly Review* 2006, Vol. 67 (3).

Nancy Tatom Ammerman, *Bible Believers: Fundamentalists in the Modern World*, Rutgers University Press, 1987.

Nanlai Cao, "Christian Entrepreneurs and the Post-Mao State: An Ethnographic Account of Church-state Relations in China's Economic Transition", *Sociology of Religion* 2007, 68: 1.

Nanlai Cao, *Constructing China's Jerusalem: Christians, Power, and Place in Contemporary Wenzhou*, Stanford: Stanford University Press, 2010.

Nicole Constable, *Christian Souls and Chinese Sprits: A Hakka Community in Hong Kong*, 1994.

R. Putnam, *Making Democracy Work: Civic Traditions in Modern Italy*, Princeton: Princeton University Press, 1993.

Robert Redfield, *The Little Community*, *Peasant Society and Culture*, Chicago: University of Chicago Press, 1960.

Robert Wuthnow, *Meaning and Moral Order: Explorations in Cultural Analysis*, Berkeley: University of California Press, 1987.

Robert Wuthnow, *Christianity and Civil Society: the Contemporary Debate*, Trinity Press International, 1996.

Richard Madsen, *China's Catholics: Tragedy and Hope in An Emerging*

Civil Society, Berkeley: University of California Press, 1998.

Tsai, Lily L. , *Accountability without Democracy: Solidary Groups and Public Goods Provision in Rural China*, New York: Cambridge University Press, 2007.

Yang, Fenggang, "The Red, Black, and Gray Markets of Religion in China", *Sociological Quarterly* 47, 2006.

Yang, Fenggang, "Lost in the Market, Saved at McDonald's: Conversion to Christianity in Urban China", *Journal for the Scientific Study of Religion*, 2005, 44 (4).

Yang, Fenggang and Joseph Tamney (eds.), *State, Market, and Religions in Chinese Societies*, Netherlands and Boston, MA: Brill Academic Publishers, 2005.

Yang, Fenggang, "Civil Society and the Role of Christianity in China: A Preliminary Reflection", *Civil Society as Democratic Practice: Solidarity and Subsidiarity*, edited by Antonio F. Perez, Semou Pathé Gueye and Fenggang Yang, Washington, DC: The Council for Research in Values and Philosophy, 2005.

后　记

　　本书是以我的博士论文的主体为基础，增补修订而成的。应当说这是一个颇有难度的选题，在寻找博士论文选题时，本人也一直在乡村基督教与公共空间、基督徒自我的建构与实践、乡村基督徒与儒家伦理的互动机制三大主题上挣扎。这也分别是开题报告初稿、开题报告修改稿及最终定稿的题目。开题之后曾试图把基督徒自我的建构、伦理的互动这两个话题都融入基督徒与公共空间这一论域中，但是写得非常纠结。纠结和焦虑中，我甚至怀疑自己能否完成这一论文。最后，由于公共空间概念的难以界定、内容的复杂性以及现有材料不足以支撑这一论题，故而舍弃。但我仍然认为，基督徒伦理的问题，可以作为公共空间之一种（道德舆论空间）。本书的第一部分，在 2009 年 6 月中旬已经基本完成初稿，第二部分在 2010 年 3 月基本完成，第三部分是在 2011 年 2 月底完成的。

　　论文写作过程中，最大的挑战是如何处理中国田野材料与西方理论的关系。用坚硬的理论切割柔软复杂的中国现实会面临种种困难（当然理论本是为解决问题服务的，不该本末倒置）。为迎接这一挑战，首先需要搞懂西方理论的源流及其演变，这是本人下一步计划进行的工作。

　　论文的完成要感谢北京大学哲学系的张志刚老师、徐凤林老师、徐龙飞老师、吴飞老师、李猛老师、吴增定老师、沙宗平老师、吴玉萍老师在论文开题、预答辩、答辩中所提的宝贵建议，没有他们的严格把关，本书绝对不可能呈现为现在这个样子。感谢金泽老师、高师宁老师、李秋零老师拨冗参加我的论文答辩会并提出了中肯的建议。本书中仍有不完善的地方，我会继续努力。感谢曹南来博士和肖清和博士对我论文开题报告所提出的宝贵建议。感谢刘铁梁教授、万建中教授、高师宁教授、何光沪教授、李向平教授、刘澎教授、方文教授、赵旭东教授、贺学君教授、高有鹏教授、吴效群教授、岳永逸副教授、卢云峰副教授，他们在日常生活或学术会议间隙的点拨与鼓励，使我得以鼓起勇气继续前行。

从事脚踏实地的田野研究，没有相应的研究资金资助是绝对无法完成的。正在我为调查所需经费而犯愁时，得知"联校教育社科医学研究论文奖计划"资助博士论文的选题，于是我就把自己的选题"儒家伦理借基督教重生？——豫西李村基督徒自我观与世俗伦理的再造"报了上去，幸获批准（课题编号：ZS09001）。"联校论文奖计划"的资助，为我从事调查、搜集资料提供了有益的帮助。感谢"联校论文奖"为我学术研究起步阶段所提供的支持。

感谢"国家建设高水平大学公派研究生项目"适时启动，为我提供了到普度大学社会学系做联合培养博士研究生的机会。感谢普度大学的杨凤岗老师不弃后学之浅薄，慷慨接纳我到普度大学访学，并尽可能为我提供便利的学习和生活条件。在美国参加杨凤岗老师主持的中国宗教与社会研究中心活动的经历，一直是我头脑中鲜活的记忆。

感谢我的导师孙尚扬教授，没有导师的严格要求，就没有这部著作。五年的时间里，导师为我的成长付出了不少心血。

毕业之后，有幸来到中国社会科学院世界宗教研究所工作，能当面向各位师长请教，颇感受益匪浅。感谢所领导和宗教学理论研究室诸位同仁对我的关心和爱护，感谢科研处的同事和领导为我从事研究提供了相对宽松的时间。最后，感谢牟钟鉴先生慷慨赐序，并对后学多有谬奖与鼓励，本人视之为未来前进的目标与动力。感谢编辑范迎与王琛场的细心与耐心，她们的编校工作使我的第一本著作避免了明显的笔误与硬伤。当然，如书中仍有错谬之处，责任全由笔者承担。

最后，需要说明的是，本人不是基督徒，也不是新儒家。行文中尽可能做到价值中立、不偏不倚，当然是否做到这一点要靠读者自己判断。本文的研究基于位于河南腹地的局部个案，并不追求普遍的意义，也不奢望得出的结论具有普遍性，只希望所提出的问题是真问题而不是假问题或无意义的问题。是为后记。

图书在版编目（CIP）数据

乡村基督徒与儒家伦理：豫西李村教会个案研究/李华伟

著.—北京：社会科学文献出版社，2013.4（2018.5重印）

（宗教学理论研究丛书）

ISBN 978-7-5097-4031-6

Ⅰ.①乡…　Ⅱ.①李…　Ⅲ.①乡村–基督教–研究–中国

Ⅳ.①B979.2

中国版本图书馆CIP数据核字（2012）第281726号

·宗教学理论研究丛书·

乡村基督徒与儒家伦理

——豫西李村教会个案研究

著　　者／李华伟

出 版 人／谢寿光

项目统筹／宋月华　范　迎

责任编辑／王琛场

出　　版／社会科学文献出版社·人文分社（010）59367215

　　　　　　地址：北京市北三环中路甲29号院华龙大厦　邮编：100029

　　　　　　网址：www.ssap.com.cn

发　　行／市场营销中心（010）59367081　59367018

印　　装／北京虎彩文化传播有限公司

规　　格／开　本：787mm×1092mm　1/16

　　　　　　印　张：21.25　字　数：327千字

版　　次／2013年4月第1版　2018年5月第2次印刷

书　　号／ISBN 978-7-5097-4031-6

定　　价／79.00元

本书如有印装质量问题，请与读者服务中心（010-59367028）联系